스케일임팩트

SCALE
IMPACT

사회적 경영의 새로운 화두
스케일임팩트

정선희 지음

가디언 lab.3rd

이 책은 '스케일임팩트'를 다루지만 아마도 독자들은 그보다 '스케일업'이라는 용어가 더 익숙할 것이다. 흔히 스케일업은 기업들이 매출이나 고용규모를 늘려 비즈니스의 규모를 키우는 것을 가리킨다. 기업이 스케일업을 하는 목적은 당연히 '비즈니스의 성장'에 있다. 요즘은 우리나라 사회적기업이나 사회혁신 영역에서도 스케일업이라는 말을 종종 듣게 되는데, 이 책에서 나는 그보다 생소한 '스케일임팩트'라는 말을 썼다. 왜냐하면 사회문제 해결과 사회혁신을 핵심가치로 삼는 조직이 지향해야 할 스케일업은 사업이나 회사 자체의 성장을 넘어서는 개념이어야 하기 때문이다.

이들 사회적 조직은 '사회적 임팩트 창출'이 존재이유다. 사회적 임팩트란 사회문제가 얼마나 해결되었고 그 결과 어떤 내용의 사회변화를 이루었는지, 돕고자 하는 수혜자에게 구체적으로 어떤 혜택을 주었는지 등의 사회적 효과를 말한다. 그래서 나는 이 책에서 일반기업이 흔히 쓰는 말인 '스케일업'이 아닌, 다른 목적과 가치를 담는 용어로서 '스케일임팩트'를 썼다.

'스케일임팩트'는 말 그대로 사회적 임팩트의 규모를 키운다는 것이다. 그런데 이 말에는 '조직의 규모가 커진다고 해서 반드시 사회적 임팩트도 커지는 것은 아니다'라는 의미와 함께, '조직의 규모를 키우지 않고도 사회적 임팩트를 확대할 수 있다'라는 뜻 또한 담겨 있다. 한마디로 사회적 조직이 규모를 키우고 임팩트를 키울 다양한 방법과 모델이 존재한다는 것이다. 나는 이 함의를 이해하는 것이 사회적 조직이 스케일업을 이해하는 첫 출발점이 되어야 한다고 생각한다. 그래서 스케일임팩트가 갖는 의미를 본문에서 여러 차례 강조했다.

책으로 다시 독자를 만나는 건 아마도 18년 만인 것 같다. 2004년 《이익을 만들고 행복을 나누는 사회적기업》이라는 제목의 첫 책을 발간했을 때가 생각난다. 그때만 해도 아직 국내에서는 '사회적기업' 개념이 매우 생소하던 시절이었으며, 실제로 '사회적기업육성법'이 제정되기 3년 전이었다. 당시 나는 사회문제 해결을 위해 기업적 방식을 접목한 '사회적기업'에 상당한 매력을 느꼈고 사회적기업이 취약계층에게 자립의 기회를 제공할 수 있으리라 기대했다. 그 점을 이미 증명한 미국의 성공적 사례들을 더 많은 독자와 공유하고 싶었던 것이 책을 출간한 배경이었다. 그리고 영광스럽게도 한국에서 '사회적기업'에 관한 최초의 책이 되었다. 이 책을 쓴 것이 계기가 되어 열정적인 사회활동가, 정부관계자, 기업사회공헌 담당자를 만나 그들과 함께 '사회적기업'이라는 새로운 분야를 개척하는 데 참여했고 이는 참으로 설레고 보람된 경험이었다.

그리고 이번에 다시 '스케일임팩트'라는 낯설지만 흥미로운 주제로 독자와 만나게 되었다. 또다시 생소한 개념을 들고 나온 것은 지금 너무도 필요한 것인데 중요한 어젠다가 되지 못하고 있다는 안타까움에서다. 18년 전 '사회적기업'으로 첫 책을 출간했을 때의 바람대로 오늘날 사회적기업과 사회혁신 영역은 매우 빨리 눈부신 발전을 이루었다. 인증·예비 사회적기업이 전국적으로 6,000곳 이상 활동하고 있을 정도로 외연이 성장한 것은 물론이고 사회적기업육성법, 협동조합기본법 등의 법제도가 마련되는 등 정부 및 지방자치단체의 육성 의지도 높다. 그 덕분에 사회적기업만이 아니라 협동조합, 자활기업, 마을기업, 소셜벤처 등 사회적 목적을 추구하는 수많은 경제조직이 사회혁신 영역을 견인하고 있다.

이렇듯 괄목할 만한 성장의 한가운데에서 나는 때로는 사회적기업 지원조직의 대표로서, 때로는 직접 사회적기업을 창업해 운영하는 대표로서, 그리고 정부부처나 지방자치단체의 각종 정책심의위원으로서 함께해왔다. 그러던 중 '스케일임팩트'에 관심을 갖게 되었는데, 사회적기업 현장에서 일하면서 여러 번 안타까움과 아쉬움을 느꼈기 때문이다.

첫째는 각 지역에서 비슷한 아이템을 가지고 신규 창업의 형태로 우후죽순 사회적기업이 생겨나는 것을 볼 때였다. 대부분 소규모로 창업이 되는 데다 이후로도 온전히 홀로 거대한 시장에 맞서야 하니 참으로 힘겨워 보였다. 이미 성공적으로 운영되는 기업이 많이 있는데 그 모델 또는 프로그램이 다른 지역으로 복제되어 규모의 경제를 이루면 좋겠다는 바람이 있었다. 둘째로 사회적기업이나 사회혁신조직 가운데 좋은 모델들이 성장과정에서 더 높은 단계로 올라가지 못하거나 스케일업 단계를 넘어서지 못하는 경우를 볼 때였다. 사회부문 조직이 더 높은 성장단계나 스케일업 단계로 들어서려면 더 많은 노력과 자원이 필요하다. 그러나 안타깝게도 이들 기업이 그러한 단계로 가기 위해 필요한 자원에 접근할 수 있는 지원체계는 전무한 실정이다. 셋째로 소규모 기업들만 양산할 수밖에 없는 사회적기업 또는 사회적경제 육성정책을 접할 때였다. 육성정책은 주로 '창업단계'에 집중되어 있고 지원사업도 '성장단계'는 고려하지 않는 나눠 주기 방식이다. 더욱이 주무부처가 분산되어 있어 규모 있는 사업을 육성해내기 어려운 환경이다(즉 사회적기업은 고용노동부에서, 협동조합은 기획재정부에서, 자활사업은 보건복지부에서, 마을기업은 행정안전부 등에서 엇비슷한 육성정책을 내놓고 있는 것이다).

이제 우리나라도 좀 더 효율적이고 효과적으로 사회적 임팩트를 확대할 방법을 모색하는 한편 정책전환을 깊이 고민해야 할 때다. 사회적기업이나 사회적경제 조직을 그저 수적으로 늘리는 것이 능사는 아니다. 숫자가 늘어난다고 사회적 임팩트가 더 커지거나 사회문제가 더 해결된다는 보장도 없다. 그러므로 사회적 임팩트를 확장해 점점 더 늘어나고 있는 사회문제의 규모에 대응할 수 있도록 해야 한다. 이런 맥락에서 볼 때 '스케일임팩트'는 부족한 자원을 보다 효율적으로 사용하면서 사회적 영향력을 확대할 수 있다는 큰 장점이 있다. 수많은 성공사례가 이 점을 이미 입증해주고 있다.

사회적기업육성법이 제정된 지 어느덧 15년여가 흘렀다. 그리고 협동조합, 마을기업 등의 사회적경제 조직이 육성된 지도 12년여를 지나고 있다. 한 기업으로 치면 이미 성장단계를 넘어 성숙단계로 들어서야 할 나이다. 그러나 우리나라에는 이들 조직을 위한 '스케일업' 또는 '스케일임팩트' 연구를 찾아보기가 매우 어려운 실정이다. 본격적 논의도 아직 이루어지고 있지 못하다. 이제 사회혁신 영역의 새로운 어젠다로서 스케일임팩트가 본격 논의되어야 할 때가 아닌가 싶다.

이 책은 총 9장으로 구성되어 있다. 1장부터 4장까지는 '스케일임팩트'에 관한 이론적 내용을 구체적으로 소개하고 있으며, 5장부터 9장까지는 '스케일임팩트'를 실제로 시도해 성공을 거둔 해외 사례를 담고 있다. 우선 1장에서는 왜 지금 스케일임팩트가 필요한지에 대한 답을 구해보고자 한다. 정부, 재단, 기업 등 자금제공자, 조직의 성장단계에 조응해 발전하고자 하는 조직의 리더, 사회부문의 지속가능한 성장을 가능케 하는 생태계를 고민하는 리더 등 여러 측면에서 이슈가 되고 있는 문제를 살펴본다. 만약 독자들 가운데 사회혁신가가 있다면 '왜 지금 스케일임팩트가 필요한가?'에 대한 답을 스스로 찾아봐도 좋겠다.

2장은 스케일임팩트의 개념적 정의를 논한다. 사회적 임팩트는 다양한 수준이 존재하는데 어떤 수준에 강조점을 두느냐에 따라 개념적 정의와 스케일임팩트의 형태가 다르다. 또한 이는 고정된 것이 아닌, 유동적으로 변화가 가능하다. 각자의 조직이 어떤 수준을 더 선호하고 어떤 수준으로 발전이 가능할지 살펴보면 좋겠다. 3장은 스케일임팩트의 다양한 모델을 제시한다. 최근 소셜프랜차이즈에 대한 관심이 유독 늘어나고 있는데, 이것 외에도 스케일임팩트의 모델은 여러 가지가 있다. 그리고 모델을 선택할 때는 여러 가지 대내외적 조건을 고려해 전략적 선택을 해야 한다. 만약 '나의 조직'이 규모화를 한다면 어떤 모델이 적합할지 이 3장을 읽으며 생각해보면 좋을 것이다. 4장은 스케일임팩트의 성공요소는 구체적으로 무엇인지를 밝힌다. 성공을 위한 교훈을 배우는 데는 아무리 시간을 써도 아깝지 않다. 이미 해외에서 많은 실험과 경험을 통해 찾아낸 성공요소들을 배워보는 장이 될 것이다.

앞서도 언급했듯 5장부터 9장까지는 해외의 스케일임팩트 성공사례를 담았는데, 가급적 스케일임팩트 모델별로 선정하고자 애를 많이 썼다. 하지만 실제 사례를 분석한 연구자료가 많지 않아 각종 미디어 자료까지 꼼꼼히 훑어보고 참조했으나, 한 회사의 전모를 살펴보는 데는 아무래도 한계가 있었다는 점도 미리 밝혀두고 싶다. 5장에 사례로 담은 그룹SOS의 이야기에서는 '사회적지주회사' 형태로서 사업 및 고객 다각화와 인수합병의 방식으로 조직 자체의 성장을 이루고 스케일임팩트를 해나간 과정을 생생하게 확인할 수 있다. 또한 규모의 경제를 이루는 것이 얼마나 큰 이점을 가져다주는지도 엿볼 수 있다. 6장은 제휴모델의 대표적 사례인 '유스빌드' 프로그램 이야기다. 이 조직은 제휴모델 중에서도 라이선싱 방식을 통해 스케일임팩트를 성공시켰다. 스케일임팩트 과정에서 협력네트워크를 적극 활용한 모범사례다.

7장은 CASA의 사례로서 제휴모델 중 소셜프랜차이징 방식으로 스케일임팩트를 했으나 이후 하나의 회사로 합병한 사례다. 제도적 환경을 어떻게 잘 활용했는지, 소셜프랜차이징을 어떤 방식으로 운영했는지 등 관련 정보를 얻을 수 있을 것이다. 8장은 스페셜리스테른의 이야기인데 지점·라이선싱·전략적 네트워크 방식을 혼합해 스케일임팩트를 성공시킨 사례다. 특히 스케일임팩트 과정이 발전하면서 단계별로 다른 스케일임팩트 모델을 활용하고 있는 점을 주목해서 볼 만하다. 마지막으로 9장은 '보급모델'의 대표적 사례인 카붐이 주인공이다. 특히 자신의 지적재산을 무료 오픈소스로 공유하는 위대한 결단을 내린 과정을 확인할 수 있는데, 조직성장을 넘어서는 이 놀라운 선택이야말로 스케일임팩트가 지닌 함의가 무엇인지를 잘 보여주는 것이다.

국내에서는 아직 스케일임팩트에 관한 논문이나 저서가 적어 이 책을 쓰는 과정에서는 해외에서 발간된 논문과 저작을 주로 참조할 수밖에 없었다. 그러다 보니 때때로 우리 실정에 맞지 않는 부분도 있을 수 있어, 독자들의 양해를 구한다. 하지만 우리보다 앞서 사회적기업과 사회혁신 영역을 발전시킨 나라들에서 축적된 경험과 지식에 기초한 내용인 만큼 스케일임팩트라는 다소 생소한 개념을 이해하는 데는 꽤 도움이 되지 않을까 기대한다. 2004년 '사회적기업'을 책으로 소개했고 그 후 사회적기업 영역이 발전하는 데 그 책이 미력이나마 보탬이 되었듯, 이번 책이 담고 있는 주제인 '스케일임팩트' 또한 사회적기업이나 사회혁신 분야에서 중요 어젠다로서 논의되고 연구되는 데 작은 조약돌이 되길 바라는 마음이다. 스케일임팩트에 대한 이해를 높이면 높일수록 그만큼 더 다양한 길이 보일 것이고 더 많은 문이 열릴 것이라 생각한다. 향후 더 깊은 연구와 실천사례가 이어지기를 기대한다.

책의 출간을 도와준 가디언출판사의 신민식 대표님, 투박한 원고를 책으로 가꾸어준 편집자 남미은 선생님과 디자이너 김희림 선생님에게 감사드린다. 무엇보다도 항상 옆에서 지지해주는 남편에게 마음 깊이 고마움을 표하고 싶다.

2022년 12월
정선희

차례

CHAPTER 1
왜 지금
'스케일임팩트'인가

3

영어 단어 '스케일(scale)'은 '규모'를 뜻하는 명사로 쓰이기도 하고 '크
기를 변경·조정한다'라는 의미의 동사로도 쓰인다. 영어권에서는 규모
를 줄인다고 할 때는 스케일다운(scale down)으로, 규모를 키운다고 할
때는 스케일업(scale up)이라고 쓴다. 우리는 대체로 조직의 목표로서 성
장을 추구하는 비즈니스 세계에서 '스케일업'이라는 용어를 접하곤 하
는데, 기술·제품·서비스·생산·기업 등의 '규모'를 확대할 때 이 표현
을 쓰기 때문이다. 그래서 우리는 '스케일업 기업'이라 하면 단기간에
매출이나 고용 면에서 급성장 중인 '고성장기업'을 가리키는 것으로 이
해하곤 한다. 실제로 OECD는 "10인 이상 규모의 기업 중 최근 3년간
연평균 매출 혹은 고용이 20% 이상 증가한 기업"으로 '스케일업 기업'
을 정의하고 있다.

한편 이제 스케일업은 영리를 추구하는 비즈니스 세계를 넘어 사회
문제 해결과 사회혁신을 추구하는 사회부문(social sector)에서도 새로운
관심사로 부상하고 있음을 확인하게 된다. 미국이나 영국, 유럽 등지에
서 관련 연구가 늘어나고 있고, 실천모델 또한 증가하는 추세인 것이다.
사실 일반기업들의 스케일업은 매출이나 고용 증진을 통해 조직의 비즈
니스 규모를 키우는 것을 가리킨다. 즉 영리기업의 규모화(scaling)는 비
즈니스 성장(growing business) 자체가 목적이다. 그런데 만약 사회부문

조직이 규모화를 추구한다면 그 확장 프로세스를 통해 이들은 무엇을 얻고자 하는 것일까? 조직의 규모를 키우는 것이 과연 궁극적 목적일까?

사회부문 조직이 규모화를 한다면, 그 목적은 조직의 규모를 확대하는 데 있지 않고 '사회적 임팩트'를 키우기 위함이다. 왜냐하면 주지하다시피 사회부문의 사업이란 사회문제 해결과 공공의 이익을 위한 가치극대화를 목적으로 운영되는 조직이 속한 영역이기 때문이다. 요컨대 사회부문에서 시도되는 규모화란 비즈니스 성장을 넘어서는 개념으로서 결국 사회적 임팩트의 규모를 늘리기 위한 것이어야 한다. 이러한 이유로 독자들에게 좀 더 익숙한 용어인 '스케일업'보다 사회부문 조직의 가치와 목적을 반영한 표현인 '스케일임팩트'가 더 적당할 것이다. 사회혁신 이론에서 사회적 임팩트의 스케일이란 조직이 제공하는 서비스의 폭과 깊이, 프로그램을 제공받는 고객의 숫자나 조직이 활동하는 지리적 범위를 가리키는 것이기에 이러한 사회적 임팩트를 늘리기 위한 규모화도 스케일업, 스케일아웃, 스케일딥 등 다양한 형태로 제시된다. 그래서 많은 해외 문헌에서는 이 모든 형태를 포함한 개념으로서 일반적으로 '스케일(링) 소셜임팩트' 또는 '스케일(링) 임팩트'라는 표현을 사용하고 있다. 나는 이 책에서 이 모두를 '스케일임팩트'라는 표현으로 통합해서 사용하고자 한다.

1장에서는 '왜 지금 스케일임팩트가 필요한가'에 관해 이야기한다. 사회문제 크기에 걸맞게 임팩트의 규모를 늘릴 방안을 찾는 사회혁신가, 비용 대비 효율적 지원을 추구하는 정부, 재단, 기업 등 자금제공자, 조직의 성장단계에 따라 발전하고자 하는 조직의 리더, 사회부문의 지속가능한 생태계를 고민하는 리더를 통해 이에 대한 답을 찾을 것이다.

큰 연못에
조약돌 하나 던지기

몇 년 전 미국 대사관의 주최로 릭 오브리(Rick Aubry) 스탠퍼드대 경영학과 교수와 '사회적기업가정신과 사회적기업의 성공요건'이라는 주제로 열린 화상강연에 토론자로 참석했었다. 릭 오브리는 1986년부터 2009년까지 '루비콘프로그램즈(Rubicon Programs)'를 성공적으로 이끈 CEO였다. 미국의 대표적 사회적기업 루비콘은 노숙자와 장애인에게 경제적 자립을 지원하기 위해 루비콘베이커리와 루비콘조경을 운영하는 곳으로, 몇 년 전 내가 쓴 책에 성공사례로 소개한 바 있다.

릭 오브리는 열두 명의 직원과 함께 지역의 작은 프로그램으로 시작한 루비콘을 매년 4,000여 명이 직업훈련이나 각종 사회서비스를 받고 250여 명의 전일제 직원에 1,600만 달러* 수입을 기록할 정도의 기업으로 성장시켰다. 이 강연에서 그는 "지구상에 존재하는 사회문제의 크기에 비해 사회적기업은 거의 지역(local) 수준으로 운영되고 있어 규모의 갭(gap)이 존재한다"라고 지적하며 사회적기업의 성장과 스케일업(영향력을 확대하고 수혜 대상을 늘리기 위해 사회적 혁신을 다른 지역으로 확산하는 일)이 필요하다고 누누이 강조했다. 이러한 생각이 그를 루비콘 내에 사회적기업의 스케일임팩트를 위한 랩 RNSI(Rubicon National Social Innovations), 그리고 이를 발전시켜 전국적 규모의 비즈니스 모델을 개발하고 지원하는 뉴파운드리벤처스(New Foundry Ventures)라는 플랫폼 창립으로 이끌었다.

아마도 그는 모두가 부러워하는 루비콘의 괄목할 만한 성장에도 불구하고 루비콘이 한 지역에서 중소기업 수준으로 운영되고 있어 도움이 필요한 더 많은 사람이 혜택을 받지 못하고 있다는 점에 아쉬움이나 한계를 느꼈을 것이고 그 점이 극복해야 할 과제로 다가왔을 것이다. 사회혁신가나 활동가들의 이러한 문제의식이 사회부문에서 왜 지금 '스케일임팩트'가 요구되고 있는지를 단적으로 보여준다.

사회부문의 새 물결, 스케일임팩트

사회부문에서 '스케일임팩트'라는 주제가 처음 논의된 때는 1990년대로, 당시 국제빈곤 등의 범세계적 문제를 둘러싸고 비영리조직이 당

● 환율을 달러당 1,300원으로 잡을 경우 우리 돈으로 약 208억 원이다. 이하에서 환산액 표기는 생략한다.

면 문제 해결을 위한 영향력을 어떻게 발휘할지 그 방법과 역량에 대한 관심이 커지면서 비정부기구(NGO)나 개발 분야 문헌에서 활발히 논의되었다.[1] 2000년 유엔(UN)은 189개국 정상들과 밀레니엄 선언을 채택하고 구체적 실행목표가 담긴 유엔 새천년 개발 목표(Millennium Development Goals, MDGs)*를 발표한 바 있다.

여러 실행목표 가운데 가장 핵심적인 의제는 국제빈곤 문제를 해결하는 것이었다. 하지만 많은 프로젝트 및 프로그램이 규모가 작을 뿐 아니라 분산되어 있어 커다란 규모로 존재하는 사회문제에 대응하기에는 역부족이라는 인식이 있었다. '저개발국 원조를 위한 스케일업'이라는 주제로 책을 쓴 아른트라우드 하트만과 요하네스 린(Arntraud Hartmann and Johannes Linn)[2]은 이런 상황을 두고 "큰 연못에 조약돌 하나 던지는 것과 같다"라고 표현하기도 했다.

사회혁신가들은 자신들이 해결하고자 하는 사회문제에 비해 사회적 활동이나 사업의 임팩트가 상대적으로 너무 작다는 것이 늘 고민이었다. 더 많은 사람에게 사회혁신의 임팩트를 미쳐, 그 사업이 더 의미 있고 지속가능한 것이 되도록 만들고 싶다는 열망이 크지만 현실적 한계에 부딪혀 사회혁신의 잠재력이 제한되는 점을 아쉬워하는 것이다. 그동안 좋은 아이디어와 여러 시도가 사회변화의 강력한 프로그램으로 발전하지 못하고 사라진 경우도 많다.

지난 20년 동안 이런 문제를 극복하고자 수많은 시도가 있었다. 사회혁신의 실천 현장에서 다양한 경험과 실험이 있었고 정부, 개별 후원자

● 유엔에서 2001~2015년 기간에 절대빈곤과 기아 퇴치, 보편적 초등교육 달성, 지속가능한 환경보전 등 인류의 보편적 문제를 해결하기 위한 8개의 목표와 21개의 세부목표를 제시한 것.

나 재단은 물론, 기업사회공헌(CSR)이나 임팩트투자* 등이 이 실험에 적극 동참해왔다. 미국이나 영국 등지에서는 사회혁신 분야에서 사회적 조직의 성공을 이해하는 데 지배적 프레임으로 자리를 잡아가고 있는 추세다. 그리하여 사회부문에서도 스케일 키우기에 성공한 모델들이 나왔다. 소액대출 모델을 전 세계로 확산한 그라민뱅크(Grameen Bank), 무주택자들을 위해 자원봉사자, 후원자, 무주택 가족들이 협동으로 주택을 건설하는 해비타트(Habitat for Humanity), 미국의 유명 대학 졸업생들이 2년 동안 취약계층 아동들에게 교사가 되어주는 티치 포 아메리카(Teach for America), 개발도상국 극빈층에 안경을 지원하는 비전스프링스(Vision Springs), 개인 대 개인 방식의 인터넷 소액 금융 방식으로 빈곤에서 벗어나고자 하는 사람에게 대출을 해주는 키바(KIVA) 등은 사회혁신가들이 스케일임팩트를 성공시킨 좋은 모델들이다.

최근에는 정부관계자, 개별 후원자, 재단, 기업사회공헌에서 스케일임팩트에 대한 관심이 증가하고 있다. 환경파괴, 기후변화, 질병, 빈곤, 만성적 실업, 무주택 등의 문제가 전 지구적 차원에서 점점 늘어나고 있지만, 이를 해결하는 데 필요한 공공부문 및 비영리부문의 자원은 한정되어 있기 때문이다. 스케일을 키우면 부족한 금전적 자원을 보다 효율적으로 사용하면서 사회적 영향력까지 확대할 수 있다. 이미 몇몇 성공사례를 통해 사회부문 조직의 '스케일임팩트'가 새 프로젝트 실행에 필요한 자금과 시간, 에너지를 절약하게 해준다는 점이 입증되기도 했다.

사실 기부자나 투자자와 같은 자금제공자들은 자신들이 내놓은 자원

● 재무적 수익과 함께 사회적·환경적 영향력을 만드는 기업이나 조직을 대상으로 투자하는 방식.

이 되도록 많은 효과를 내길 바라고, 그래서 요즘 미국이나 영국 등지의 기부자나 투자자는 특정 프로젝트에 단순한 금전적 지원을 하고 그치기보다는 그 프로젝트를 더 광범위한 지역에 확산시킬 방안으로서 스케일임팩트 전략을 요구한다. 실제로 기부자나 투자자의 이런 요구에 부응하고자 비영리기관들이 스케일임팩트 전략을 고려하는 경우도 많다. 이런 추세에 힘입어 하버드비스니스스쿨 사회적기업센터, 예일대학교 비영리벤처연구센터, 스탠퍼드대학교 사회혁신센터 등 다양한 비영리 연구센터에서 '스케일임팩트'가 매우 큰 비중을 갖는 연구주제로 부상하고 있다.

"바퀴를
다시 발명하지 마라"

비즈니스 세계에서 통용되는 슬로건 중 하나로 "성장 아니면 죽음!(Grow or Die!)"이 있다. 이는 사실 모든 기업가에게 적용되는 규범과도 같은 말로, 여기서 성장 곧 '더 크게 된다는 것'은 경쟁력과 관계된다. 물론 소규모로 생존을 잘 유지하는 기업도 있고, 작지만 강한 이른바 '강소기업'도 있다. 하지만 우리 주변에는 이미 프랜차이즈가 넘쳐나며, 지역의 자생적 카페나 가게가 끝내 생존하지 못하고 없어지는 경우 또한 자주 목격하게 된다. 그래서 비즈니스 세계에서 '성장'은 곧잘 다른 편의 '몰락'을 야기하는 것으로 이해되기도 한다. 꽤 많은 사회부문 활동가들이 '성장'에 대해 부정적 인식을 갖게 되는 지점이다. 그렇다면 사회부분에서 '스케일임팩트' 전략을 도입할 경우에도 그러한 문제를 야기하지는 않을까.

비즈니스 세계에서 벌어지는 경쟁이 자신이나 다른 업체의 생존을 위협할 정도의 파급력을 내는 것과 달리, 사회부문은 그 여파가 크지 않다. 경쟁에서 뒤처진다고 나의 조직이 망하거나 경쟁에서 앞선다고 다른 조직의 생존을 위협할 정도로 영향을 주지 않는다. 주지하다시피 사회부문 조직은 금전적 이익보다는 사회문제를 해결하고 사회적 임팩트를 증진하는 것이 조직의 생존 및 지속가능성의 핵심적 잣대다. 그리고 주로 특정 지역에서 지역의 니즈를 해결하려는 취지에서 운영되는 경우가 많아 그간 '작은 것이 아름답다(Small is beautiful)'라는 생각이 지배적이었던 것도 사실이다. 그래서 굳이 덩치를 키울 필요를 느끼지 못하거나 심지어 다른 지역으로의 확대가 지역성(locality)을 저해하는 기업적 논리일 뿐이라고 치부하는 경향도 있다. 실제로 내가 어느 대학원에서 한 '사회적경제' 강의에서 '사회적경제 조직의 규모화'를 토론할 때 당시 지역활동가로 일하던 학생이 이런 질문을 던진 적이 있다. "규모화는 지역에 천착해서 활동하는 사회적경제의 특성과 배치되는 것 아닌가요?"

분명 '스케일임팩트' 전략은 모든 사회활동가에게 적용되어야 하는 것은 아니며, 사회부문이 꼭 취해야 하는 보편적 원칙이나 규범은 더더욱 아니다. 대다수 사회활동가들은 지역 안에서 당면한 지역의 문제를 해결하기 위해 혁신적 아이디어를 내고 그것을 실행해 일정한 성과를 거두고 있다. 이 성공을 바탕으로 그 지역에서 서비스를 개선하고 지역의 다른 계층으로 서비스를 확대하거나 조직역량을 강화하는 등의 활동을 하는 것이 보통이다. 이렇듯 대다수 활동가는 지역적이면서 소규모의 밀착적 사업을 유지해나가길 선호할 수 있다.

그런데 그중 어떤 활동가는 자신이 이룬 성과를 자신의 조직이나 기업을 넘어 더 넓은 범위에서 공유하고 싶어한다. 그 방편으로 '스케일임팩트' 전략을 활용하고자 하는 것이다. 나아가 이들은 조직과 지역, 부문의 장벽까지 뛰어넘어 구조적 사회변화와 시스템 변화를 추구한다. 따라서 이 책에서 말하는 '스케일임팩트'는 사회혁신가들이 반드시 해야 하는 의무와 같은 규범적 결정의 문제가 아닌, 각각의 사회활동가들과 그들의 노력을 지원하는 여러 주체와의 다양한 관계에 영향을 받는 전략적·실천적 결정의 문제라고 보아야 할 것이다.

초기의 소셜프랜차이징(Social franchising)을 연구한 독일 뮌스터대학의 디터 아레르트(Dieter Ahlert) 교수는 "기관이 사회적 영향력을 확대하고 수혜자를 더 많이 창출하기 위해 이미 성공을 거둔 파일럿 프로젝트를 확대하는 것은 일종의 의무"라고 말한다.[3] 즉 사회활동가는 자신의 조직이 스케일을 키울 만한 잠재적 능력이 있고 이를 통해 사회문제 해결이라는 임팩트를 발휘할 수 있다고 판단된다면 스케일임팩트라는 과업을 외면하면 안 된다는 의미일 것이다. 하지만 조직에 규모화를 가능케 할 능력이 갖춰지지 않은 상태에서 단순히 사회활동가 한 사람의 개인적 야망이나 도덕적 사명감만으로 스케일임팩트에 나설 수는 없는 일이다.

이 세상에는 새롭고 혁신적인 아이디어와 신규 파일럿 프로그램이 도처에 넘쳐난다. 사회부문도 예외는 아니다. 사람들도 조직들도, 자신이 속한 곳과 그 주변의 문제를 해결하기 위해 날마다 새로운 아이디어를 내놓는다. 비교적 규모가 큰 문제를 해결하고자 내놓는 아이디어도 있고 소소한 문제들의 해결을 위한 방안도 있다. 그 수많은 아이디어 가운데 어떤 것은 실제로 지역에서 시도되어 성공을 거둔다. 이렇게 '성공'이 증명되면 의도된 전략에서든 아니면 단순한 전파를 통해서든 다른 개인이나 조직, 지역으로 사업이 퍼질 가능성이 크다.

그러나 이런 경우에도 실질적 스케일임팩트에 들어가기란 쉽지 않다. 이는 사회활동가들이 대개 지역 수준에서 활동하는 것에 만족감을 보이는 탓도 있지만, 아무리 담당자들이 규모화를 원한다 할지라도 이를 뒷받침할 지식·재정·인력 등 필요한 자원을 공급할 여건이 마련되지 않으면 그 실현은 쉽지 않기 때문이다. 실제로 사회적경제나 사회혁신이 발전한 나라에서도 주로 신규 프로그램에 많은 자원이 투자된다. 다시 말하면, 유사한 소규모 업체들이 계속 새로 생기고 지역마다 유사한 사업의 창업에 많은 시간과 자원, 노력이 들어가고 있는 것이다. 사회적기업 분야에서 오랫동안 일해온 사람으로서 나 또한 이 점이 항상 안타까웠다. 사회적 가치와 지속가능성을 함께 증명한 성공적 모델이 있다면 그것을 지역에 알맞게 복제하고 널리 퍼뜨리면 그게 더 좋지 않을까? 그러면 성공사례의 확장 속도를 높이고 '규모의 경제'가 갖는 이점도 활용할 수 있어 더 큰 임팩트와 사회변화를 가져올 수 있지 않을까 생각하는 것이다.

"바퀴를 다시 발명하지 마라(Don't reinvent the wheel)"라는 말이 있다. '바퀴(wheel)'는 이미 오래전에 발명되어 현재 잘 굴러가고 있는데, 처음부터 다시 바퀴를 발명하겠다고 나설 필요는 없다는 것이다. 이미 하고 있는 일을 처음부터 다시 시작하지 말라는 뜻이다. 이 말을 스케일임팩트 전략에 적용해보자면, 바퀴를 다시 발명하기보다는 이미 증명된 성공적 해결책을 복제하는 것이 더 많은 이익을 주는 방법이라는 의미가 되지 않을까. 스케일임팩트를 지원하는 국제 비영리기관 브리지스팬그룹(Bridgespan Group)의 설립자 제프리 브래닥(Jeffrey Bradach)은 이 점을 지적하며 다음과 같이 말한 바 있다. "각각의 마을과 도시 등지에서 수많은 프로그램이 운영되고 있는데, 사실 이를 사회 전체의 관점에서 보면 어떤 점에서는 막대한 손실이 되기도 한다. 시간과 자원과 상상력이 바퀴를 다시 발명하는 식의 새 프로그램에 퍼부어지고 있을 뿐 정작 효과성이 이미 입증된 프로그램들의 잠재력은 슬프게도 발전되지 못하고 있기 때문이다."[4]

오랫동안 사회적기업과 사회적경제 분야에서 일해온 나는 한 지역에서도 유사한 사업이 여러 개가 운영되는 경우를 많이 본다. 또한 이미 다른 지역에서 잘 운영되고 있는 사업을 또 다른 지역에서 시간과 노력을 들여 창업하는 사례도 무수히 보았다. 비슷한 사업이 난립하면서 적은 자원과 시장을 두고 경쟁해야 하는 형국인 것이다. 창업에만 집중할 것이 아니라 이미 잘 운영되고 있고 증명된 모델을 찾아내 육성하고 그들의 규모화를 지원해야 할 때다.

미국과 영국의
스케일임팩트 역사와
최근 동향

미국이나 영국 등 사회부문이 이미 잘 발달한 나라에서는 스케일임팩트에 대한 관심이 커져 현장에서 다양한 실천사례가 생겨나고 있으며, 후원자나 사회투자자 등 자금제공자에게도 스케일임팩트가 사회적조직의 성공을 이해하는 데 지배적 프레임이 되고 있다. 또한 다양한 연구 및 정책 제안과 지원책 마련 등의 작업이 이어져왔다.

2012년 미국에서 실시한 한 조사를 들여다보면 스케일임팩트에 대한 미국 사회활동가들의 관심이 어떠한지 엿볼 수 있다. 이 조사는 미국에서 처음으로 실시된 스케일임팩트 현황 전국조사라는 데 의미가 있다. 미국에서 성공적인 비영리조직의 스케일업을 돕기 위한 자본시장 조성에 노력하는 비영리단체인 'GPN(Growth Philanthopy Network)'

과 이 조직에서 만든 다양한 분야의 협력 플랫폼인 'SIE(Social Impact Exchange)'가 베리스컨설팅(Veris Consulting) 사에 의뢰하여 조사되었다. 전국의 비영리조직 419개의 리더 436명을 대상으로 설문조사를 실시한 뒤 〈스케일임팩트 현황 보고서〉를 내놓은 것이다.[5]

이 보고서에 따르면, 조사 응답자 가운데 75%는 자신의 조직이나 프로그램의 스케일임팩트 프로세스를 진행하고 있다고 답했고, 22%는 향후 스케일임팩트를 할 의사를 가지고 있다고 답했으며, 단지 4%만 관심이 전혀 없다고 답했다. 그리고 스케일임팩트 프로세스를 진행 중인 조직의 64%는 이미 10년 이상 운영되어온 조직들이었다. 이는 스케일임팩트와 조직의 성장단계 사이의 관계를 보여주는 것이기도 하다. 아울러, 미국의 비영리조직들은 '스케일임팩트'가 사회문제 해결을 위한 중요한 활동 가운데 하나라고 인식하고 있었다.

또 이듬해인 2013년에는 영국에서 복권기금의 의뢰로 ICSF(International Center for Social Franchising: 소셜프랜차이징 국제센터)*가 사회적 투자기관 BSC(Big Society Capital)**의 투자 대상 사회적기업 등에 영국의 소셜프랜차이징과 사회적복제의 가능성을 조사한 바 있다. 이 조사 이전에는 영국에서 사회적복제나 소셜프랜차이징에 대한 양적 연구가 없었다. 사회적복제는 사회부문의 성공적 모델을 다른 지역에 복제하는 스케일임팩트 전략을 말하며, 소셜프랜차이징은 사회적복제의 한 형태

● 성공적 사회적기업의 사회적복제와 스케일임팩트를 지원하기 위해 댄 베어로위츠(Dan Berelowitz)가 설립한 영국의 비영리기관이며, 현재는 스프링임팩트로 기관 명칭이 바뀌었다.
●● 휴면예금과 시중은행들의 기여금으로 설립된 펀드 도매금융으로서 개별 사회적기업에 투자하는 사회투자 파이낸스의 중간기관에 투자됨. 2019년까지 사회투자펀드와 중간지원기관에 5억 2,600만 파운드를 투자했다.

다. ICSF의 조사결과를 통해 우리는 사회적 프랜차이즈 및 복제에 대한 세간의 상당한 관심을 알 수 있는데, 123명의 응답자 중 33명이 이미 사회적복제를 실행하고 있었고 65명은 사회적복제를 고려 중이지만 아직 실행을 하지 못한 것으로 나타나, 사회적복제를 고려하고 있지 않은 경우는 단지 25명뿐이었다.

이후 2015년에는 유럽에서도 스케일임팩트에 대한 양적 조사[6]가 처음으로 있었다. 유럽 6개국(독일, 프랑스, 영국, 폴란드, 스웨덴, 스페인)에서 활동 중인 사회적기업 385곳을 대상으로 이루어진 유럽 최초의 조사로, 응답한 사회적기업의 50% 이상이 "지난 3년 동안 자신의 활동의 결과로 수혜자의 숫자가 상당히 늘어났다"라고 밝힘으로써 이미 의미 있는 스케일임팩트가 진행되고 있음을 보여주었다.

미국·유럽의 이 같은 조사결과로 볼 때 스케일임팩트가 비영리활동가나 사회혁신가 들에게 사회문제 해결과 사회변화를 위한 중요한 전략적 활동으로 자리 잡아가고 있음을 확인할 수 있다. 여기서는 미국과 영국을 중심으로 스케일임팩트의 동향을 살펴본다.

미국의 스케일임팩트 추진 상황

미국에서는 1990년대 중반부터 비영리부문에서 사회적복제에 대한 관심이 증가해왔으며 현재는 하버드비스니스스쿨 사회적기업센터, 예일대학교 비영리벤처연구센터, 스탠퍼드대학교 사회혁신센터 등 세계적인 대학들에서 연구주제로 삼을 만큼 큰 주목을 받고 있다. 미국에서 이렇듯 스케일임팩트에 대한 관심이 급증한 배경은 무엇일까? 제프리 브래닥은 《사회적 임팩트의 스케일링》에서 그 배경에 세 가지 변화가 자리 잡고 있다고 설명한다.[7]

첫째는 벤처캐피털의 등장이다. 벤처캐피털의 투자 방식은 비영리부문, 특히 자선적 기부에서 중요한 역할을 해온 재단들 사이에 새로운 사고와 행동을 촉진했다. 효과가 높은 조직에 대한 투자, 투자한 조직의 역량 강화 및 스케일임팩트 지원을 강조하는 모델이 그것이다. 이러한 새로운 투자 방식이 전통적 방식으로 기부를 해오던 개인 거액 자선가들에게 영향을 미쳐 벤처 자선기금의 증가로 이어졌으며, 이것이 높은 성과를 창출하는 조직의 스케일임팩트 투자로 나타났다.

둘째로 새로운 자선가들로부터 대규모 자금이 유입되었다는 점이다. 1990년대에 테크놀로지 기반의 경제 붐으로 인해 어마어마한 부의 축적이 이루어졌고 이 부의 일부가 자선시장으로 대거 유입되었다. 실제로 미국의 현존하는 민간재단 가운데 75%가 1980년 이후에 설립된 것들이다. 더욱이 약 50년간 진행될 것으로 예상된 35조 달러 규모의 부의 이전도 진행 중이다. 미국의 베이비부머(1946~1964년생)와 70세 이상 고령층이 그동안 축적한 부를 자녀 등에게 상속·증여하는 사상 최대의 '부의 이전'이 시작되었으며, 그 일부가 자선시장으로 유입될 것으로 예상된다.

셋째 이유로는 사회부문 자금제공자들의 변화를 들 수 있다. 개별 후원자, 독립적 재단, 기업사회공헌 들은 점차 자신들이 제공한 자금이 어떤 효과를 냈는지 구체적인 결과와 증거자료를 요구하고 있는 추세다. 이러한 경향의 변화에 따라 증거 기반의 효과를 내는 조직을 찾아내고 투자하는 일이 더 중요해지고 있으며, 이에 따라 조직의 역량 강화 및 스케일임팩트의 필요성이 커지면서 매력적인 전략으로 떠오르고 있다는 것이다.

스케일임팩트에 대한 관심은 사회부문 조직 관련 정책에도 영향을 미쳤다. 예컨대 오바마 정부에서는 '사회혁신과 시민참여실'을 만들어 그 역점 사업으로 CNCS(Corporation for National and Community Service: 국가 및 지역사회 서비스 공사)에 5,000만 달러의 SIF(Social Innovation Fund: 사회혁신기금)를 조성했다. 정부와 민간의 자원을 재원으로 한 이 기금은 사회문제를 효과적으로 해결한 증거를 보유한 조직의 스케일임팩트를 지원하는 것이 목적이었다. 이에 따라 사회부문에서 성공적 프로그램을 찾아내고 이들 프로그램을 다른 지역으로 확장하여 더 많은 수혜자에게 혜택을 줄 수 있도록 투자하는 데 집중했다.

이와 관련해 오바마 대통령은 말했다. "우리는 효과 없는 사업에 투자할 만큼 시간과 자원이 충분치 않다. 정부는 납세자의 세금을 효과를 내지 못하는 곳에 낭비하지 않고, 창의적이고 성공적인 결과를 내고 있는 프로그램을 찾아 이들이 미국 전역으로 복제될 수 있도록 도와야 한다." 사회혁신기금은 도매 성격의 기금이기 때문에 지역재단 등 중간지원기관에 자금을 제공한다. 이들 중간지원기관이 혁신적이고 성공적인 결과를 내는 비영리조직을 발굴하여 다시 그쪽에 보조금을 제공하는 방식인 것이다. 중간지원기관이나 직접 수혜자인 비영리기관이 이 보조금을 받고자 한다면 지원되는 금액에 일대일로 매칭을 해야 한다.

민간에서도 스케일임팩트 지원을 위한 이니셔티브들이 마련되었다. 그 가운데 하나로 우선, 사회적기업가 지원에 선구자 역할을 해온 재단

아쇼카(Ashoka)를 이야기할 수 있다. 아쇼카재단은 2009년 아쇼카 글로 벌라이저 프로그램을 시작했다. 아쇼카재단의 광범위한 체인지메이커들의 네트워크를 활용하여 스케일임팩트를 지원한 것이다. 아쇼카 글로 벌라이저 프로그램이란 성공한 기업가와 사회부문 활동가, 매킨지 같은 유수의 전략 컨설턴트 등 다양한 부문의 전문가로 구성된 자문단이 3개월 동안 사회적기업가들의 스케일업 전략 수행을 돕는다.

2009년 설립된 SIE도 민간에서 스케일임팩트를 지원하고자 노력하고 있는 한 사례다. 이 단체는 GPN이 듀크대학교와의 협력, 그리고 로버트우드존슨재단, 록펠러재단, 빌앤드멀린다게이츠재단의 후원으로 설립한 곳이다. SIE는 다양한 분야에 속한 사람들이 스케일임팩트에 관한 지식을 공유하고 효과적인 스케일임팩트를 위한 자본시장을 구축하고자 하는 일종의 포럼이다. 사회적 임팩트에 대한 평가기준을 만들고 효과적인 사회부문 조직을 찾아내고 다양한 분야에서 이들에 대한 펀딩이 이루어지도록 촉진하고 있다. 현재 기업, 자선기관, 비영리기관, 정부기관 등 여러 분야에서 4,000여 명의 회원을 보유하고 있다.

발전하고 있는 영국의 스케일임팩트

영국의 경우 사회부문의 스케일임팩트 및 복제에 대한 관심은 비록 미국보다 늦었지만 시민사회 영역인 자원부문(voluntary sector)에서의 복제 실행은 결코 새로운 게 아니다.[8] 다이애나 리트(Diana Leat)는 영국의 자원부문은 방법론, 구조, 접근법 등을 복제하는 방식을 기반으로 스케일임팩트가 구축되었다고 말한다.* 1990년 비즈니스 부문의 프랜차이징 방법을 자원부문에 적용하려는 노력이 있었고 이듬해인 1991년에는 채리티프랜차이징센터(Charity Franchising Center)를 설립하여 자선조직에 정보서비스를 제공했다는 것이다. 이후 프랜차이즈화에 따른 법적 문제, 지역에 대한 통제와 자율성 사이의 긴장을 어떻게 극복할까 하는 문제로 인해 사회부문의 프랜차이징에 대한 관심이 다소 떨어지기는 했으나 여전히 프랜차이징 방법이 활용되고는 있다. 전국 조직은 주로 조직 확장 및 지점 설립의 방식으로 자신의 성공적 프로젝트를 복제했는데, 이 과정에서 네트워크나 협회가 성공적 모델의 복제를 촉진하는 데 일정한 역할을 했다.

현재 영국에서는 프랜차이즈 방식을 활용하는 비영리·비정부 기관이 늘어나는 추세이며, 소셜프랜차이징에 대한 이러한 관심과 적용이 특화된 조직의 설립으로도 이어지고 있다. 그 사례가 2011년 설립된 ICSF이다. 2011년 이후, ICSF는 영국의 복권기금이나 사회적기업협회(Social Enterprise UK) 등의 의뢰를 받아 소셜프랜차이징 관련 연구·정보, 사업개발 컨설팅 등을 제공해왔다. 2015년 ICSF는 영국에서 가장 큰 9개 재단과 함께 '스케일 액셀러레이터(Scale Accelerator)'라는 파일럿 프로그램을 운영하여 전도유망한 사회적기업이나 자선기관이 자신의 증명된 프로그램을 스케일임팩트 하도록 도왔다. 그러나 이후 몇 년 동안 사회적복제와 스케일임팩트에 관한 연구가 다수 이루어지면서 소셜

● 그 사례로 레드크로스(Red Cross), 올드피플스웰페어코미티[Old Peoples' Welfare Committee, 현재는 에이지컨선(Age Concern)], 시티즌스어드바이스부로(Citizens Advice Bureaus), 크로스로즈(Crossroads) 등을 들고 있다.

프랜차이즈가 유일한 스케일임팩트의 모델은 아님을 인식하게 되었고, 이에 따라 ICSF는 명칭을 스프링임팩트(Spring Impact)로 바꾸게 된다.

사회적 비즈니스의 복제와 성장은 영국의 스케일임팩트에서 아주 중요한 분야다. 사회적기업과 같은 사회적 비즈니스는 정부의 육성정책에 힘입어 영국 비즈니스에서 그 비중이 점증하고 있을 뿐 아니라 영국의 국내경제에서 차지하는 위상이나 중요성도 커지고 있다. 영국사회적기업협회에서 출간한 보고서에 따르면,[9] 영국에는 10만 개의 사회적기업이 활동하고 있고 여기서 약 200만 명을 고용하고 있으며, 이들이 영국 GDP에 600억 파운드*의 가치를 기여하고 있다. 이는 영국 GDP의 3%, 고용의 5%에 해당한다.

이렇듯 사회적 비즈니스의 성장에는 정부의 적극적 육성과 노력이 있었다. 사회적기업 육성을 위한 주요 인프라를 정부에서 정책적으로 구축해주어야만 사회적 비즈니스의 실질적 성장이 가능하다는 이야기다. 예를 들어, 공공조달에서 사회적 가치를 고려하도록 하는 사회적가치법, 정부부처에 포용적 경제 부서** 설치하기, 사회투자를 담당하는 BSC 설립, 사회투자기금 기관*** 확립, 비즈니스 경영지원을 위한 전문기관 개발 그리고 액세스(Access)나 영국사회적기업협회 같은 기관의

● 한화로 환산할 경우 파운드당 1,600원으로 계산할 때 약 97조 원이다. 이하 파운드화의 한화 환산액 표기는 생략.
●● 2016년 사회적기업 주무부처인 시민사회청(The Office of Civil Society)은 내각실에서 디지털, 문화, 미디어와 스포츠부(Department of Digital, Culture, Media & Sport, DCMS)로 이관되었다. 사회적 투자 시장 성장, 공공서비스에서 사회적 효과의 증대, 사회책임 비즈니스 촉진 등의 역할을 수행한다.
●●● 브리지스펀드매니지먼트(Bridges Fund Management), 채리티뱅크(Charity Bank), 네스타임팩트 인베스트먼츠(Nesta Impact Investments), 레스넌스(Resonance), SIB그룹(SIB Group), 소셜인베스트먼트스코틀랜드(Social Investment Scotland), 트리오도스뱅크(Triodos Bank) 등이 있다.

사회적기업 홍보 및 마케팅 노력 등이 있다.

이러한 육성 노력 덕분에 영국에서 사회적비즈니스는 빠르게 성장하고 있다. 2019년 영국 정부에서 발간하는 〈사회적기업 마켓 트렌드(Social Enterprise Market Trends)〉*에 의하면 사회적기업의 85.8%가 흑자였던 것으로 나타나고 약 76%가 향후 3년 안에 성장에 대한 계획을 가지고 있는 것으로 나타났다. 이는 소기업(SME) 전체의 흑자 비율인 80.8%를 상회하는 숫자다. 보고서에서는 영국 사회적기업의 규모별 분포도 보여주고 있는데 10명 미만이 77.5%, 10명에서 50명 미만은 19.4%, 50명에서 250명 미만이 3.2%로 나타나 여전히 대부분 마이크로 비즈니스임을 보여준다.

그럼에도 영국에서는 현재 사회적 비즈니스들이 빠르게 스케일업 기업으로 성장하고 있다. 2014년에 영국에서 설립된 스케일업연구소(ScaleUp Institute)는 매년 스케일업 기업 리더들을 대상으로 스케일업 서베이를 실시한다. 여기서 스케일업 기업은 3년에 걸쳐 연 20% 성장을 구가하는 기업으로 정의된다. 2019년 스케일업연구소는 2017~2018년 연간 서베이 자료** 중에서 사회적 비즈니스*** 관련 데이터와 사회적 비즈니스 설립자들과의 인터뷰 그리고 231개의 사회적 비즈니스에 대한 대출자료를 활용하여 사회적 스케일업 기업에 관한

● 현재 사회적기업 육성의 주무부처인 영국 디지털·문화·미디어·스포츠부(Department for Digital, Culture, Media and Sport)에서 발간.

●● 2019년 연간 서베이는 509명의 스케일업 기업 리더들을 대상으로 이루어짐.

●●● 연간 서베이에서 사회적 비즈니스에 대한 정의는 사회적 금융기관 BSC의 정의와 영국사회적기업협회의 정의를 따르며 '영업활동을 통해 사회적·환경적 문제를 해결'하는 부문의 기업들을 일컫는다.

보고서를 발간했다.[10] 보고서에 따르면 서베이에 응답한 사회적 비즈니스 가운데 78% 정도가 차기 연도에 20% 이상의 성장을 달성할 것이라 예상하고 있고, 그중 20%는 이미 1,000만 파운드 이상의 매출을 달성했다고 밝혔으며, 3분의 2, 즉 65%는 지난 3년 동안 평균 20%씩 성장했다고 답한 것으로 조사되었다. 또한 이들의 3분의 2는 6년 이상의 업력을 가지고 있으며 예술, 보건, 사회복지 등 전통적 분야를 넘어 제조, 전문서비스, 테크놀로지, 커뮤니케이션 등으로 확장하고 있으며 5분의 2는 수출에 관여하고 있는 것으로 나타난다. 2012년 제정된 사회적가치법으로 인해 정부에 제품이나 서비스를 판매하는 비중이 높았다. 이 보고서는 사회적 비즈니스가 영국 전체 경제에서 일반 스케일업 기업과 비슷한 비율로 성장하고 있다는 분석을 내놓았다. 즉 사회부문의 스케일업 영역이 그만큼 발전하고 있다는 이야기다.

조직생애주기에 따른 스케일임팩트

2014년 고용노동부의 발주를 받아 '사회적기업 육성정책'을 평가하는 연구팀에 참여했다. 당시 내가 맡은 주제는 '성장단계의 사회적기업들의 정부 육성정책에 대한 평가'였다. 5년 이상의 사업연한과 10억 원 이상 매출을 내는 성장단계에 있는 일곱 곳의 사회적기업 대표들에 대한 심층면접과 네 명의 1세대 사회적기업가에 대한 집단심층면접(FGI)을 실시했었다. 이들 인터뷰에 참여한 대표들은 한결같이 정부의 지원제도가 초기 설립 지원에 집중되어 있어 성장단계 사회적기업에 맞는 정책 지원이 매우 부족한 현실이라고 지적했다. 소규모 사회적기업들만 양산하고 있어 성장단계 사회적기업들이 규모화를 이루는 단계로 나아가지 못하며 사회적기업 간 불필요한 경쟁으로 인한 사회적기업의 고비용구조 또는 비효율성을 야기한다는 신랄한 평가였다. "이렇게 소규모 기업들을 양산하는 상황에서는 사회적기업을 운영하는 각자가 고생이다"라고 어느 사회적기업 대표가 볼멘소리를 했던 기억이 난다. 7년여가 흘렀지만 성장단계의 사회적기업가들이 했던 고민은 여전히 크게 개선되지 못하고 있는 듯하다.

조직생애주기와 단계별 특성

앞서 2012년 미국에서 419개 비영리조직을 대상으로 스케일임팩트 프로세스의 추진 현황에 대한 조사결과를 이야기한 바 있는데, 여기서 흥미로운 것은 "스케일임팩트를 하고 있다"라고 응답한 조직 중 64%, 그리고 "스케일임팩트를 할 의향이 있다"라고 응답한 조직의 69%가 10년 이상 운영된 조직이라는 점이다. 조직의 '나이'가 스케일임팩트 전략의 추진에서 주요한 요소로 작용한다는 판단이 가능한 대목이다. 또는 10년 이상 운영되어온 조직이라면 성장이나 스케일임팩트가 중심 이슈가 될 수밖에 없음을 보여준다.

조직생애주기이론(Organizational Life Cycle Theory)*에서는 조직의 발전이 고유 특성과 과업을 지닌 각 단계를 거쳐 이루어진다고 본다. 즉 조직은 각각의 성장단계에 공통된 조직적 현상과 도전과제와 니즈 등을 갖는다. 조직은 각 단계별 발달과제에 직면하기 때문에 한 단계에서

● 연구논문에 따라 조직수명주기이론, 조직라이프사이클이론, 조직생애주기이론 등으로 명명되고 있다. 여기서는 '조직생애주기이론'이라고 표기한다.

다음 단계로 넘어가는 것은 전 단계의 현안을 얼마나 효과적으로 잘 해결하느냐에 달려 있게 된다. 조직생애주기이론을 기업조직에 적용한 이론에 의하면, 기업들은 생애주기마다 각기 다른 생존과제를 겪기 때문에 운영전략과 조직구조 역시 기업조직의 단계에 따라 변화될 수 있다.

연구하는 학자마다 조직의 성장단계를 어떻게 구분할 것인가 하는 기준은 다르다. 적게는 3단계에서 많게는 10단계 이상으로 구분법이 존재하며, 연구주제와 대상에 대한 구분도 상이하다. 보통의 조직생애주기모델은 '설립·성장·성숙·재생·쇠퇴'의 단계를 거치는 것으로 상정한다. 생애주기이론이 조직운영에서 가지는 의미는 경영자들에게 조직의 발전단계를 평가하여 회사가 직면한 문제들을 해결하고 미래의 과제들을 예상하도록 한다는 점이다. 동일한 발전단계에 있는 조직들은 공통의 문제들을 가지고 있기 때문에 이를 통해 문제점을 파악하고 가능한 솔루션을 도출하도록 도울 수 있다.

'성장단계'의 주요 과업, 스케일임팩트

인간을 포함해 모든 생물체는 탄생·성장·쇠퇴·사멸이라는 일련의 과정을 겪는다. 인간의 경우, 보통 영유아기·아동청소년기·초기성인기·중장년기·노인기 등의 단계, 곧 '생애주기'를 지나고, 생애주기의 단계별로 고유의 특성이 있어 유의할 것, 해야 할 것, 요구되는 역량 등이 다르다. 그리고 생애주기의 각 단계에서 그다음 단계로 순조롭게 넘어가는 데 필요한 발달과제가 있다. 만약 단계마다 발달과제가 잘 해결되지 못하면 그다음 단계로의 이동이 순조롭지 않을 수 있다.

조직성장을 연구하는 학자들은 인간의 생애주기와 마찬가지로 조직에도 '나이'가 있고 거쳐야 하는 '생애주기'가 있다고 본다. 그 주기를 중심으로 조직의 변화과정을 분석하고자 하는 것이 바로 조직생애주기이론이다. 그래서 조직생애주기이론은 조직의 당면과제를 이해하고 미래에 성공을 가능하게 하는 데 필요한 것이 무엇인지를 진단하고 전략을 도출하는 도구로서 활용되어왔다.

조직생애주기이론을 사회적기업에 적용한 논의는 아직 많지 않지만, 미국에서 취약계층을 고용하는 사회적기업에 투자하는 재단이자, 사회적기업 평가모델 SROI*를 처음으로 도입한 기관인 REDF는 사회적기업의 조직발전단계를 이러한 생애주기이론에 비추어 설명한 바 있다. 그에 따르면 사회적기업의 생애주기는 비전단계-스타트업단계-성장단계-확립단계로 구분이 가능하다. 비전단계란 사회적기업 설립 이전의 기획과 사업타당성 테스트에 중점을 두는 단계를 말하고, 스타트업 단계는 사업모델과 운영을 다듬는 데 집중하는 시기다. 이 단계에서 어느 정도 안정적 운영이 가능해지면 사회적기업은 성장에 집중하는 성장단계로 진입하게 된다. 이후 성장과 모델이 성공적인 것으로 증명되는 것이 확립단계인데, REDF의 분석에 따르면 바로 이 단계에서 '스케일임팩트' 전략이 필요하다. 즉 자신의 모델을 다른 지역에 복제하거나 스케일임팩트 프로세스 준비에 착수하게 된다는 것이다.

잉그리드 버케트(Ingrid Burkett)는 호주의 사회적기업 경영자와 지원

● '사회적 투자 수익률(Social Return On Investment)'은 투입된 투자 또는 비용 대비 사회적 편익을 평가하는 모형이다.

조직 활동가에 대한 양적·질적 연구를 통해 사회적기업의 금융니즈를 연구한 바 있다.[11] 이 연구는 사회금융의 중개를 위해서는 사회적기업의 조직생애주기에 대한 이해가 선행되어야 한다면서 사회적기업의 조직 발전단계를 스타트업단계-개발단계-성장단계-성숙단계 등 네 단계로 구분하고 스케일임팩트를 성장단계의 과제로 두었다.

스타트업단계는 아이디어를 실행에 옮기는 단계로, 인프라와 장비를 구축하고 초기 마케팅으로 고객을 확보하고 네트워킹을 조직한다. 또한 이 단계에서 구체적인 기술지원을 확인하게 되며 상업적 활동에 돌입하는 한편, 임팩트라는 측면에서 비즈니스모델을 테스트하게 된다. 그 다음 개발단계는 핵심 프로세스와 시스템 개발, 비즈니스와 사회적목적 실현을 위한 효율성과 효과성 구축, 핵심인력의 고용 및 유지, 현금흐름의 안정화, 재정적 역량과 지식 구축, 평판과 비즈니스상의 안정성 구축 등을 특징으로 하는 단계다. 이후 성장단계는 활동의 확장과 다각화, 사회적목적 실현을 위한 활동의 적절한 폭과 깊이에 대한 결정, 수익이 아니라 사람과 임팩트의 성장, 규모의 경제와 효율성 및 효과성 제고, 비즈니스모델의 레버리지를 특징으로 하는 단계다. 마지막 성숙단계에서는 안정적 기반을 갖추는 것을 넘어서 재정적·사회적 측면에서 지속가능성을 갖추는 방향으로 이동해야 한다. 이에 따라 이 단계는 평판과 자산 기반에서의 레버리지, 조직 내부에 대한 관심을 넘어 더 광범위한 부문으로의 중심축 이동, 장기적 비즈니스와 임팩트 기획 등을 특징으로 하게 된다.

한편 개발도상국의 사회적기업을 지원하는 기관인 NESsT의 로익 코몰리와 니콜 에차르트(Loïc Comolli and Nicole Etchart)는 〈사회적기업의 스케일링에 관한 연구)[12]에서 사회적기업은 1년간의 사업기획, 3년 정도의 인큐베이션(창업) 단계를 거치면서 자신의 사업 콘셉트를 증명하게 된다고 밝히고 있다. 이 증명이 이뤄지고 나면 거버넌스(조직구조), 팀 역량, 파이낸싱(외부 금융조달) 등에 대한 세심한 설계를 통해 초기 스케일임팩트 단계로 진입하게 된다. 이들은 '스케일임팩트'는 여러 해가 걸리는 점진적 과정이며 보통 최소 5년은 필요하고 많게는 8~10년이 걸릴 수도 있다고 말한다.

이들은 '스케일임팩트를 시작하는 첫 단계(First Stage Scaling)'가 매우 중요하다는 점을 강조한다. 이 첫 단계에서 기존의 활동 지역 이외의 다른 한 지역 이상에서 자신의 모델을 복제하기 시작하며, 다양한 재원을 혼합할 전략을 모색하고, 맨 처음의 인큐베이팅 단계나 개념 증명 단계에서 필요로 하던 것보다 더 큰 규모의 자본을 필요로 하게 된다. 그리고 사업모델 재정립, 전문인력의 필요성, 법적 상황 준수나 외부자원 유치, 전문경영 강화와 조직관리 구조 변화 등 완수해야 할 과제가 무척 많다. 그래서 이 단계에서는 성장과 임팩트의 균형을 유지하는 것이 무엇보다 중요하다고 말한다.

위에서 살펴본 연구문헌들에 따르면 스케일임팩트는 성장단계에 있는 조직의 핵심과제 중 하나다. 어떤 조직이 모델이나 개념을 성공적으로 증명하고 임팩트나 재무적 측면에서도 안정감을 얻어 견고한 역량을 갖춘 팀을 구축했다면 기존 지역에서 이룬 성공을 바탕으로 더 큰 임팩트를 성취하고자 하는 니즈 또한 생길 것이다. 성공적인 프로그램이나 조직이 성장단계에서의 과제를 제대로 해결하지 못하면 더 많은 수혜자들에게 임팩트를 확장할 기회와 잠재력을 놓치는 것이고, 기업이라는 조직적 측면에서도 다음 단계로 발전하는 데 장애가 될 것이다.

우리나라는 2007년 사회적기업육성법이 제정되어 어느덧 15년여가 지나고 있다. 사회적기업 말고도 2010년대 초반 육성되기 시작한 자활기업, 마을기업, 협동조합 등 사회적 목적을 위해 운영되는 기업이 3만 개 이상 활동 중이며, 이들 조직 모두가 법률 제정과 함께 육성된 지 10년 이상이 되고 있다. 조직생애주기 기준으로만 보자면 우리나라의 사회적경제 조직들은 이미 스케일임팩트의 단계로 진입했거나 이미 진입해 성장을 이어가야 할 시기가 지난 곳들이 꽤 되는 셈이다. 사회적기업을 비롯한 사회적경제 조직들은 매년 큰 폭으로 증가하고 있으나 이들을 육성할 정부 예산은 제자리다. 그리고 아직도 초기 설립에 지원이 집중되어 있고 여전히 n분의 1 나눠 주기 방식으로 진행되고 있다. 성장 단계에 있는 성공모델을 찾아내고 이들이 스케일임팩트라는 새로운 여정에 나설 수 있도록 지원하는 정책이 어느 때보다도 필요하다.

스케일임팩트와
사회적경제 생태계

최근 우리나라 사회적경제 분야의 중심 이슈 중 하나가 '생태계'다. 사회적경제의 지속가능한 발전을 위해서는 창업·재정지원 같은 개별 기업에 대한 지원만으로는 한계가 있을 수밖에 없고, 따라서 성공을 가능하게 하는(enable) 실질적 지원환경이 구축될 필요가 있다. 사회적기업 육성정책의 변화가 바로 그러한 예다.

고용노동부는 5년마다 '사회적기업육성계획'을 내는데 지난 '2차 사회적기업육성계획'(2012~2017)에서는 기존의 재정지원을 중심으로 한 육성정책에서 생태계를 통한 육성정책으로 전환하겠다는 내용을 밝힌 바 있다. 이 2차 계획은 2007년 사회적기업육성법이 제정된 이후 시행된 초창기의 지원체계가 인건비나 설립 지원 등 개별 기업 중심의 확대

정책에 집중된 탓에 자생적 성장에는 한계가 있었다고 진단했다. 이에 따라 초기의 정책 패러다임을 전환하여 금융·공공구매·판로 등에서 사회적기업 친화적 시장을 확대하고 사회적기업에 대한 긍정적 인식을 높이는 등 우호적 환경을 조성하겠다는 것이다. 사회적기업이 정부재정에 의존해 운영되는 조직으로 머물지 않고 자생적·자립적 성장기반을 갖추려면 사회금융·공공조달·경영지원·판로지원 제도의 개선 및 인프라 구축 등 생태계 조성이 먼저 필요하다는, 육성 방향의 전환이었다.

진화론 관점에서 보는 사회적경제 생태계

'생태계'란 외부 의존이나 통제 없이 자율적이고 자생적인 성장기반을 갖는 것으로, 영국의 식물학자 아서 탠슬리(Arthur Tansley)가 발전시킨 개념이다. 이후 이 개념은 단순히 자연생태계뿐 아니라 조직이나 사회현상을 분석하고 파악하는 도구로도 발전했다. 탠슬리의 정의에 따르면 '생태계'는 특정한 서식지를 공유하는 유기체인 모든 생물과 이를 둘러싼 무생물적 환경을 하나의 단위로 통합하는 개념으로서 같이 살면서 상호의존하는 유기체와 이를 둘러싼 환경요인이 서로 작용하며 영향을 주고받고 변화하는 공간이라 할 수 있다.

이 '생태계'는 자기조직화의 원리를 가지고 있다. 생태계의 내부와 외부에서 시스템의 안정이나 균형을 위협해 불균형상태가 되면 생태계 내에 존재하는 개체들이 집합적 상호작용을 통해 자생적으로 질서와 규칙을 만들어내는 자기유지 메커니즘이 작동하는 것이다. 즉 생태계 내의 구성요소들이 서로 작용하며 적응하고 체계를 유지하면서 생존과 진화의 방식을 만들어간다. '생태계'가 지닌 이러한 특징 및 개념이 '조직생태계'를 연구하는 데도 활용·적용되고 있으며, 사회적경제도 외부에 대한 의존이나 통제 없이 자율적이고 자생적인 성장기반을 갖추려면 생태계 구축이 중요하다는 점이 최근 여러 연구에서 강조되고 있다.

그 가운데 라준영은 사회적기업 생태계를 진화론적 관점에서 분석한 바 있다.[13] 그는 사회적기업도 일반 비즈니스와 마찬가지로 사회적으로 필요한 재화와 서비스를 생산하는 기업조직이고 '사회적기업 생태계'도 일종의 비즈니스 생태계라고 말한다. 따라서 사회적기업의 생태계에서도 당연히 변이·선택·복제·공진화 등의 진화원리가 작동한다는 것이다. 이 연구에서 그는 진화원리 각각을 사회적기업 생태계에 적용했다. 자연생태계에서 변이가 유전자조합이나 돌연변이를 통해 종과 개체의 다양성을 창조하듯 사회적기업 생태계에서도 사회적기업가가 더 다양해지고 새로운 비즈니스모델 또한 계속 출현할 필요가 있다고 본다.

진화론에서 '선택'은 자연생태계에서 다양한 생물종과 개체 중 환경에 적합한 것을 선별하는 기제를 말하는데, 사회적기업 생태계에서도 사회적으로 필요한 가치를 공급해 재무적으로도 지속가능한 모델을 가지고 있다면 상품시장과 자본시장에서 인정받고 선택받게 된다. 그리고 진화론에서 '복제'는 자연생태계에서 선택된 종과 개체를 대량으로 재생산하는 기제로서 주로 번식을 통해 유전물질을 후세에 전달해 확산하는 방식이다. 사회적기업 생태계에서도 어떤 모델이 시장에서 선택을 받았다면 더 많은 자원을 획득할 가능성을 높이고 복제를 통해 자기증식을 하는 방식으로 규모를 키우며 성장하게 된다. 그리고 시장에서는 이 기업을 모방하는 방식으로 비즈니스모델의 확산이 일어날 것이다.

또한 진화론에서 '공진화'는 여러 종류의 생물집단이 서로서로 선택압으로 작용하면서 동시에 진화하는 현상을 말하는데, 사회적기업 생태계도 마찬가지다. 복제라는 과정을 통해 새로운 변이가 일어남으로써 다양성과 혁신성을 높일 뿐 아니라, 한 집단이 진화하면서 관련된 다른 집단도 경쟁과 협동을 통해 영향을 주고받으며 공진화한다.

라준영은 우리나라의 사회적경제 생태계를 진단하는 한편 규모화가 사회적경제 생태계에서 왜 중요한지를 설명한다. 그러면서 향후 우리나라의 사회적경제 생태계 활성화 정책은 자기조직화와 진화원리가 잘 작동하도록 촉진하는 방향으로 추진되어야 한다고 주장한다. 그래야 사회적경제 생태계가 정부재정에 대한 의존에서 벗어나 자생적 질서와 규칙을 만들어 성장을 이어갈 수 있다는 것이다.

사회적경제 생태계에 대전환이 필요한 이유

우리나라의 사회적경제 생태계는 아직 초기 단계에 머물러 있다. 그러다 보니 여러 과제가 산적해 있는데 무엇보다 큰 문제는 소규모 영세업체만 양산되면서 성공한 프로그램들의 성장을 견인하고 있지 못하다는 점이다. 한국사회적기업진흥원에서 발간한 〈2020년 사회적기업 성과 보고서〉에 따르면 취약계층 근로자 5인 이하 채용업체가 61%에 달하고 10인 이하 고용업체는 76.6%로 대부분의 기업이 소기업인 것으로 나타난다.* 그리고 영업활동을 통한 경제적 성과를 보더라도 5,000만원 정도의 영업이익과 영업손실을 보고하는 소규모 기업이 가장 높은 비율을 차지하는 것으로 나타난다.

소기업이 양산되는 이유는 우리나라의 사회적경제 육성정책이 설립 및 창업 지원과 양적 성장에 집중된 반면 성장단계를 고려한 지원체계는 부재한 탓이 크다. 물론 초기 설립·창업지원에 집중한 결과, 사회적경제 영역에 새로운 아이디어와 비즈니스모델이 다양하게 생겨나고 과감한 실험이 이루어질 수 있었다. 하지만 각종 재정지원이 지방자치단체로 이관되면서 성과에 따른 차등지원이 아닌 n분의 1 나눠 주기 방식이 되다 보니 시장의 선택원리가 제대로 작동하지 못한다는 한계를 드러냈다. 성공적 조직이나 프로그램의 확산에는 많은 자원이 소요되지만 이를 뒷받침할 지원예산이나 정책은 부재하다.

실제로 우리나라의 사회적경제 영역에서 규모 있는 기업으로 성장한 예를 찾아보기란 몹시 어렵다. 현실적으로 볼 때, 사회적경제를 둘러싼 환경과 조건 자체가 스케일임팩트를 향한 비전과 야망을 갖기 어렵게 만들고 있다. 스케일임팩트를 독려하고 지식을 제공하고 자금조달이나 비즈니스 지원 등 정책적 지원이 전무하다시피 해서다. 이제 우리나라 사회적경제 생태계에서도 효과를 입증한 성공모델이 하루빨리 발굴(선택)되어야 하고, 이들이 복제를 통해 규모화를 이루어 임팩트를 확산시킬 수 있도록 해야 한다. 경쟁과 협력을 통해 공진화를 촉진하는 생태계가 조성되도록 사회적경제 육성 및 지원 방향의 전환이 필요한 시점인

● 사회적기업진흥원의 자료에 의하면, 일반 근로자까지 포함하여 전체 유급근로자 10인 미만인 사회적기업이 약 56%, 10~29인 미만은 29.3%, 33~99인은 11.5%, 100~299인은 2.6%, 300인 이상은 0.7%인 것으로 보고되었다. 우리나라에서는 정부에서 인건비 지원을 최장 5년까지 해주는 것을 감안해 그 규모를 이해할 필요가 있다.

것이다.

　사회적경제 지원정책의 범위와 목표를 '성장'과 더불어 '스케일임팩트'로까지 확장해야 한다. 사회적경제 생태계의 건강성을 위해서도 대규모의 성공적 사회적기업이 필요하다. 라준영은 조직생태학의 거장 글렌 캐럴(Glenn Carroll)의 자원분할이론, 즉 "규모가 큰 기업이 출현할수록 소규모의 작은 기업이 늘어나 비즈니스 생태계의 다양성이 높아진다"라는 언급을 인용하며 규모가 큰 사회적기업이 생겨나면 다른 사회적기업에 많은 사업기회를 제공하면서 부문별·문제유형별로 별도의 비즈니스 생태계를 구축할 수 있다고 강조한다.

　좋은 숲은 큰 나무, 중간 크기의 나무, 작은 나무 그리고 풀들이 함께 어우러진 숲이다. 작은 나무로 가득 찬 숲은 생태계를 위협할 정도의 거대한 재해를 견뎌내기 힘들 것이다. 큰 나무들은 다양한 생물들에게 먹이와 서식공간을 제공하기도 하고 작은 나무와 식물들이 자랄 수 있는 생태계의 우산 역할을 해준다. 언젠가 자료조사를 하던 중《나뭇잎의 기억》이라는 그림책을 읽었는데, 거기에 이런 멋진 글이 있었다. "큰 나무는 작은 나무가 튼튼하게 자랄 수 있도록 도와주고 비바람에서 지켜주기도 하고 뜨거운 태양 아래 그늘이 되어주기도 했다. 큰 나무는 작은 나무에게 자신이 살아온 삶의 기억을 일러주었는데 주변의 존재들에게 다정하게 대하는 법, 도움이 필요한 존재들에게 쉴 곳을 내주는 법, 강한 바람에 맞서는 법, 구부러질 줄 아는 유연함 등 자신의 지혜를 일러준다." 우리 사회적경제 생태계 또한 이런 모습이 되기를 상상해본다.

스케일임팩트와 사회혁신, 임시방편적 해결책 너머

'스케일임팩트'는 조직 자체의 성장보다 사회적 임팩트의 극대화가 주된 목적이다. 그런데 각 조직마다 활동을 통해 추구하려는 사회적 임팩트의 수준은 다를 수 있다. 얼마나 많은 사람에게 서비스를 제공했는지를 중시하는 조직이 있는가 하면, 어떤 조직은 거기서 한발 더 나아가 자신이 제공한 서비스를 통해 얼마나 많은 사람의 삶이 바뀌었는지를 따진다. 또 어떤 조직은 좀 더 광범위한 차원에서 사회의 시스템과 사람들의 행동에 변화를 가져오고 싶어하며 실제로 그러한 노력을 쏟는다.

사회적 임팩트의 네 가지 스펙트럼

아쇼카재단이 제시한 사회적 임팩트 스펙트럼을 예로 들어 말하자면, 사회적 임팩트에는 네 가지 수준이 존재한다. 먼저 첫 번째로 직접서비스(direct service)가 있는데, 이는 노숙자들을 위한 무료급식이나 취약계층에 대한 기술훈련 또는 법률서비스 무료 제공처럼 당장의 실질적 니즈를 해결해주는 것이다. 직접서비스를 통한 사회적 임팩트는 구체적이고 눈에 보이는 결과로 나타난다.

그다음 두 번째로는 규모화된 직접서비스(Scaled Direct Service)가 있다. 이미 잘 관리되고 있는 프로그램이나 해결책을 더 많은 취약계층에게 제공하는 것으로, 효율성과 효과성을 보여주는 모델을 통해 임팩트가 창출되는 경우다. 이 수준에서는 더 많은 수의 개인이 서비스 혜택을 받게 된다.

세 번째로는 시스템 변화(Systems Change)를 든다. 이 수준은 사회문제의 근본원인을 해결하려는 것으로 보통은 정책변화나 제도변화를 동반하며, 정부나 기업과 같은 주도적 조직이 이 방법론을 채택함으로써 생태계 내부에서 새로운 행동을 창출하게 된다. 무함마드 유누스(Muhammad Yunus)가 고안한 마이크로크레디트(소액대출) 운동이 전 세계에 퍼져나가 빈민들의 자립을 위한 새로운 혁신이 된 것, 누구나 자유롭게 참여해 함께 만드는 백과사전 '위키피디아'가 온라인상의 정보공유 방식을 민주화한 것 등이 이러한 시스템 변화의 사례라 하겠다.

마지막 네 번째로는 프레임 변화(Framework Change)를 들고 있다. 이 임팩트 수준은 개인들의 사고방식에 광범위하게 영향을 미쳐 궁극적으로 사회 전반에서 행동변화를 이끌어내는 것을 말한다. 즉 패러다임 변화와 같은 것이다. 보편적 인간권리, 여성권리, 시민권리나 민주주의, 사회적기업가정신 같은 것이 바로 프레임 변화를 가져온 경우라 할 수 있다. 지금은 너무나도 당연하게 생각되는 것들이지만 실상 이들 가치는 오랜 기간 동안 수많은 사람의 헌신과 노력이 빚어낸 결과다.

보통 사회부문 조직들은 아쇼카재단에서 제시한 네 가지 수준의 임팩트 가운데 첫 번째와 두 번째 수준의 활동을 하는 경우가 많다. 즉 직접서비스 제공을 통해 즉각적으로 문제를 해소하거나 완화하는 형태의 서비스를 제공하는 것이 대부분이다. 하지만 단기적 당면과제를 해결했다고 해서 그 효과가 장기적으로 지속된다는 보장은 없다. 대다수의 반복되는 사회문제는 우리가 지극히 당연시하는 기존 제도나 시스템이 근본원인인 경우가 많기 때문이다. 바꿔 말하면, 제도와 시스템의 변화 없이 진정한 사회혁신은 이루어지기 힘들 수 있다.

사회혁신이 광범위하고 지속적으로 임팩트를 내려면 사회적 시스템이나 제도는 물론이고, 사회구성원들의 사고방식이나 신념체계에도 변화가 필요하며, 그래서 사회혁신은 시스템 수준에서 변화를 창출하는 것을 향한다. 즉, 사회적기업가정신이나 사회적기업이 개인이나 조직 수준에 방점을 둔다면 사회혁신은 시스템의 작동 방식을 변화시키고자 한다. 사회혁신은 사회문제의 완화를 위한 임시방편적 해결책보다 뿌리 깊은 원인 분석 및 해결에 관심을 둔다.

성공적 사회혁신의 핵심은 '지속력'과 '광범위한 영향력'

전 세계에서 적지 않은 사람들이 지역의 문제를 해결하며 지역의 니즈에 부응하기 위해 전에 없던 아이디어를 내고 실천한다. 그런 행위를 우리는 크든 작든 '발명'이라 부를 수 있다. 그리고 이러한 발명은 지역적 성공을 거둘 수 있다. 하지만 정작 그 발명가는 자신의 아이디어를 확장하거나 지역에서 거둔 임팩트를 좀 더 키워보겠다는 생각을 하지 못할 수 있다(하고 싶어도 그 수단과 방법을 모를 수 있다).

그런데 지역에서 일정한 성공을 거둔 몇몇 발명은 때로는 세심한 전략에 기초해, 때로는 입소문 덕분에 다른 사람 또는 다른 조직에 확산되기도 한다. 그럼에도 그중 소수의 발명만이 그 가치와 효과를 지속적이고 혁신적인 것으로 만드는 데 성공한다. 이때 비로소 그 발명은 애초 자신들이 해결하고자 했던 사회문제를 일으키는 제도를 변화시킨다. 이것을 우리는 '사회혁신'이라 부른다. 사회적 임팩트 가운데 '시스템 변화'에 대해 많은 연구를 해온 캐나다 워털루대학의 교수 프랜시스 웨슬리(Frances Westley)는 사회혁신을 새로운 제품이나 과정 또는 프로그램을 통해 기존에 해오던 방식, 자원 그리고 권력흐름(authority flows) 또는 신념체계를 심대하게 변화시키는 복잡한 과정으로 정의한다. 그는 성공적인 사회혁신은 지속력과 광범위한 영향력을 가진다고 말한다.[14]

실제로 우리는 역사 속에서 그러한 사회혁신 사례를 목격한다. 1844년, 생필품을 속여 팔던 자본가의 탐욕에 맞서 28명이 각각 1파운드를 내서 결성한 로치데일공정선구자조합(Rochdale Society of Equitable Pioneers, 이하 '로치데일조합')이 그렇다. 로치데일조합은 이렇게 모은 자금 28파운드로 식료품을 공동구매하는 가게를 열어 공동자산, 공동의 사결정, 공동소유라는 협동조합의 원리와 콘셉트를 실현했다. 그 후 이들이 성공시킨 협동조합운동이 유럽을 넘어 전 세계적으로 확산했다. 이런 사회혁신의 관점에서 보자면, 당시 자본주의의 폐허에서 소외된 사람들은 자선의 대상이 아니라 자신의 운명을 새로운 방식으로 개척한 혁신가들이었던 것이다.

무함마드 유누스의 마이크로크레디트 사례에서도 우리는 이 공식을 확인한 바 있다. 1970년대 말, 무함마드 유누스는 방글라데시 농촌 지역에서 가난한 사람들을 위한 소액대출을 시작했고, 이것이 가난한 지역민과 그 자녀들의 삶을 변화시켰다. 1982년까지 유누스는 거의 3만여 건의 소액대출을 제공했으며, 이를 발판으로 이듬해에는 그라민뱅크를 설립했다. 그라민뱅크는 최근까지 거의 800만 명(대부분은 여성이었다)에게 대출을 제공했으며 그 성공사례가 국제적으로 확산되어 소액금융산업의 일대 혁신을 가져왔다.

사회적 임팩트의 규모화가 '시스템 변화'를 가져온다

'사회혁신'은 결코 쉽고 단순한 과정으로 이뤄지지 않는다. '사회혁신의 나선형 모형(Social Innovation Spiral)'에 따르면, 사회혁신은 7단계의 복잡한 과정을 밟아 이루어진다.[15] ①기회와 도전 탐색(사회문제 분석), ②아

● 2010년에 개발된 사회혁신모델은 6단계였으나 현장전문가들의 피드백을 통해 현재는 7단계로 다시 구성되었다.

도표 1. 사회혁신의 나선형 모형

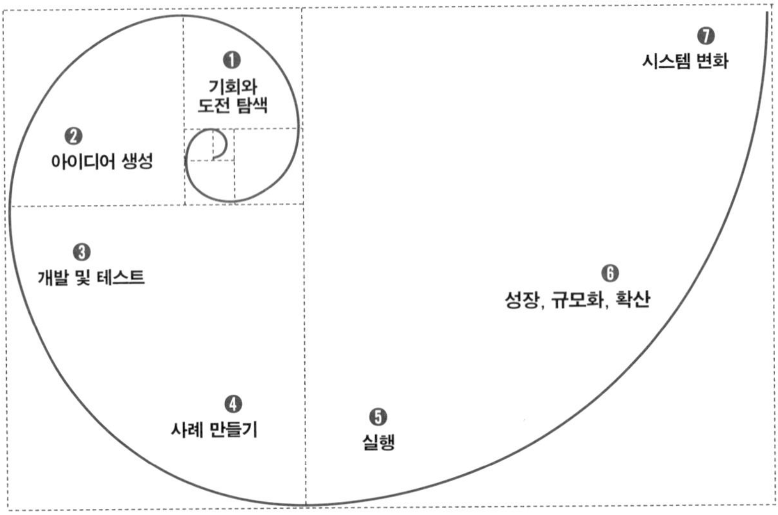

자료: Murry, R., Caulier–Grice, J. and Mulgan, G.(2010), *The Open Book of Social Innovation*, London: NESTA and the Young Foundation.

이디어 생성(새로운 아이디어 도출), ③개발 및 테스트(모델 개발 및 아이디어 시험), ④사례 만들기(재정방안 모색, 협력자, 효과측정 등), ⑤실행(모델 실행), ⑥성장, 규모화, 확산(혁신 강화와 확산), ⑦시스템 변화가 그 7단계다[도표 1].

이 모형은 사회혁신가가 성취해야 하는 목적을 정의하고 있으며, 그 끝에 '시스템 변화'가 있다. 이 모형이 보여주듯 사회혁신의 과정은 결코 단선적이지 않다. 이전 단계로 회귀할 수도 있고, 우회할 수도 뛰어넘을 수도 있다. 이 모형에서 '성장, 규모화, 확산'은 사회혁신의 나선형 발전 모형에서 최종단계인 시스템 변화의 이전 단계에 위치해 있다. 이 단계에서는 이전 단계에서와는 다른 기술과 활동을 필요로 한다.

사회혁신은 작은 성공에서 출발해 사회문제를 대규모로, 그리고 지속 가능한 방식으로 해결하는 것을 추구한다. 앞서 언급한 유누스의 그라민뱅크 사례가 말해주듯, 작은 지역에서 달성한 혁신이 그 이외의 여러 지역이나 더 많은 수혜자로 규모화하며 확대되는 방식의 스케일임팩트가 시스템 변화의 공통적 경로라 할 수 있는 것이다.

사회혁신가의 작은 아이디어가 새로운 모델이나 실천활동을 실험하고 발전시킨다. 그리고 만약 이러한 실험이 성공적이라면 자신의 혁신을 지리적으로 확대하고 규모화해 더 많은 사람이 혜택을 입도록 한다. 웨슬리는 이처럼 규모화에 토대한 스케일임팩트는 시스템이나 제도의 변화로까지 이어질 가능성을 높인다고 말한다. 그런 점에서 성공적인 사회혁신 모델을 다른 지역과 계층에 복제하고 보급하는 일은 대단히 중요하다. 물론 웨슬리는 시스템 변화를 이루려면 단지 이것만으로는 충분치 않다는 점, 시스템 변화가 자연적으로 일어나지는 않는다는 점도 더불어 지적한다. 즉, 사회혁신이 기존의 제도에 도전하고 시스템 변화를 가져오려면 규모화 이외에도 기술력과 역량, 기회 들을 필요로 한다. 하지만 사회혁신을 목적으로 하는 조직에 규모확대와 복제는 혁신 성공의 핵심 요건이라 말할 수 있다.

또한 규모확대와 복제의 과정은 사회혁신을 꿈꾸는 사회적기업가나 조직에 큰 함의를 제공한다. 스케일임팩트는 지역 수준의 실천과는 다른 기술과 접근법 그리고 협력방식 등을 요하기에 결국 그 복잡다단한 과정을 밟아나가며 사회혁신의 토대를 마련하게 되기 때문이다. 규모확대와 복제의 과정에서 사회혁신가는 경제적·사회적·기술적·정치적 시스템을 창의적으로 다루는 기회를 다각도에서 배우게 되고 시스템의 어떤 부분과 요소에 변화를 가져올 수 있을지 현실적 인식을 갖게 된다. 또한 전략적 파트너를 어디서 만나고 어떻게 협력해야 할지 명확히 기획할 수 있게 된다. 나아가 비즈니스의 성장과 복제에 관한 지식과 아이디어를 제공받음으로써 시장생태계를 통해 성장자본 및 시장기회를 확보하게 된다.

우리는 이후 스케일임팩트 성공사례들을 통해 소규모 조직이 어떻게 프로젝트의 규모화를 거치며 '시스템 변화'를 이끌어내게 되는지 살펴볼 수 있을 것이다(5~9장 참조).

스케일임팩트의 잠재적 이점

그레고리 디스가 제시한 네 가지 이점

스케일임팩트는 그 과정이 복잡하고 매우 도전적인 일이지만, 무시할 수 없는 잠재적 이점 또한 가져다준다. 미국에서 사회적기업 교육의 아버지라 불리는 그레고리 디스(Gregory Dees)는 스케일임팩트의 이점으로 다음 네 가지를 제시한다.[16] 첫째는 스케일임팩트를 통해 도움을 필요로 하는 더 많은 사람이 성공한 모델 및 서비스의 혜택을 받게 됨으로써 사회적 임팩트를 획기적으로 높일 수 있다는 점이다. 당연한 말이지만, 사회적 임팩트의 확장은 스케일임팩트의 핵심적 이유이자 가장 중요한 동기다.

둘째는 조직의 생존가능성을 높일 수 있다는 점이다. 조직의 생존가능성은 큰 역경이나 어려움에 직면했을 때 이를 극복하고 더 나은 방식으로 대처할 수 있는 능력에서 나온다. 그는 이러한 능력의 원천으로 회복탄력성(resilience)을 들고 있는데, '회복탄력성'이란 역경, 트라우마, 위협 등 스트레스 원인을 만났을 때 적극적 행동적응을 보여주는 역동적 과정을 가리키는 말이다. 그런데 이 회복탄력성은 규모가 큰 조직일수록 더 높아지는 것이 보통이다. 스케일임팩트를 실행한 조직 또한 그런 경우로서 여러 지역에 지점이나 제휴단체를 두게 되는데 이를 통해 리스크 분산이 가능하다. 그리고 더 많은 재정 원천을 보유할 수 있으며, 한 지역에서 사업이 어려워지더라도 다른 지역에서 얻은 성과로 이를 상쇄한다든지 지역의 기관이 어려운 상황에 처했을 때 중앙사무소가 지원을 제공할 수도 있다. 아울러 조직의 규모가 커지면 인력 및 조직 네트워크 또한 더 광범위해지게 마련이다. 이를 통해 더 많은 이해관계자를 창출하고 정부기관을 포함한 펀더들 역시 조직이 실패에 이르도록 방관하지 않을 가능성이 높아 더 많은 자원을 획득할 가능성이 커진다.

셋째로 조직의 효율성을 높인다는 이점이 있다. 스케일임팩트는 규모의 경제를 가능하게 하는데, 가장 직접적인 효과로는 운영에 소요되는 비용을 지역으로 분산할 수 있다는 점이다. 즉 조직을 운영하는 데 필요한 회계, 기금모금, 마케팅, 인력개발, 신규사업개발 등의 기능을 계열사, 지점, 제휴단체와 공유함으로써 다양한 항목에서 비용절감이 가능해지는 것이다. 즉 각 지역마다 똑같은 운영시스템을 개별적으로 구축할 필요 없이 하나를 만들어 공유하면 된다. 이후 5장에서 소개할 그룹

SOS(GroupeSOS)의 사례는 회계, 마케팅, HR 등 운영시스템을 본사에서 통합함으로써 규모의 경제를 구축하고 이것이 전체 조직에 가져온 엄청난 변화를 생생히 보여준다. '규모의 경제'가 가져다주는 이점은 이것 말고도 많다. 대량구매가 가능해져 구매력을 높일 수 있고 구매비용은 낮출 수 있다. 더 빨리 경험을 구축할 수 있고 그렇게 축적된 경험을 통해 업무효율화를 기하여 불필요한 실수를 줄이는 등 조직학습 및 생산성 향상이 가능하다.

넷째로 스케일임팩트의 잠재적 이점은 효과성을 높인다는 것이다. 효과성이란 조직이 추구하는 미션을 달성해내는 능력을 말한다. 스케일업 조직은 지역에 자율성을 주어 다양한 실험을 해볼 기회를 촉진할 수 있다. 이를 통해 각 지역은 다양한 혁신적 아이디어를 만들 수 있고, 이러한 혁신이 다시 다른 지역과 공유됨으로써 조직 전체의 학습에 강력한 수단이 될 수 있다.

이 네 가지 외에도 스케일임팩트는 전문성과 브랜드가치를 높여준다. 더 높아진 브랜드가치는 더 많은 자원을 조달하거나 협력파트너를 확보하는 데 유리하게 작용할 것이다. 또한 통상적으로 브랜드가치가 높아지면 관련 분야의 공공정책을 마련하는 과정에 참여할 기회가 많아져 영향력을 높임으로써 정책제안 등 애드보커시(Advocacy) 역할이 가능해져 시스템 변화까지 이끌어낼 수 있다.

ICSF 연구조사에서 나타난 다섯 가지 이점

스케일임팩트 조직을 운영하거나 관심이 있는 현장의 사회적기업가에 대한 조사연구에서도 스케일임팩트의 이점은 유사하게 제시된다. 2013년 ICSF가 실시한 이 연구는 앞서 잠깐 언급했듯, BSC의 투자 대상자나 각종 사회적기업 네트워크를 통해 온라인조사를 진행한 것으로 총 155명이 응답했다. 이 연구에서 응답자들은 사회적복제의 이점으로 다섯 가지를 제시하고 있다.

첫째는 '재정적 효과성'이다. 자신의 성공을 복제해본 경험이 있는 응답자의 3분의 2가 스케일임팩트를 통해 '규모의 경제'를 얻을 수 있었다고 말했다. 스케일임팩트는 비용 대비 효과가 큰 방법이라는 것이다. 처음부터 새로운 조직이나 프로젝트를 시작하려면 비용과 시간이 많이 든다. 게다가 이렇게 많은 자원이 드는 비즈니스가 성과를 내려면 최소 몇 년은 걸린다. 그러나 대부분의 사회부문 펀딩이 1~3년의 기간 동안만 이루어진다는 점을 감안하면 조직의 임팩트를 이해하고 모델을 연마하고 나면 펀딩이 종료되는 셈이다. 그러면 새로운 조직이나 프로젝트는 자신을 증명하고 성장하는 데 어려움을 겪게 된다. 성공적 프로젝트를 복제하면 새로운 조직이나 프로젝트를 시작하는 데 소요되는 비용과 시간을 줄일 수 있다. 즉 스케일임팩트는 부족한 자원을 활용한다는 점에서 비용 대비 효과적 수단이 될 수 있다.

둘째로 '전문화'를 이야기할 수 있다. 스케일임팩트는 조직이 좀 더 전문화된 사업을 운영할 수 있도록 해준다. 예를 들어 소셜프랜차이즈 형태로 운영되는 경우, 조직이 개별적으로 사업을 운영할 때보다 더 전문화된 서비스패키지와 마케팅, 자원조달, 사업개발 등을 제공할 수 있고, 그 결과 사업운영의 효율성도 높일 수 있다.

셋째로는 '자료를 축적하는 능력이 향상'된다는 점이다. 사회적복제의 경험을 가진 응답자의 80%가 사업의 결과를 측정한 반면, 사회적복제 자체를 고려하지 않았던 응답자들은 62%만이 결과를 측정했다고 밝혔다. 즉 스케일임팩트가 자료 축적 능력에도 영향을 미친다는 것이다. 또한 스케일임팩트를 진행한 조직들의 경우, 더 광범위한 지역에 걸쳐 자료를 수집하기 때문에 사회적 이슈와 자신의 사업에 대한 깊은 이해와 넓은 조망이 가능해지고 사업전략뿐 아니라 관련 정책에 영향력을 행사하는 능력도 향상시키게 된다.

넷째로 '혁신'을 들고 있다. 스케일임팩트에 의한 프로젝트는 특정 지역 내에서만 운영되는 것에 비해 훨씬 더 혁신적인 모습을 보일 수 있다. 왜냐하면 각 지역에서 시도되었거나 실험한 개선사항이 다른 지역으로 보다 광범위하게 확산되어 공유되기 쉽기 때문이다. 다시 말해 스케일임팩트 시행 조직의 네트워크를 통해 다양한 학습이 이루어져 조직의 사회적 임팩트 창출 능력을 향상시킨다는 것이다. 이는 앞서 그레고리 디스 등이 제시한 '효과성을 높인다'라는 이점과 일맥상통한다고 볼 수 있다.

다섯째로 '수익다각화'가 가능하다. 스케일임팩트를 통해 운영되는 프로젝트들은 일정 규모에 이른 뒤에는 전국적 차원에서 계약을 이끌어낼 수 있기 때문에 지역의 제휴단체나 가맹점에 더 많은 수익창출의 기회를 제공하게 된다. 나아가 더 큰 파이낸싱이나 협력의 기회를 제공한다.

그레고리 디스 등과 ICSF의 조사가 보여준 바와 같이 스케일임팩트는 이점이 많고 그 스펙트럼도 다양하다. 도움이 필요한 사람에게 더 많은 서비스를 제공함으로써 임팩트를 확장할 수 있다는 것이 그중 제일 중요한 이점일 것이다. 만약 사람들의 삶에 영향을 미칠 수 있는 성공적 조직이나 프로젝트가 더 널리 확장되지 못하고 작은 지역에 머무른다면 이는 사회적으로 보아 매우 큰 손실이 아닐 수 없다. 또한 스케일임팩트는 규모의 경제를 가능하게 함으로써 자원이 풍부하지 않은 사회부문 조직에 리스크 분산, 더 많은 재정적 원천, 더 규모 있는 계약과 협력 그리고 자원조달 가능성 등의 재정적 이점을 제공한다. 이 외에도 규모의 경제는 조직운영과 사업의 전문화, 브랜드가치 제고, 혁신 촉진, 자료 축적 능력과 강력한 조직학습의 수단을 제공할 수 있다. 이와 같이 스케일임팩트 프로세스는 비록 많은 자원과 인력, 에너지가 소요되는 어렵고 도전적인 과업이지만 분명 시도해볼 만한 가치 있는 여정이다.

스케일임팩트는
'전략적 선택'

사회부문 조직은 주로 지역에서 소규모로 운영되는 경우가 많다. 애초 취지가 지역의 사회문제에 대응하고자 설립되고 운영된 조직이라 그럴 것이다. 그런데 안타깝게도, 시간과 돈 그리고 아이디어가 계속해서 소규모의 신규 프로그램에만 집중되는 탓에 이미 효과성과 가치를 입증받은 기존의 성공 프로그램들은 그 잠재력을 제대로 꽃피우지 못하곤 한다.

영국이나 미국의 사회적기업 통계를 보더라도 대부분의 사회적기업이 여전히 소규모로 운영되고 있다. 앞서 언급한 바 있지만 영국의 경우, 2019년 영국 정부에서 발간하는 〈사회적기업 미켓 트렌드〉에 따르면, 10인 미만이 77.5%, 10~50인 미만은 19.4%, 50~250인 미만이

3.2%로 나타나 여전히 대부분 마이크로 비즈니스임을 나타내고 있다. 2017년 영국에서 조사된 '사회적기업 서베이(State of Social Enterprise Survey)'*에서도 사회적기업의 46%가 10만 파운드 이하의 매출을 내고 있고 고용이 없는 경우가 15%, 1~9인을 고용하는 곳이 53%로 약 68%가 10인 이하의 고용을 하고 있어, 전체적으로 보면 소규모 수준으로 운영되고 있는 것으로 나타났다.

　미국의 경우에도 2012년 조사결과,[17] 조사 대상의 약 40%에 해당하는 사회적 비즈니스가 5인 이하의 종업원을 고용하고 있고 100인 이상은 8%에 불과한 것으로 나타났다. 또한 조사 대상의 50%가 매출액이 25만 달러 이하인 것으로 나타났다. 이러한 사정은 우리나라도 다르지 않았다. 한국사회적기업진흥원에서 발간하는 〈사회적기업 성과 분석〉 보고서에 따르면 2019년 조사 대상이 된 사회적기업 중 10인 이하 채용 기업의 비중이 약 75%에 달해, 사회부문 조직이 대체로 소규모 기업에 집중되어 있고 50인 이상 고용 기업은 5%에 불과한 것으로 나타났다.

지역조직이 스케일임팩트를 고민하는 이유

지역에서 활동하는 조직이 스케일임팩트를 고민하게 되는 계기는 다양하다. 우선, 자신들이 특정 지역에서 이룬 성공모델을 다른 지역에도 전파해 최대한 많은 사람이 사회적 혜택을 받게 하고 싶은 도덕적 의무감

● 영국에서 가장 큰 규모로 이루어진 '사회적기업 서베이'이다. 1,581명의 사회적기업 시니어 레벨 임직원을 대상으로 온라인과 전화면접을 진행한 것으로, 영국사회적기업협회가 주관했다.

이 그 출발점일 수 있다. 하지만 스케일임팩트를 구체적으로 고민해보게 되는 실질적 계기는 어쩌면 자신의 성공모델을 배우려는 사람이 많아지거나 다른 지역에서도 시작해보겠다면서 도움을 요청하는 경우가 늘어날 때가 아닐까 싶다. 사회적기업이든 비영리단체든, 사회문제 해결이라는 비전을 갖고 조직을 설립하여 다양한 아이디어를 실현해 프로그램이나 모델을 성공시켜 인정받게 된다면? 나아가 자신의 성공 스토리나 조직의 활동이 여러 매체를 통해 소개되어 여기저기서 격려 메시지와 함께 관심의 포화를 받게 된다면? 여러 지역에서 자신들도 그런 것을 만들고 싶으니 도와달라고 찾아온다면? 이때는 조금 더 진지하게 자신의 작은 성공을 어떻게 발전시켜 더 큰 성공으로 만들어나갈 것인지 궁리해보지 않을 수 없을 것이다. 실제로 스케일임팩트에 성공한 다수의 사례가 스케일임팩트를 구체적으로 고민하게 되는 계기로 여러 사람이 성공모델을 배우고자 하고 자신의 지역에서 만들어보고 싶다는 요청이 쇄도할 때를 꼽고 있다.

그 외에, 조직 내부적으로 조직의 미션을 좀 더 효과적이고 효율적인 방식으로 수행해야 할 필요성, 사업 및 수익 다각화의 필요성, 조직의 임원이나 직원에게 새로운 도전 혹은 직업적 발전기회를 제공해야 할 필요성 등이 제기될 때도 스케일임팩트를 고민하게 될 수 있다.

한편 펀더들의 '스케일임팩트 요구'가 감지될 때도 압박을 받을 수 있다. 실제로 미국에서는 펀더들의 요구가 가장 큰 압박 중 하나로 떠오르고 있다고 한다. 기부자나 투자자 그리고 정부기관을 포함한 펀더들은 자신이 제공한 지원이 좀 더 효과적이기를 원한다. 그래서 더 많은 지역으로 임팩트를 확산하기를 암묵적이든 공개적으로든 수혜기관에 요구하게 된다. 또 기관들은 펀더들로부터 받는 재정지원을 지속적으로 유지하기 위해 스케일임팩트를 고려하게 된다. 최근에는 스케일임팩트가 펀더들에게 투자 대비 효과를 보여주는 하나의 바로미터가 되고 있는 추세다.

정부의 지원사업도 사회부문 조직들이 스케일임팩트에 나서는 계기로 작용하곤 한다. 앞서 잠깐 언급한 대로 오바마 정부에서 사회혁신기금이 만들어졌고, 이 기금은 성공모델을 가진 조직의 스케일임팩트에 투자함으로써 사회적 임팩트 확산을 촉진했다. 또한 여러 조직이 정부의 프로젝트나 입찰에 참여하기 위해 컨소시엄 방식의 전략적 파트너십을 맺음으로써 스케일임팩트를 도모할 수도 있다.

스케일임팩트에 뒤따르는 위험요소도 면밀히 고려하라

모든 사회부문 조직이 스케일임팩트를 원하는 것은 아니다. 현재 조직이 창출하고 있는 임팩트에 만족하며 작은 규모로 지역에 집중하는 것을 선호하는 사회활동가도 많다. 다른 지역으로 확산하기보다 기존에 운영하던 지역에서 현재 모델을 심화하고 완성해나가는 것을 선호할 수도 있다. 다시 강조하자면, 스케일임팩트는 모든 사람과 조직에 적용되는 보편적 원칙이 아니다. 사실 스케일임팩트는 비용과 리스크가 뒤따르는 과업이다. 그래서 하고 싶다고 해서 누구나 할 수 있는 일은 아니며, 모든 조직에 최선의 길인 것도 아니다. 때로는 작은 것이 아름다울 수 있고 더 적합할 수도 있다. 스케일임팩트에 따른 비용과 리스크는 스케일임팩트를 하고자 하는 강한 의지를 지닌 사회적기업가에게는 극복해야 할 과제가 되겠지만, 그렇지 않은 기업가에게는 스케일임팩트를 할지 말지 결정할 때 심사숙고해야 하는 고려요소일 것이다.

그렇다면 스케일임팩트에 뒤따르는 위험요소로는 어떤 것들이 있을까. 우선 스케일임팩트를 결정하고 실행하면서 원래 조직이 가지고 있던 미션이나 비전, 가치에서 벗어날 위험이 있다. 경영진이나 리더들이 스케일임팩트에 시간과 노력을 쏟는 바람에 정작 원래 조직의 미션이나 지역사회에 소홀하게 될 수 있는 것이다. 이로 인해 조직의 핵심 이해관계자들로부터 스케일임팩트에 대한 심각한 저항이 일어날 소지가 없지 않다. 이들 이해관계자들 가운데 누군가는 원래 속한 지역에서 사회문제를 좀 더 다각도로 해결할 방안을 찾고자 할 수 있다. 조직이 해결해야 할 사회적 니즈의 양보다 심각성의 정도에 대해 관심이 커서 이를 지역 안에서 더 깊이 있게 파고들기를 원할 수도 있는 것이다. 두 번째 위험요소는 가뜩이나 부족한 재정적·인적 자원의 문제를 가중시킬 수 있다는 점이다. 스케일임팩트는 해당 조직이 이후에는 '본부' 기능을 수행해야 하기 때문에 관련 인프라 구축 작업이 선행되어야 한다. 따라서 스케일임팩트 자체에 많은 자원이 소요되어 조직에 부담을 안길 수 있다. 세 번째 위험요소로는 조직에서 핵심 역할을 하는 리더의 시간이 스케일임팩트를 실현하는 데 분산됨으로써 리더십에서 어려움이 생길 수 있다는 점이다. 그러므로 스케일임팩트 프로세스의 단계로 접어들면 조직의 설립자 등 핵심 리더들은 일상적 매니지먼트에서 벗어나 스케일임팩트에 전념하는 구조를 우선 만드는 것이 보통이다. 바꿔 말하면, 스케일임팩트를 원하는 조직이 그렇게 할 수 있는 여건이 되는지를 먼저 살펴야 한다.

스케일임팩트를 고려할 때 직면할 수 있는 네 번째 위험요소는 서비스 품질과 관련된다. 스케일임팩트 프로세스에서 서비스의 범위를 넓히고 규모의 성장에 집중하다 보면 서비스의 질이 저하될 위험이 있는 것이다. 그래서 데이비드 불(David Bull)은 스케일임팩트를 결정할 때는 니즈의 범위(reach)와 임팩트(impact) 간 균형(trade-off)을 잘 고려해야 한다고 조언한다.[18] 그렇지 않으면 자칫 스케일임팩트 과정에서 서비스 품질 관리에 소홀해질 수 있어서다. 더욱이 제휴모델을 스케일임팩트 전략으로 채택한 경우, 지역에서는 자율성에 대한 갈망이 강할 것이기에 본부에서 품질 통제가 쉽지 않을 수 있다. 하지만 자칫 서비스 품질 관리에 소홀했다가는 수년 또는 수십 년에 걸쳐 쌓은 명성을 하루아침에 잃어버릴 수도 있다. 이 경우 서비스 품질의 일관성을 유지하면서도 지역에 대한 적응(adaptation)을 어느 수준으로 해나갈지가 스케일임팩트 프로세스에서 매우 중요한 이슈가 된다.

이렇듯 스케일임팩트는 결코 간단치 않은 과업이며, 모든 지역활동가나 사회적기업가가 반드시 선택해야 하는 필연적 전략도 아니다. 외부의 전문가나 투자자, 펀더 들의 일방적 조언이나 압박에 의해 추진되었다가는 도리어 실패로 귀결될 수 있고 조직의 성취마저 잃어버릴 수 있으니 각별한 주의가 필요하다. 소속 조직 및 리더가 직면한 특정 도전과제, 사업추진 과정에서 만나는 투자자·고객·수혜자·직원·지역사회 등 다양한 이해관계자와의 내외적 관계를 고려해 추진되어야 할 과업이며, 그 이점과 위험요소 또한 면밀히 살피고 분석한 뒤 결정해야 하는 실질적이고 실천적인 전략적 선택이 바로 '스케일임팩트'이다.

CHAPTER 2

스케일임팩트란 무엇인가

영리를 추구하는 비즈니스 세계에서 규모화(scaling)는 언제나 각광받는 주제다. 성장기업은 그 수가 많지는 않지만 경제성장과 일자리 창출에서 큰 역할을 한다. 실제로 2018년 영국의 스케일업연구소●가 발표한 보고서에 따르면 영국 내의 성장기업은 비중으로 치면 전체 기업의 1%도 안 되지만 기업 매출에서는 절반을 차지했으며, 이들 기업이 고용한 인력이 350만 명에 이르렀다.

이처럼 비즈니스 세계에서 성장은 '반드시 해야 할', '클수록 좋은' 것이며, '상업적 성공'은 그만큼 중요하다는 생각이 그 바탕에 깔려 있다. 저비용으로 표준화된 제품을 대규모로 제조하고 판매해 효율성 측면의 장점을 활용하고 시장점유율을 높이며, 가능하다면 독점적 지위(pricing power)를 가지려는 목적 때문이다. 결국 비즈니스 세계에서 규모화는 기본적으로 '조직의 성장'에 뿌리를 두기에 '성장(growth)'과 동의어라 하겠다.

사회부문의 규모화 역시 상업적 비즈니스 세계에 적용되는 이론과 개념 모델, 비즈니스 전략·기술이 이끄는 경우가 많다. 뒤에서 다시 이야기하겠지만 최근 사회부문에서 주목받는 복제나 프랜차이징, 라이선

● 2014년 영국에서 설립된 스케일임팩트 지원 기관(홈페이지는 https://www.scaleupinstitute.org.uk/)이다. 2014년 이후 매년 〈영국의 스케일임팩트 리포트〉를 발간하고 있다.

싱 같은 것이 그 예다. 하지만 상업적 비즈니스에서 활용하는 방식을 그냥 적용하는 것만으로는 불완전하다. 사회부문 조직들은 추구하는 목적과 창출하고자 하는 가치가 상업적 비즈니스 조직과는 판이하게 다르기 때문이다. 더욱이 영리적 비즈니스 세계의 규모화 전략을 무조건 적용하면 자칫 사회부문 조직의 성공에 핵심이 되는 사회적 가치, 사회적 네트워크, 사회적 연대 등의 요소가 간과될 수 있다.

사회부문 조직의 규모화 또한 단순히 '조직적 성장'을 가리키는 개념으로 오해되는 경우가 여전히 많은데, 사회부문 조직의 목적과 가치는 조직성장이 아니라 사회적 임팩트의 확대, 곧 스케일임팩트에 있다. 그렇다면 사회부문 조직의 스케일임팩트란 결국 조직의 직원, 매출, 지점이나 사무소, 수혜자의 수적 증가를 넘어서는 개념이 되어야 할 것이다. 사회부문 조직에서는 조직이 성장한다고 하여 그에 비례해 반드시 사회문제가 해결되는 것이 아니라는 말이다.

사회부문 조직의 스케일임팩트에 관해 연구한 대다수 문헌은 비즈니스 세계에서는 규모화, 즉 스케일링이나 스케일업이 '조직성장'과 동의어이지만 사회부문에서는 '사회적 임팩트 확대'와 더 가까운 말이라는 점을 늘 명심해야 함을 강조한다. 사회부문 조직에 스케일업이나 조직성장은 그 자체가 목적이 아닌, 사회적 임팩트 확대라는 목표를 달성하기 위한 수단인 것이다. 사회혁신가들이 자기 조직의 규모화를 고려할 때 조직성장을 넘어 사회적 임팩트의 확대에 집중해야 하는 이유다.

사회부문,
무엇을 규모화할 것인가

미국의 비영리조직 '카붐(KABOOM!)'은 지역사회의 주민이나 자원봉사자들이 모여 취약계층 아이들에게 놀이터를 지어주는 '커뮤니티 빌드' 모델을 창안했다. 수많은 대기업이 카붐의 사업을 앞다투어 지원하고 각지에서 이 모델에 참여하고 싶다는 요청이 쇄도할 정도로 큰 성공을 거두었다. 하지만 카붐은 이 성공, 곧 '조직성장'에 만족하지 않았다. 그들은 더 넓은 범위로 이 성공을 확장하고 싶었으며, 그래서 '오픈소스'를 누구에게나 무상으로 제공하기로 했다. 자신의 지적재산을 다른 조직들과 조건 없이 공유해 각 지역마다 인적·물적 자원을 동원해 독립적으로 놀이터를 지을 수 있도록 도운 것이다.

카붐이 이토록 대담한 선택을 하기까지 그것이 기존 비즈니스를 잠식하거나 감소시키지 않을까 하는 내부적 우려가 없었던 것은 아니다. 카붐만의 독특한 핵심 사업모델이 사라지거나 후원자들을 다른 데로 빼앗길 수도 있었기 때문이다. 그럼에도 카붐이 이러한 결정을 할 수 있었던 것은 자신이 확장해야 할 것이 조직의 규모가 아니라 더 많은 취약계층 아이들이 놀 수 있는 놀이터였기 때문이다. 실제로 그 용기 있는 전략 덕분에 2009년 한 해에만 14년 동안 카붐이 직접 주도해서 만든 것보다 더 많은 수의 놀이터를 지을 수 있었다.

사회부문 조직의 확대 대상이 조직의 규모가 아니라 '사회적 임팩트'라는 관점은 당연한 말 같지만 사회혁신 분야에서 신기원을 개척했다고 말할 수 있을 정도로 새로운 생각이었다. 실상 이전까지는 사회부문도 특정 조직 자체의 성장에 경도되어 있었기 때문이다. 케시 클라크 등 (Cathy Clark et al.)[1]은 사회부문 스케일임팩트 관련 문헌을 검토한 결과를 엮은 보고서에서 다음과 같이 이야기하고 있다. "사회부문에서 초기 (~1994년)의 스케일임팩트 연구는 조직의 성장이나 확대에 집중되어 있었다. 하지만 1994년 이후의 문헌들에서는 좀 더 확장된 정의를 포함하는 것으로 바뀌었다. 즉 조직의 성장과 동일시되던 데서 벗어나 조직이 창출한 임팩트나 결과를 확대하는 개념으로 전환된 것이다."

스케일임팩트에 대한 이 같은 개념 전환이 왜 중요한가? 바로 사회혁신가들에게 매우 중요한 실천적 함의를 제공해주기 때문이다. '조직의 크기나 규모를 늘리지 않고도 어떻게 사회적 임팩트를 더 많이 창출할 수 있을까?' 사회혁신가들은 사회적 임팩트를 확장하는 데 집중함으로써 조직적 성장이나 중앙집권적 운영을 넘어 자신들의 임팩트를 확대할 다양한 메커니즘을 발견했다. 카붐의 사례에서 보듯이 사회적 임팩트에 집중했기 때문에 조직의 사이즈를 늘리지 않고도 오픈소스를 통해 획기적으로 놀이터를 확대할 수 있었다. 아마 조직성장에만 집중했다면 임팩트를 확대할 메커니즘이나 모델이 제한적일 수밖에 없었을 것이다.

'스케일임팩트'라는 관점의 전환은 사회혁신가들이 선택할 수 있는 성장 방식의 지평을 넓혀주었다. 그레고리 디스 등[2]은 혁신이 확산되는 방식에는 세 가지 형태가 있다고 말한다. 어떤 혁신은 '조직모델'이 확산되기도 하고, 또 어떤 혁신은 '프로그램'의 형태로, 그리고 성공적 조직이나 프로그램이 지닌 '원칙이나 아이디어'의 형태로 확산되기도 한다. 지역의 여러 기부자가 돈을 모아 기금을 만들고 지역의 이사회로부터 감시감독을 받으며 지역단체를 지원하는 지역재단(community foundation)의 전 세계적 확산은 자선적 중개기관의 새로운 조직모델이 확산된 사례다. 자원봉사자들이 함께 취약계층을 위한 집짓기 사업을 벌이는 해비타트는 프로그램이 확산된 사례이고 '익명의 알코올중독자 회복 모임(Alcoholics Anonymous, A.A.)'은 알코올중독에서 벗어나기 위한 12단계의 원칙을 전 세계로 확대한 사례다.

또한 디스 등은 스케일임팩트의 모델도 매우 다양하다고 말한다. 본사의 통제를 받는 지점을 다른 지역에 내는 전략 말고도 다른 지역에서 새로운 파트너를 발굴해 제휴하고 이들 제휴단체를 통해 스케일임팩트를 하도록 지원하는 제휴모델(affiliation model)이라든지, 성공모델의 원칙이나 아이디어를 직간접적으로 보급하는 보급모델(dissemination model)* 등으로 옵션이 확장될 수 있다는 것이다.

제프리 브래닥도 "사회혁신활동가에게 두 배의 조직으로 어떻게 100배의 결과를 낼 것인가(How to get 100X the results with 2X the organizations)"가 더욱 중요한 질문이 되고 있다고 말하면서, 조직의 사이즈를 늘리지 않고도 임팩트를 확대할 방법을 찾는다면 그것이야말로 사회혁신 분야의 "새로운 프런티어"라고 말한다.[3] 조직의 규모를 늘리는 것은 거액의 자금과 비용이 소요되는 과정이다. 자원조달은 사회부문의 조직에게 항상 어려운 일이다. 충분한 자원이 뒷받침되지 못해 자신의 잠재력을 꽃피우지 못한 조직은 많다. 따라서 조직의 규모를 늘리지 않고도 사회적 임팩트를 확장할 방법을 찾는 것은 우리 사회부문에서 중요한 과제가 아닐 수 없다. 그 해답은 조직성장을 넘어설 때 비로소 보일 것이다.

사회부문 조직들이 스케일업을 단순히 조직적 성장으로 이해하는 경우가 많다 보니 그로 인해 스케일업에 대해 선입견을 갖기도 한다. 스케일업을 관료적이고 중앙집권적인 통제와 연관 짓거나, 지역사회와의 유대를 차단하는 것으로 해석하거나, 무엇인가 인간미가 없다든지 지역민과의 끈끈함을 상실하는 것 등 부정적으로 보는 시각이다. 이런 이유로, 안타깝게도 사회적기업들은 규모화 또는 더 큰 임팩트를 성취할 기회를 간과하거나 과소평가 하게 되는 경우가 많다. 그러므로 사회부문 조직이 스케일임팩트를 할 경우 지니게 되는 특징에 대한 제대로 된 이해가 필요하다.

● 'dissemination model'은 한국의 문헌에서 보통 '전파', '보급' 등으로 번역되고 있는데 여기서는 보급모델로 통일해서 쓴다.

스케일임팩트에 대한
다양한 정의

미국과 유럽 등지에서는 이미 스케일임팩트가 인기 있는 연구주제로 자리 잡아 그 전략과 과정, 동인(動因)과 도전과제 등에 관한 연구가 다양하게 진행되어왔다. 하지만 스케일임팩트의 정의와 관련해서는 모두가 동의하는 개념적 통일성이 완전히 갖추어진 것은 아니어서 문헌마다 견해를 달리하고 있다. 예를 들어 많은 문헌에서 스케일임팩트가 스케일업, (사회적) 복제 내지 확장, 성장과 동의어로 사용되고 있다. 물론 어떤 정의가 사용되더라도 스케일임팩트는 '작은' 임팩트에서 '큰' 임팩트로 이동하는 것을 의미한다. 다만 사회적 임팩트가 어떤 형태로 그 규모를 키우는가, 그 척도는 무엇인가 하는 관점에 따라 스케일임팩트의 정의는 달라질 수 있다.

스케일임팩트를 어떻게 정의할 것인가?

스케일임팩트가 임팩트를 확대하는 것이라고 한다면 임팩트가 어떤 형태로 표현되고 측정될 수 있는지를 이해해야 개념 정의가 제대로 이루어질 수 있다. 이런 측면에서, 먼저 마리온 판 루넨부르크(Marion van Lunenburg) 등은 스케일임팩트 프로세스를 이해하기 위해 논문 133개를 분석했는데,[4] 이에 따르면 사회부문에서 말하는 임팩트란 고객들이 얼마나 서비스를 받았느냐와 관련된 양(volume), 조직의 소재나 서비스 제공 지역으로서 지리적 범위(geographical distribution), 그리고 사회문제의 뿌리가 되는 시스템이나 제도의 변화를 추구하는 시스템 변화(system change)로 표현된다.

폴 블룸과 브렛 스미스(Paul Bloom and Brett Smith)는 스케일임팩트를 네 가지 측면에서 측정했다.[5] 첫째, 해결하고자 하는 사회문제를 의미 있게 해결했는가. 둘째, 사회문제 해결을 위한 조직의 능력이 얼마나 확대되었는가. 셋째, 수혜를 받은 사람의 숫자가 크게 늘어났는가. 넷째, 서비스 제공의 지리적 범위를 상당히 확대했는가. 그리고 세라 앨보드 등(Sarah Alvord et al.)은 성공한 사회적기업 일곱 곳에 대한 비교분석을 담은 연구에서 스케일임팩트가 세 가지 형태를 띤다고 밝히는데,[6] 그 첫째 형태는 서비스 제공의 범위를 확장해 더 많은 사람에게 혜택을 주는 것이다. 둘째 형태는 주요 이해관계자에게 더 광범위한 효과를 제공하기 위해 기능이나 서비스를 확대하는 것이며, 마지막 셋째 형태는 좀 더 포괄적인 개념으로서 다른 주요 행위자(actors)들의 행동을 변화시키는 기폭제가 되는 것이다.

이 문헌들을 종합해보면, 스케일임팩트는 제공 서비스의 폭과 깊이, 혜택을 입는 고객의 숫자, 조직이 소재한 지리적 범위, 그리고 시스템 및 제도 변화를 포함한다고 할 수 있다. 이 가운데 어디에 강조점을 두느냐에 따라 스케일임팩트에 대한 정의는 달라진다.

"더 넓은 지역에서 더 많은 수혜자에게!"

우선, '더 넓은 지역에서 더 많은 수혜자에게 서비스를 제공하는 것'에 초점을 맞추는 정의가 있다. 이는 스케일임팩트의 양(볼륨)과 지리적 범위를 강조하는 것으로, 다양한 문헌에서 자주 인용되는 정의다. 예를 들어 그레고리 디스 등은 스케일임팩트를 "더 많은 사람이나 지역사회가 혁신의 혜택을 받을 수 있도록 임팩트를 확장하는 것"이라 정의하고 있다.[7] 전 세계적으로 사회문제는 그 규모나 심각성이 더 커지고 있지만 이를 해결하고자 하는 활동과 결과의 규모는 그에 훨씬 못 미치고 있다. 따라서 스케일임팩트는 사회적 목적을 추구하는 조직이 사회문제나 사회적 니즈의 크기에 조응하기 위해 사회적 임팩트를 늘리는 것이라는 이야기다.

그 이외에도 "영향력 증대를 달성하기 위해 사회부문의 혁신을 다른 새로운 지역으로 확산시키는 일"(Alhert et al.),[8] "더 넓은 지역에서 더 많은 사람에게 서비스를 제공하는 것"(Kickul et al.)[9] 등으로 정의되기도 하는데, 이 또한 유사한 맥락으로서 스케일임팩트는 혁신의 혜택을 더 많은 수혜자와 더 많은 지역에 제공하는 것과 관련된다고 보는 관점이다.

그러나 연구자나 현장 전문가들은 스케일임팩트 과정에서 수혜자 수나 서비스 지역의 범위를 확장하면 관리 능력이나 자원의 부족으로 인해 자칫 제품이나 서비스의 품질이 이전보다 낮아질 수 있음을 우려한다. 실제 스케일임팩트 과정에서 이러한 부작용은 비일비재하게 발생하는데 만약 조직의 성장이나 스케일임팩트 과정으로 인해 서비스의 질이 저하된다면 이는 사회적 가치를 추구하는 조직의 정신에 부합하지 않고, 게다가 비윤리적이다. 조직의 평판 또한 심하게 훼손될 수 있다. 그 때문에 스케일임팩트는 고객의 수나 지리적 범위의 확대에 그치지 않고 조직의 사회적 임팩트가 얼마나 성장했는가를 평가함으로써 이루어진다. 양적 측면(폭)과 함께 품질(깊이)을 강조하는 것인데, 이는 "스케일임팩트란 더 많은(more) 사람과 지역사회에 제공될 뿐 아니라 잘(well) 제공되는 것"(Dees et al.)이라는 정의에 잘 요약되어 있다.[10] 스케일임팩트를 하고자 할 때는 모름지기 양과 질의 균형점을 고려해 신중하게 접근해야 함을 강조하는 것이다.

임팩트의 양과 지리적 범위를 강조하는 기조에 스케일임팩트의 중요한 이슈를 포함시키는 정의도 있다. 조건이나 지역과 같은 환경적 요소의 중요성을 의미하는 적응(adapting)이라는 요소를 강조하거나, 적응과 함께 지속적 효과를 강조하는 지속가능성(sustainability)을 포함시켜 정의하기도 하는 것이다.

예를 들어 지오프레이 데사와 제임스 코흐(Geoffrey Desa and James Koch)는 "사회적 니즈나 사회문제의 규모에 잘 조응하기 위해 조직의 결과를 확대하거나 적응하는 과정"이라고 스케일임팩트를 정의하고 있고,[11] 하트만과 린은 "성공적인 정책이나 프로그램, 프로젝트 등이 다른 장소에 있는 더 많은 사람에게 닿을 수 있도록 확장(expand)하고 적응하고 지속가능하게 하는 것"[12]이라 설명하고 있다. 또한 여기에 더해 재정적 안정성이나 수익 극대화 같은 경제적 요소를 포함시키는 정의도 있는데, "스케일임팩트는 조직의 생존을 보장할 수 있는 재정적 안정성을 유지하면서 특정 프로그램의 임팩트를 늘리는 것"(Palomares-Aguirre et al.)이라는 정의,[13] "스케일업 임팩트는 비즈니스의 고객이나 회원 수를 늘리는 동시에 서비스 제공의 범위를 확장하고 수입을 극대화하는 것"(Bocken et al.)이라는 정의[14]가 있다.

"서비스의 품질과 깊이가 중요하다!"

질 키쿨 등(Jill Kickul et al.)[15]은 스케일임팩트는 깊이(depth impact)를 강조하는 관점과 폭(breath impact)을 강조하는 관점으로 나눌 수 있다면서 이 가운데 깊이를 강조하는 스케일임팩트는 목표 지역의 니즈를 충족하기 위해 질적 개선을 하는 것이라고 정의한다. 어떤 사회혁신가는 스케일업의 방식을 고민할 때 규모나 외연의 확장보다는 제공 서비스의 질과 깊이에 더 집중하는 쪽을 선택할 수도 있다. 즉 사업을 영위하던 지역 내에서 내부역량을 보다 탄탄하게 구축하거나 서비스 및 서비스 전달 과정의 품질을 개선하는 것, 기존 지역 내에서 연관 서비스를 확대하고 고객을 다각화하는 것 등의 활동을 통해 사회서비스를 높이고자 하는 것이다.

이를 가리켜 브렛 스미스와 크리스토퍼 스티븐스(Vrett Smith and

Christopher Stevens)[16]는 스케일딥(scale deep)이라 표현하고 있으며, 이는 사업을 운영하던 지역 내에서 더 큰 임팩트를 성취하고자 에너지와 자원을 집중하는 것이라고 정의한다. 즉 서비스의 질 개선, 기존 지역의 서비스 수혜 고객 증가, 새로운 서비스 제공방법 개발, 새로운 고객 확보, 혁신적 재무와 경영방법 개발 중 하나를 수행하는 것이다. 이 경우, 보통은 스케일임팩트를 수행하는 조직의 통제 아래에서 조직적 성장이 이뤄지는 형태를 띠게 된다.

스케일임팩트는 타 지역으로 확장하여 수혜자를 늘리는 것만 의미하지는 않는다. 기존의 활동지역에서도 역량 강화나 사업과 고객의 다각화 등을 통해 임팩트를 확장할 수 있다. 그래서 스케일임팩트는 조직적 성장부터 성공모델의 광범위한 보급(disseminate)까지 다양한 연속체(continuum)로 이해하는 것이 좋다.

"제도적 수준의 사회혁신이 필요하다!"

스케일임팩트를 단순히 양(볼륨)이나 지리적 범위에 한정하지 않고 보다 광범위하게, 말하자면 '제도적' 수준에서 게임의 룰을 변화시킴으로써 지속가능한 사회적 임팩트를 창출하는 것으로 정의하는 연구자들도 있다.

미셸 무어와 다시 리델(Michele Moore and Darcy Riddell)은 사회혁신 관점에서 큰 규모의 변화는 다양한 공간과 제도에서 규칙, 자원흐름, 문화적 신념과 사회관계의 변화를 가리킨다고 말한다.[17] 그러면서 사회적

기업가정신이나 사회적기업 연구에서 스케일임팩트를 수혜자의 숫자나 범위 극대화 또는 사회적복제에 한정해서 정의하는 경향을 비판한다. 즉 사회혁신 관점에서 볼 때 스케일임팩트는 '프로그램 복제' 그 이상이어야 한다는 지적이다.

사회혁신 연구자 웨슬리 등도 사회혁신이 광범위하고 지속가능하기 위해서는 제도적 변화와 사회시스템의 변화를 포함해야 한다고 보고, 스케일임팩트의 바탕에 존재하는 전제는 사회문제를 만든 시스템을 변화시키는 것임을 강조하고 있다.[18] 그는 더 많은 사람과 지역에 사회혁신을 확산하는 것은 그저 '스케일아웃(scale out)'일 뿐이며, 더 광범위한 제도적 수준에서 사회문제를 만든 시스템을 변화시키는 것이야말로 진정한 의미의 '스케일업(scale up)'이라고 말하면서 이 둘을 분명하게 구분한다.

스케일임팩트의
여러 형태

사회혁신 연구에서는 스케일임팩트를 다양한 형태로 구분해서 정의한다. 웨슬리 등이 시스템 변화를 동반해서 추구하는 스케일임팩트 개념과 구분하고자 '스케일아웃'으로 표현한 것처럼 말이다. 그럼에도 꽤 많은 문헌에서 '스케일임팩트'를 "수혜자나 고객의 숫자를 늘리거나 활동의 지리적 범위를 넓히는' 스케일아웃 개념과 혼용한다.

웨슬리 등도 사회혁신 관점에서 성공모델을 다른 지역과 계층에 복제하고 보급하는 일인 '스케일아웃'이 시스템 변화를 이끌어내는 데 매우 중요하다는 점을 부인하지는 않는다. 다만 문제의 뿌리인 시스템 변화를 이끌어내고자 한다면 그것만으로는 충분치 않다는 점, 아울러 그 일이 자연적으로 일어나지 않는다는 점을 강조하는 것이다. 사회문제를 일으키는 기존의 제도에 도전하고 게임의 규칙을 변화시키려면 '스케일아웃' 이상의 기술과 역량, 기회가 다양하게 필요하다고 말하며, 이러한 목표를 갖는 스케일임팩트의 형태가 바로 '스케일업'이라는 주장이다. 또 다른 사회혁신 연구자들인 무어와 리델은 웨슬리 등이 구분한 스케일아웃과 스케일업에 스케일딥을 추가함으로써 스케일임팩트의 세 가지 형태를 제시했다.

정리하면, 스케일아웃은 성공을 거둔 사회혁신을 다른 지역에 복제해 더 많은 사람이 동일한 혜택을 보도록 하는 데 초점이 맞추어져 있다. 그리고 스케일업은 근본적인 문제해결의 원인이 되는 제도나 시스템, 정책이나 법의 변화를 추구하여 더 광범위하고 지속가능한 임팩트를 내고자 하는 것으로, 웨슬리 등이 정의한 바와 유사하다. 무어와 리델이 개념화한 '스케일딥'은 스케일임팩트에서 문화적 변화를 강조한다. 왜냐하면 사람들의 가치나 인식, 문화 등이 바뀌어야 확고한 변화를 일으킬 수 있다고 보기 때문이다. 즉, 스케일임팩트가 문화적 뿌리로서 사람들의 마음과 인식, 가치와 문화적 변화, 관계의 질 변화를 수반하는 것이 되어야 한다고 본다. 그러나 여기서 주의할 사항이 있다. 사회혁신 연구와 달리 사회적기업 연구나 경영 관련 문헌에서는 스케일딥을 기존의 사업지역에서 '내부역량 구축, 서비스와 서비스 제공의 품질개선, 서비스 확대, 조직의 역량 강화, 사회적 가치 제고' 등으로 정의하기도 한다는 점이다 (Dees, Emerson & Economy, 2002; André and Pache 2016; Smith and Stevens 2010).

이렇듯 스케일임팩트 과정에서 다양한 형태가 나타날 수 있다는 점은 여러 연구자가 이미 제시해놓고 있다. 그러나 사실 그 내용과 맥락

스케일업
법과 정책
정책, 규칙과 법률 수준에서
제도의 변화

스케일아웃
많은 사람에게 영향
복제, 보급, 혜택을 받는
사람의 숫자 증가

스케일딥
문화적 뿌리에 영향
관계, 문화적 가치,
신념, 마음 등의 변화

자료: Moore, M. L., D. Riddell, D. Vocisano(2015), "Scaling out, scaling up, scaling deep: Strategies of non-profits in advancing systemic social innovation", *Journal of Corporate Citizenship,*

은 서로 유사한 점이 많다. 그 가운데 하트만과 린의 구분 방식을 보자. 이들은 스케일임팩트를 수평적(horizontal) · 수직적(vertical) · 기능적(functional) 스케일임팩트로 나누었다.[19] 이 구분에 따르면, 수평적 스케일임팩트는 프로젝트나 프로그램, 정책을 더 많은 사람과 더 많은 지역으로 확장하는 것이다. 이러한 범위 확장은 주로 성공적 모델을 다른 지역에 복제함으로써 이루어지므로, 앞에서 논의한 스케일아웃과 같은 개념이라 하겠다.

　수직적 스케일임팩트는 정부의 공식적 결정을 통해 특정 사회혁신을 전국 또는 국제적 수준으로 도입할 때, 또는 제도화나 정책 및 법률 제정 등이 이루어질 때 나타나는 방식이다. 이 경우, 다른 섹터나 폭넓은 이해관계자 등이 참여하는 변화를 겪는다. 이후 6장에서 소개할 유스빌드 사례가 이런 경우로, 지역에서의 성공을 정부가 전국으로 확대하는 법을 만들어 제도화함으로써 해당 사업이 빠르게 확산될 수 있었다. 웨슬리 등이 언급한 '스케일업'에 해당하는 사례라 하겠다.

기능적 스케일임팩트는 어떤 조직이 활동의 범위를 증가시키거나 기존 패키지에 새로운 프로그램을 포함하는 형태다. 예를 들면 건강이나 교육 분야에서 활동하던 조직이 주택이나 헬스케어 분야로 활동범위를 넓히는 경우를 들 수 있다. 말하자면 사업다각화 같은 것이다. 그룹SOS가 이런 사례로, 에이즈 환자 클리닉에서 시작해 12개 사업분야로 조직을 확대하고 지역적으로 확장한 바 있다.

이 외에도 스케일임팩트의 형태를 세분하는 다양한 연구가 있지만, 대체로 내용은 중복되는 경우가 많다. 스케일임팩트의 형태가 다양한 만큼 그 과정 또한 복잡하며, 한 형태로만 일어나지 않을 것이다. 이를 테면, 현실에서 스케일아웃(수평적 스케일임팩트)과 스케일업(수직적 스케일임팩트)은 함께 진행되는 경우가 많다. 스케일아웃을 통해 지역의 범위가 확장되고 네트워크나 브랜드가치가 높아지거나 수혜자 규모가 커지면 정책이나 제도 같은 좀 더 높은 수준의 변화에 영향을 미칠 가능성이 커진다. 반대로 제도적 수준(수직적)에서 스케일임팩트가 일어나면 지역으로의 확산(수평적) 또한 빠르게 일어날 가능성이 높아진다. 이 두 가지 형태가 함께함으로써 더 효과적이고 지속가능한 스케일임팩트가 이루어지는 것이다.

스케일임팩트에서 나타나는 다섯 가지 공통점

스케일임팩트에서 강조점을 어디에 두느냐에 따라 그 정의나 형태는 매우 다양하게 논의된다. 그럼에도 불구하고 스케일임팩트에는 공통된 특징이 있다. 이러한 특징을 이해하는 것이 중요한데 스케일임팩트를 진행할 때 놓쳐서는 안 될 중요요소이기 때문이다. 이를 위해 시루스 이슬람(Syrus Islam)은 스케일임팩트의 통합된 정의를 찾고자 176개의 스케일임팩트 관련 문헌을 살펴 체계적 분석을 시도했다.[20] 그는 다양하고 모호한 정의들 속에서도 스케일임팩트에는 다섯 가지의 공통 주제가 있다고 말한다.

첫째, 스케일임팩트는 사회문제 해결을 통해 사회에 긍정적 변화를 가져오려 한다. 해결이 필요한 사회문제는 세계 도처에 너무나도 많다.

빈곤, 기아, 양극화, 실업, 노숙자, 약물중독, 기후변화, 환경문제 등 일일이 열거할 수 없을 정도다. 사회문제 해결은 사회부문 조직의 존재의 이유이자 스케일임팩트의 목적이기도 하다. 앞에서도 논의한 바 있지만 조직의 규모를 키우는 성장이 반드시 사회문제 해결로 이어지는 것은 아니다. 그래서 조직성장을 넘어선 사회문제 해결과 임팩트의 확장이라는 확고한 원칙이 필요하다.

둘째, 스케일임팩트는 질적·양적 변화 모두에 중점을 둔다. 지리적 범위나 수혜자의 숫자를 늘리는 등의 양적 변화만이 아니라 수혜자의 삶의 질 향상 같은 질적 변화를 추구한다. 스케일임팩트를 조사, 연구한 수많은 문헌에서는 양적 변화를 우선시하거나 거기에 치우친 나머지 지역이나 수혜자를 소홀히 하거나, 더 나아가 자신의 미션으로부터의 이탈을 초래할 수 있다고 경고한다. 이 경우, 사회적 임팩트에 매우 부정적 영향을 끼칠 것이고 결국 평판까지 잃을 수 있음을 명심해야 한다. 더 심각한 문제는 서비스를 받는 취약계층 수혜자들에게 심대한 해를 끼칠 수도 있다는 점이다.

셋째, 스케일임팩트는 긍정적 변화의 규모와 크기를 증가시키는 것이 중요하다. 즉 연구자들은 사회문제나 사회적 니즈의 규모에 조응할 정도의 임팩트 규모를 강조한다. 사회문제는 전 지구상에 존재하는 만큼 그 크기가 큰 반면 사회부문 조직은 대개 지역 수준으로 운영되고 있어 규모 간 갭(gap)이 크다는 점을 이해해야 한다. 이 갭을 극복하기 위해 사회문제 해결에 성공적 솔루션을 제공한 프로그램을 확장하는 것이 필요하다. 스케일임팩트는 사회부문 조직들 입장에서 반드시 해야 하는 어떤 의무는 아니지만 사회문제의 규모에 조응하려면 반드시 필요한 일이기도 하다.

넷째, 스케일임팩트는 개별 수혜자 수준 또는 시스템 수준에서 사회 문제를 해결한다. 물론 이 두 가지 중 무엇이 더 우선되어야 하는지에 대해서는 합의된 바가 없다. 어떤 혁신은 개별 수혜자에게 직접서비스를 제공하는 수준에서 시작해 나중에는 제도나 정책 변화 등 시스템 수준으로까지 진화, 발전하지만 대부분의 혁신은 개별 수혜자나 지역에 서비스를 제공하는 수준에 머무는 경우가 많다. 해결하고자 하는 사회 문제에 따라 개별 수혜자나 지역 차원에서 운영되는 것이 더 적합할 수도 있다. 그리고 자원이나 전문성 등의 부족으로 두 가지 수준에서 모두 변화를 충족시킬 수도 없을 것이다. 하지만 대다수의 연구문헌은 만약 조직역량이나 자원 그리고 사회문제의 특성 등 관련 조건이 충족된다면 스케일임팩트의 과정은 개인과 시스템 수준 양쪽 모두에서 변화를 이루어내야 한다는 점에 동의하고 있다. 왜냐하면 문제의 뿌리가 되는 시스템 수준의 변화가 생겨나야만 해결책의 지속성이 담보되기 때문이다. 결국 스케일임팩트는 사회혁신이라는 궁극적 방향을 추구한다.

다섯째, 스케일임팩트는 하나 이상의 경로나 전략에 따라 진행되는 지속적 과정이다. 스케일임팩트 프로세스는 이벤트성의 간헐적 과정도 아니고 선택된 경로에 고정되어 있는 것도 아닌, 계속해서 진화하는 역동적 과정이다. 상황 변화에 따라 다른 경로로 가기도 하고, 기존에 있던 몇 개의 경로를 결합하기도 한다. 어떤 조직은 자신의 통제하에 운영되는 지점을 통해 규모화하다가 점차 지역의 조직들과 다양한 제휴 방식을 통해 확장하는 전략으로 발전할 수도 있고 어떤 조직은 초기에 지역기관과의 제휴 방식으로 스케일임팩트를 했으나 여러 가지 조건에 의해 하나의 통합된 조직으로 발전할 수도 있다. 따라서 스케일임팩트의 경로나 전략에는 정답이 없고 다양한 내외 환경에 따라 변화하고 진화한다.

이 다섯 가지 공통점을 바탕으로 시루스 이슬람은 스케일임팩트에 대해 다음과 같이 통합적 정의를 내린다. 즉, 스케일임팩트는 "개인적 그리고(또는) 시스템 수준에서 한두 가지의 스케일링 경로를 통해 심각한 사회문제를 해결함으로써 사회에 양적·질적 측면의 긍정적 변화 규모를 증가시키는 지속적 과정"이라는 것이다. 긍정적 변화(사회적 임팩트)의 규모를 증가시키는 것이라는 핵심 정의를 바탕에 두고 그 위에 전략, 과정, 중요 이슈 등을 포함시킨 정의라 할 수 있다. 사회적 임팩트의 규모를 늘리는 것은 혁신 수혜자 수의 증가나 지리적 범위 확장으로도 분명 가능할 것이다. 그렇지만 사회혁신의 관점에서 변화의 규모를 확장시키는 일이 지속가능한 것이 되려면 사회문제의 뿌리가 되는 시스템의 변화라는 큰 방향을 설정해야 한다는 점 또한 염두에 두어야 한다.

'사회적복제', 스케일임팩트의 핵심모델

스케일임팩트 관련 자료를 보다 보면 때로는 스케일임팩트와 '복제 (replication)'를 혼용해서 쓰는 경우를 만나게 된다. '복제'는 원래의 것과 똑같이 만든다는 의미로 쓰는 용어다. 가장 간단한 용례로 바이러스가 복제를 통해 증식하는 경우를 들 수 있는데, 실제로 복제의 사전적 의미는 '본디의 것과 똑같은 것을 만듦'이다. '복제' 개념은 의학·농업·사회학·교육학 등 다양한 분야에서 이미 광범위하게 쓰이고 있고 비즈니스에서도 마찬가지로 맥도날드와 같은 프랜차이즈는 표준화된 음식을 복제해서 성공한 기업이다.

최근에는 사회부문에서도 '복제'가 정책입안자, 재단, 기부자, 현장 활동가, 연구자 등으로부터 관심을 받는 주제로 부상하고 있다. 사회부문

에서는 사회문제 해결이 목적이기 때문에 이를 '사회적복제'라고 부른
다. 성공적 조직이나 프로그램 또는 핵심원칙 같은 것들을 사용할 수 있
도록 표준화하여 다른 지역에서 재생산하도록 함으로써 사회적 임팩트
를 늘리는 것을 의미한다.

앞에서 논의한 스케일임팩트의 형태구분에 따르면 '복제'는 스케일
아웃이나 수평적 스케일링(horizontal scaling)에 해당한다. 즉 이미 성공
적으로 증명된 콘셉트, 파일럿 프로젝트, 사업체 등을 다른 지역으로 수
평적으로 확장시켜 더 많은 사람이 그 혜택을 받도록 하는 것이다. 복
제 역시 다양한 방식과 옵션이 있는데, 예컨대 원래 조직이 통제하고 관
리하는 지점을 내는 방식(branch)이나, 새로운 지역의 다른 기관과 제휴
(affiliate)하는 방식으로도 가능하다. 요즘 우리나라에서도 관심을 많이
받고 있는 소셜프랜차이징이 바로 제휴 방식의 사회적복제 모델이다.
사회적복제는 스케일임팩트의 여러 옵션 중 큰 비중을 차지하는 핵심
모델이다.

복제의 가장 큰 이점은 자원이 부족한 상황에서 더 많은 사람에게 임
팩트를 확산할 수 있는, 비용 대비 효과가 큰 방법이라는 점이다. 사회
적기업을 개발해본 사람이라면 조직 하나를 창업하는 것이 얼마나 많
은 시간과 노력, 자원을 필요로 하는 일인지 잘 알 것이다. 설립 시에 계
획하고 기대했던 사회적 효과를 창출하는 데 생각보다 긴 기간이 걸릴
수 있다. 새로운 조직이나 프로그램을 시작하려면 모델 개발만 해도 수
개월 이상이 걸리며, 펀딩받고 새로운 법적 조직으로 인가받고 그 체계
와 전문성을 구축하는 것까지 감안하면 결코 적지 않은 시간이 소요된
다. 워낙 지난한 과정이기에, 설립에 참가한 사람들의 번아웃을 유발하

기도 하고, 심지어 포기하는 경우도 생길 수 있다. 또한 설립한 후에도 고객을 확보하고 수익을 창출하고 시장에 안착하기까지 온갖 어려움에 봉착한다. 실제 우리나라 통계를 보더라도 5년 생존율이 20%를 상회하는 수준이다. 사정이 이렇다 보니 사회부문 조직들은 조직을 생존시키기 위해 조직의 진짜 목적인 활동들을 뒷전으로 밀어놓아야 하는 형국을 맞게 되기도 한다.

반면에 '복제'는 이미 증명된 성공모델을 활용함으로써 초기 개발에 들어가는 시간과 비용을 줄여 그것으로 추가적 가치를 창출할 수 있게 해준다. 소셜프랜차이징, 라이선싱 등의 스케일임팩트 전략을 운영 중인 사회적기업에 대한 심층 인터뷰를 진행한 리디야 마브라(Lidija Mavra)[21]는 사회적기업의 사회적복제에 대한 연구에서 대부분의 사회적 기업가들은 사회적기업을 복제하는 동기에 대해 이렇게 말하고 있다고 전한다. 즉 "복제가 조직을 성장시키는 동시에 사회적 임팩트를 확산시킬 수 있는 가장 효과적인 방법"이라는 것이다. 구체적 이점으로는 사회혁신 확산, 수익의 다각화 및 증가, 지역 착근성, 외부의 시장제약에 대한 실질적 대응능력, 사회적기업 운동의 사업적 파트너십 촉진 등을 제시했다.

그런데 여기서 말하는 '사회적복제'는 모든 것을 천편일률적으로 똑같게 만드는 단순한 복제(copy)가 아니다. 스케일임팩트의 확대를 위해서는 사업의 방식을 판에 박듯 그대로 복사하는 게 아닌, 새로운 지역의 환경에 맞는 아이디어와 접근방식을 갖는 복제 전략을 모색해야 한다. 더군다나 오리지널 비즈니스 모델을 다른 지역에서 완벽하게 복제하기란 현실적으로 불가능하며, 그러하기에 지역에 알맞게 적응시키는 전략이 긴요하다. 혁신적 아이디어를 다른 지역에 복제할 때는 변화하는 환경적 요소를 고려해야 하며, 복제 대상이 되는 지역의 사회적 규범이나 문화 등에 맞게 전략이 적용되어야 궁극적 성공에 이를 수 있다.

통상적으로 사회부문 조직들은 지역의 자원과 조건에 민감하기에, 복제에서 '적응성'은 중요한 이슈다. 새로운 조건과 환경에서 자원 획득과 네트워크 구축이라는 쉽지 않은 과제를 풀어야 하며, 내부적 자원과 외부환경에서 효과적으로 일할 능력을 갖추기 위해 구조, 과정, 문화 등 자신의 조직적 시스템을 변화시켜야 할 것이다. 그러므로 스케일임팩트를 생각하고 있는 조직이라면 복제하고자 하는 비즈니스모델의 특성에 대한 지식을 충실하게 갖추어야 하며, 새로운 지역에 복제할 요소들을 올바르게 선택해야 한다.

스케일임팩트, 영리기업의 규모화와는 어떻게 다른가?

최근에는 사회부문 조직에서도 영리기업의 방식과 전략, 기술을 많이 접목하는 추세다. 특히 사회적기업가들이 사회부문에 비즈니스모델을 결합하는 데 적극적이다. 그들은 사회문제 해결에 필요하다면 상업적 도구를 적용하는 데 주저하지 않는다. 제프리 브래닥은 〈스탠퍼드 사회혁신 리뷰〉에 게재한 글[22]에서 사회적기업이 비즈니스 영역의 규모화에서 배울 수 있는 교훈에 대해 말하고 있다. 그는 1920년대에 탄생한 프랜차이즈가 지배적 조직형태의 하나가 되고 있다면서 비즈니스 세계의 프랜차이징이 성장을 추구하는 사회적기업에 주는 교훈 세 가지를 다음과 같이 제시한다.

그 첫째는 이미 증명된 프로그램의 가치이다. 누군가가 잘 발전시켜

놓은 지식을 활용하면 실행의 속도를 높일 수 있고 성공적 결과를 얻을 가능성 또한 커진다는 것이다. 독립적 형태의 스타트업은 아무래도 프랜차이즈 체인에 비해서는 실패 확률이 높다. 반면 복제는 성공에 이를 가능성을 높인다.

그리고 둘째, 이미 잘 알려진 사업모델을 채택하면 자원을 끌어들이는 데 용이할 수 있다. '프랜차이즈' 방식이 사회부문 조직에도 이점을 줄 수 있다는 것이다. 규모의 경제를 이루면 더 큰 자원에 접근할 가능성도 높다. 자원은 인적·물적 자원 모두를 포함한다. 해비타트처럼 세간에 잘 알려진 프로젝트에는 '자원봉사자'라는 형태로 많은 인적자원이 몰린다.

마지막으로 셋째, 지역 프로그램이 좀 더 규모가 있는 시스템의 일원이 되면 인적자원이나 법률서비스자원 등 경영에 필수적인 전문적 기능에 접근하기가 비교적 쉬울 뿐 아니라 기금 모금에도 한결 도움이 되리라는 점이다. 아울러, 지역 간 네트워크를 통해 다른 지역에서 개발되는 아이디어나 지식도 활용할 수 있고 실험과 학습의 기회 또한 가질수 있다. 지역 간 네트워크는 실험과 학습의 환경을 제공할 수 있다.[•]

그러나 이러한 교훈에도 불구하고 사회부문 조직들이 영리기업의 방식을 빌려 오고 배우고 활용은 할지언정 그것을 그대로 따라할 수는 없다. 왜냐하면 사회부문 조직은 추구하는 가치나 목적, 구조나 환경 등이 영리기업과 매우 다르기 때문이다. 사회부문은 영리기업과는 완전히 차별화되는 원칙을 장착한 전략과 메커니즘이 필요하다.

● 맥도날드의 '빅맥', '에그머핀' 등은 지역 가맹점들이 창출한 혁신이다.

영리기업과 사회부문 조직의 차이를 ①목적, ②제품과 서비스의 특징, ③이해관계자들과의 관계라는 세 측면에서 한번 살펴보자.

먼저, 전통적 영리기업과 사회부문은 규모화의 목적 자체가 다르다. 전통적 영리기업은 수익 및 주주가치 극대화를 최우선 목적으로 삼는다. 그렇기 때문에 규모화의 목적 또한 당연히 비즈니스의 성장, 시장확대, 그리고 규모의 경제를 통한 수익 극대화에 있다. 다시 말해 이들 기업은 직원이나 사업장, 고객의 수적·양적 증가 등 조직의 성장이 중요한 목표로서 설정된다. 반면 사회부문 조직은 사람과 지역사회, 더 넓게는 사회 전체에 혜택을 주는 사회적 가치를 창출해 사회적 임팩트를 확대하는 것에 주된 목적이 있다. 따라서 사회부문의 규모화는 자기 조직이나 비즈니스 자체의 성장에 국한되지 않는다.

사회적 임팩트를 효과적이고 지속가능하게 확장할 수만 있다면 자신이 성공시킨 프로젝트나 모델, 운영원칙 등을 다른 조직과 얼마든지 공유하고 제휴한다. 그 덕분에 사회부문의 규모화는 다양한 형태로 폭넓은 전략적 선택이 가능하다. 이 외에도 일반기업은 수익이 창출될 수 있는 우호적 시장으로 확장하지만 사회부문 조직은 사업환경이 더 열악한 지역(주로 소외지역)으로 확장한다는 점이 다르다. 그리고 전통적 기업과 달리, 사회문제의 뿌리가 되는 법과 제도 등 시스템의 변화를 선도하고자 노력한다.

둘째, 사회부문 조직이 생산하는 제품이나 서비스 또한 일반 영리기업과는 달리 특수성이 있다. 일반적으로 사회부문 조직은 지역을 중심으로, 지역사회의 이익에 복무하면서 노동집약적이면서 관계 기반인 제품 및 서비스를 생산하여 시장에 공급한다. 그 대표적 예가 돌봄서비스나 취약계층 고용 등이다. 특히 취약계층에게 직업훈련과 고용서비스를 제공하는 사업모델의 경우, 이들에 대한 세심한 접근이 필요하기 때문에 복제가 쉽지 않고 특수한 조건과 도전과제에 직면하게 되기도 한다. 그렇기 때문에 사회부문에서 말하는 '사회적 성과'는 명확한 공식이나 표준화 등으로 표현되기가 쉽지 않다.

그리고 사회부문 조직은 생존과 성장이 지역의 공공기관, 수혜자, 후원자, 투자자 등 지역 내 이해관계자와의 상호작용에 달려 있기 때문에 지역성이 매우 중요한 요소가 될 수밖에 없으며, 당연히 지역적 조건에 민감하다. 사회적 비즈니스의 스케일임팩트에서 '적응성'이 중요한 이유다. 그렇지만 아이디어, 방법론, 원칙 등을 지역에 맞게 복제하려면 더 많은 비용이 소요될 수밖에 없다. 영리기업이라면야 경제적 이익을 위해 지역성과 적응성을 최소화하는 방향을 취할 테지만 사회부문은 지역성과 적응성이 중요하므로 이를 훼손하지 않으면서도 비용을 최소화하는 전략을 마련하게 된다. 다른 조직과의 제휴 및 파트너십을 적극 활용하거나 자신이 성공시킨 모델에 관한 지식이나 방법론을 다른 조직에 적극 제공하는 전략이 바로 그런 것이다. 보통의 영리기업이 경쟁자로부터 지식재산권과 영업비밀을 보호하는 전략을 취하는 것과는 상반된 전략을 쓰는 것이다. 사회부문의 이러한 개방성은 사회적 미션 극대화에 대한 강한 헌신성에서 비롯한다.

셋째로 사회부문 조직은 경쟁보다는 다양한 이해관계자들과 협력적 관계를 구축함으로써 생존하고 발전한다. 그래서 고객이나 수혜자 또는 지역의 다양한 이해관계자들이 지배구조 및 주요 경영활동에 직접 참여하는 구조를 갖추는 것이 보통이다. 즉 하향식 위계질서 체계가 아닌,

도표 3. 사회적기업과 영리기업 간의 '규모화' 비교

기업의 특징/유형	사회적기업	영리기업
주목적	사회적 임팩트의 확대	수익의 극대화
제품과 서비스	노동집약적 / 개인맞춤형 / 관계적 서비스에 집중 / → 타 지역에 그대로 이전하기가 쉽지 않음	표준화된 제품이나 서비스를 제공 → 다른 지역으로 이전되거나 거래되기가 쉬운 편
다른 주체들과의 관계	매우 협력적	매우 경쟁적
주요 규모화 형태	조직성장, 성공적 모델 복제 (지점 방식 또는 다른 지역기관과의 제휴 방식), 전략적 파트너십 형성, 지식공유를 통한 임팩트 확산 등 다양한 메커니즘 활용	비즈니스 성장, 새로운 시장으로 확장

자료: Galitopoulou, S., & Noy, A.(2018), "Policy Brief on Scaling the Impact of Social Enterprises", *Policies for social entrepreneurship*, OECD.

상향식 민주적 운영방식을 견지한다. 따라서 이들의 스케일임팩트 전략과 운영 역시 사회적조직이나 정책기관, 시민사회, 영리기업, 후원자 등 여타 주체와의 협력관계에 상당한 영향을 받는다. 다른 조직들과 협력관계를 맺고 파트너십을 발전시킴으로써 자기 조직이 보유한 지식을 확산하고, 새로운 시장에 대한 진입장벽을 극복하며, 자원의 니즈를 해결하는 것이다. 또 다른 지역조직이 원한다면 모델이나 프로젝트의 복제를 기꺼이 돕는다. 즉 자기 조직의 확대 없이도 다른 지역기관과의 제휴나 협력관계를 통해 스케일임팩트를 한다. 그래서 사회부문의 스케일임팩트에서는 사회적 네트워크가 핵심적 요소다.

CHAPTER 3
스케일임팩트를 위한 전략과 모델

3

최근 우리나라에서도 사회적경제 영역의 규모화나 스케일임팩트에 대한 관심이 점차 커져 정부 공모사업 가운데도 작게나마 규모화나 스케일임팩트 관련 사업이 나오고 있다. 하지만 그 내용을 자세히 들여다보면 대부분은 소셜프랜차이즈 모델 육성에 집중되어 있다. 사회적기업의 규모화 작업이 소셜프랜차이즈와 거의 동일시되고 있는 듯한데, 스케일임팩트의 모델로 소셜프랜차이즈만 있는 것은 아니다. 전 세계적으로 다양한 모델이 제시되고 있으며 한창 실험되고 있다.

스케일임팩트를 하고자 할 때 어떤 형태로, 즉 어떤 모델을 선택해 전개할 것인가는 대내외 조건을 여러모로 따져본 뒤 신중하게, 전략적으로 선택해야 한다. 그러려면 우선 스케일임팩트 모델로 어떠어떠한 것이 있는지를 이해하는 것이 중요하다. 수많은 도전이 기다리는 새로운 길을 내딛고자 할 때는 어떤 길이 눈앞에 펼쳐져 있고 각각의 길이 어떤 장단점을 가졌는지 다각도에서 탐색할 필요가 있을 것이다. 그래야 리스크를 줄일 수 있다. 스케일임팩트를 위한 여정을 짤 때도 마찬가지다.

어떤 조직이 규모화를 한다고 하면 우리는 보통 시장점유, 제품판매, 수익증대 등을 통한 조직성장을 먼저 떠올린다. 하지만 앞서도 누누이 강조했듯 사회적 목적을 추구하는 사회부문 조직은 일반 영리기업과는 달리 재정적 수익보다 사회적 미션을 더 추구한다. 이러한 특성 때문에

이들 조직은 단지 성장을 위한 규모화에 그치지 않고, 훨씬 다양한 전략과 모델을 펼쳐나가면서 스케일임팩트를 할 수 있다. 다시 말해, 조직성장이 아니더라도 아이디어, 사업모델, 접근방식 등의 확장을 통해 사회적 임팩트를 확장할 수 있다. 이 점을 잘 이해한다면 사회부문의 스케일임팩트에서 가능한 여러 유형의 모델이 우리 눈앞에 펼쳐지게 된다.

실제로 특정 조직의 성장 또는 특정 조직이나 지역 내 성장이라는 강박을 넘어서야만 네트워크 구축, 방법론 공유, 다른 조직들이 성공모델을 복제하고 적용할 수 있도록 돕는 것 등 다양한 방법을 통한 스케일임팩트가 가능해진다. 그때 비로소 우리가 가진 사회변화의 잠재력과 운동력 또한 확장할 수 있을 것이다.

이 장에서는 사회부문 조직이 스케일임팩트를 추진하고자 할 때 사용할 수 있는 전략적 옵션과 모델로 어떤 것이 있는지 구체적으로 소개한다.

'스케일임팩트' 모델의 유형

그레고리 디스 등이 제안한 세 가지 스케일임팩트 전략

사회혁신가들이 실험하고 운영 중인 스케일임팩트 모델은 전 세계적으로 아주 다양하며, 현장에서 시도된 이러한 모델들을 연구자들이 분류, 정리해놓고 있다. 여기서는 스케일임팩트 모델을 다룬 세 가지 연구자료를 바탕으로 사회혁신가들이 규모화를 하고자 할 때 어떻게 모델을 채택하고 전략을 구성하는지를 살펴보고자 한다. 또한 다양한 모델을 통합하는 방식의 모델로는 어떤 것이 있는지 보고자 한다.

우선, 스케일임팩트에 대한 초기 문헌을 상재한 그레고리 디스 등은 사회혁신 확산을 위한 모델유형으로 '보급(dissemination)', '제휴

(affiliation)', '지점(branching)' 등 세 가지 전략을 제시한다.[1] 여기서 저자들은 조직적 성장이 아니라 다른 지역으로 임팩트의 범위를 확대하는 방식을 주로 논의한다.

그 첫째인 '보급' 전략을 보자. 이는 혁신의 사례를 자신의 지역에 도입하고 싶은 사람 또는 조직에 관련 지식·정보·기술적 지원을 제공하는 것을 말한다. 주로 오픈소스·교육훈련·컨설팅 등의 방법이 사용된다. 이는 새로운 조직을 만들거나 직접 확대하지 않고 별개의 다른 조직들을 통해 간접적으로 사회적 임팩트를 확장하는 방법이다. 스케일임팩트 모델 중 가장 단순하고 자원이 덜 소요되는 전략이지만, 혁신사례를 보유한 조직의 입장에서는 자신의 혁신을 새로운 지역에서 운영하는 데 대한 통제나 관리가 매우 약하다고 할 수 있다. 오픈소스를 활용한 보급 전략으로 스케일임팩트에 성공한 사례는 9장에서 소개할 카붐으로 확인할 수 있다.

둘째로 '제휴' 전략은 다른 조직과 특정 협약이나 계약을 통해 공식적 관계를 만들고 이를 통해 혁신의 사례를 확장하는 것이다. 여러 지역에 산재한 조직들과의 제휴를 활용하는 방법으로, 광범위한 기회를 제공받으며 다양한 전략을 구사할 수 있다. 제휴 전략에는 느슨한 형태의 전략적 네트워크부터 좀 더 엄격하게 묶는 운영시스템을 가진 소셜프랜차이즈까지 여러 방식이 있다. 제휴 전략의 다양한 형태에 대해서는 뒤에서 다시 자세히 다뤄보려 한다.

셋째, '지점' 전략은 매우 단순한 것으로, 우리가 익히 아는 방식이다. 전통적 영리기업들이 모기업 소유의 지점을 내듯 하나의 중앙조직이 통제하고 관리하는 지점을 다른 지역에도 만드는 것을 말한다.

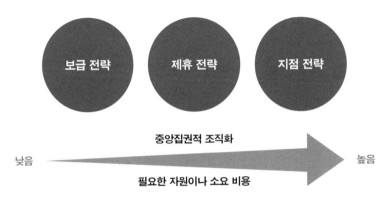

도표 4. 그레고리 디스가 제시한 스케일임팩트 전략의 스펙트럼

그레고리 디스 등은 이 세 가지 전략을 연속체로 인식할 것을 제안하면서, 이 연속체는 중앙집권적 조직화와 필요자원의 정도에 따라 결정된다고 말한다. 즉 '보급' 전략에서 '지점' 전략으로 갈수록 중앙의 통제와 관리의 정도가 강해져 이에 소요되는 비용도 커진다는 것이다.

영국 사회적기업들의 스케일임팩트 전략

퍼거스 라이온과 히더 페르난데즈(Fergus Lyon and Heather Fernandez)는 영국에서 아동 및 가족에게 서비스를 제공하는 조직들에 대한 사례연구를 통해 사회적기업의 스케일임팩트 전략을 유형화했다.[2] 사회서비스를 공급하는 기관들을 대상으로 인터뷰를 실시하고, 현장에서 활용되고 있는 스케일임팩트의 모델을 도출하고 분류한 것이다. 이들은 그 유형을 '조직 내(within organization) 성장', '다른 공급자와의 공식적 관계 구축', '아이디어의 개방적 제공 및 보급' 등 크게 세 가지로 분류하고, 그 안에 포함된 전략을 열두 가지로 제시하고 있다.

첫째로 '조직 내 성장'은 조직의 통제와 관리하에서 조직적 성장을 추구하는 것으로, 우리에게 매우 익숙한 방식이다. 여기에 속하는 전략으로 라이온과 페르난데즈는 기존에 해오던 활동을 통한 임팩트의 극대화, 사업이나 활동의 다각화, 사업 수혜 고객의 수나 서비스 시간의 증가와 같은 조직의 유기적 성장, 새로운 지점 설립, 다른 사업장 인수, 지역 정부와의 위탁계약 체결을 제시하고 있다.

둘째로 '다른 공급자와의 공식적 관계 구축'은 다른 기관들과의 제휴나 파트너십을 통해 스케일임팩트를 하는 유형으로, 여기에는 일부 사업의 분사(spin-out)를 통한 독립된 회사 설립, 다른 공급자와의 소셜프랜차이즈 관계 구축, 품질기준과 각종 인증지원● 등의 전략이 포함된다.

셋째, '아이디어의 개방적 제공 및 보급' 유형에는 훈련 제공, 네트워크를 통한 성공모델 공유, 오픈소스 자료 제공의 전략이 포함되어 있다. 이는 그레고리 디스 등이 제시한 세 유형 중 보급 전략과 유사한 것이다.

라이온과 페르난데즈의 세 유형은 영국의 사회서비스 환경을 반영한 것이기 때문에 전략들이 세분화되어 있다. [도표 5]에 정리했듯 이들이 제시한 열두 가지 세부전략은 첫째 유형에서 셋째 유형으로 갈수록 임팩트의 범위는 확대되는 반면 다른 지역에 대한 운영 통제는 약화된다. 즉 '조직 내 성장'은 조직에 의한 전적 통제를 갖지만 임팩트의 범위는 상대적으로 작은 반면, '아이디어의 개방적 접근 및 보급' 유형으로 갈

● 연구자료에서는 카이트마크(Kitemark) 인증을 제시하는데 이는 영국 표준협회가 소유하고 운영하는 영국 제품 및 서비스 품질과 안전성 인증마크다.

도표 5. 라이온과 페르난데즈가 유형화한 영국 사회적기업들의 스케일임팩트 전략

세 가지 유형	세부전략
조직 내 성장	• 기존의 공급을 통한 임팩트의 극대화 • 다각화 • 조직의 유기적 성장 (예: 기존 서비스 수혜 고객 수나 서비스 시간 증가) • 새로운 지점 설립 • 다른 사업장 인수 • 지역 정부와의 위탁계약 체결
다른 공급자와의 공식적 관계 구축	• 분사 조직 설립 • 소셜프랜차이즈 관계 구축 • 품질규격과 각종 인증 지원
아이디어의 개방적 접근 및 보급	• 훈련 제공과 인가된 훈련 코스 제공 • 네트워크를 통한 성공모델 공유 • 오픈소스 자료 제공

임팩트의 규모 증가

운영에 대한 통제 약화

자료: Lyon and Fernandez(2012).

수록 혁신을 창출하고 발전시킨 조직이 본래 갖고 있던 권한이나 통제권은 약해지지만 임팩트가 확산되는 범위는 상대적으로 넓다.

유럽 사회적기업들에게서 나타난 스케일임팩트 전략

2015년 유럽의 6개국 395개 사회적기업을 대상으로 스케일임팩트 전략과 성공요소를 조사한 연구[3]가 있었는데, 유럽 최초의 양적 연구였다. 여기서는 사회적기업의 스케일임팩트 전략을 크게 네 가지로 분류

하고, 그에 따른 세부전략을 모두 11개로 제시하며 유럽의 사회적기업들이 어떤 전략을 주로 활용하는지를 밝히고 있다. 우선 네 가지로 분류된 스케일임팩트 전략으로는 역량 강화(capacity building), 전략적 확장(strategic expansion), 계약적 파트너십(contractual partnership), 지식 보급(knowledge dissemination)이 제시된다.

첫째, '역량 강화' 전략은 새로운 지역에 지점이나 사무소를 개설하는 등의 외연적 확장을 하지 않고, 기존의 사업고객·서비스·사업장을 유지하면서도 조직의 효율성과 생산력을 더 높임으로써 운영 및 사업의 성과를 향상시키는 것을 목표로 한다. 이 방식은 외부 파트너나 네트워크의 도움 없이 스스로 노력해 효과성과 효율성을 증진하고자 하는 것으로, 같은 자원으로 더 많은 사람에게 서비스를 제공하고자 하는 전략이라 하겠다. 이는 지역 조직들의 사회문제 해결 능력과 사회적 가치 창출 능력을 향상시키려는 노력이다.

둘째, '전략적 확장' 전략은 세 가지의 세부전략을 포함한다. 새로운 지역에 지점이나 사무소를 개설하지 않고 기존의 사업지역과 대상을 위해 하나 이상의 새로운 제품이나 서비스를 개발하거나 기존 제품이나 서비스를 적어도 하나 이상의 새로운 타깃그룹에 제공하는 것 그리고 모(母)조직의 관리하에 두는 조건으로서 새로운 지점을 개설하는 것이다. 즉 조직의 통제와 관리하에 진행되는 제품 및 서비스 다각화, 고객 다각화 그리고 지점 설치와 같은 전략을 포함한다.

셋째, '계약적 파트너십'은 다른 지역으로 진출해 더 많은 이에게 사업을 적용하고자 하는 전략으로서, 앞의 두 전략과는 달리 조직 외부의 파트너와 협력해 임팩트를 확장하는 것이다. 이 방식에는 세 가지 세부

도표 6. 유럽 사회적기업들의 네 가지 스케일임팩트 전략

전략	세부전략
역량 강화	• 역량의 확장
전략적 확장	• 신제품 및 신서비스 제공 • 새로운 타깃그룹 모색 • 지리적 확장
계약적 파트너십	• 네트워크 설립 • 라이선싱 • 소셜프랜차이징 • 조인트벤처
지식 보급	• 정보 제공 • 기술적 지원 • 지도 및 조언

자료: Weber et al.(2015).

전략이 딸려 있는데, 목적과 활동을 공유하는 네트워크 설립, 다른 지역에서 성공모델의 지적재산권이나 브랜드 등에 대한 사용허가를 제공하는 라이선싱, 다른 조직들에게 자신의 성공모델을 복제하도록 허락하고 가이드라인과 방법론 등의 사용의무를 부여하는 소셜프랜차이징, 둘 이상의 파트너가 공동으로 투자해 법적으로 독립된 새로운 기업을 설립하는 조인트벤처 등이 있다. 그레고리 디스 등이 제시한 제휴 전략과 같은 유형이다.

넷째, '지식 보급'은 성공모델과 관련한 지식을 다른 지역·조직에 이전하는 것이다. 이러한 보급은 주로 정보 제공, 기술적 지원, 지도 및 조언 등으로 이루어지며, 그러므로 교육·훈련·컨설팅·상담의 방식이 수반된다. 이 전략은 성공모델을 보유한 조직이 다른 지역으로 직접 진출하지 않더라도 다른 조직을 통해 간접적으로 사회적 임팩트를 극대화할 수 있도록 해준다.

그리고 이 연구에서는 유럽의 사회적기업들이 전략적 확장(35%), 계약적 파트너십(26%), 역량 강화(24%), 지식 보급(15%)의 순으로 스케일임팩트 전략을 활용하는 것으로 나타났다. 조직 자체의 성장을 통한 스케일임팩트 전략인 '전략적 확장'과 '역량 강화'가 59%로 가장 높은 비중을 보이고 있는 것이다. 이는 사회부문 조직이 주로 활용하는 스케일임팩트 전략이 여전히 조직성장에 집중되어 있다는, 또 다른 문헌들의 조사를 뒷받침하는 것이기도 하다.

세 가지 연구에 바탕을 둔 스케일임팩트 모델 비교

위에서 스케일임팩트 모델에 대한 세 가지 연구를 살펴보았다. 각각의 연구에서 다양하게 분류하고 있지만 그 내용은 거의 유사하다. 이들 연구문헌에서 제시한 스케일임팩트 모델을 통합하여 다시 분류해보면 크게 세 개의 모델로 압축할 수 있다. ①'조직 자체의 성장' 모델, ②'제휴' 모델, ③'보급'모델이 그것이다.

첫 번째로 '조직 자체의 성장' 모델을 보자. 여기서는 세부전략으로 두 가지를 활용할 수 있다. 하나는 다른 지역으로 외연 확장을 하지 않고 기존의 조직과 지역을 그대로 유지하면서 효율성과 생산력 등을 높일 수 있도록 역량을 강화한다든지 사업 및 고객 다각화나 인수합병 등을 통해 신제품 및 서비스, 고객 확장을 꾀하는 방법이다. 이후 5장에서 소개할 그룹SOS가 이런 경우로, 사업다각화와 인수합병 등의 방식에

도표 7. 스케일임팩트 모델별 세부사항 비교

분류	디스 등	라이온과 페르난데즈	웨버 등
❶ 조직 자체의 성장 모델	지점	– 다각화 – 조직의 유기적 성장 – 새로운 지점 설립 – 다른 사업장 인수 – 정부와의 계약 체결	• 역량 강화 – 역량 확장 • 전략적 확장 – 신제품/신서비스 – 새로운 타킷 그룹 – 지리적 확장
❷ 제휴 모델	느슨한 전략적 네트워크부터 소셜프랜차이즈까지	• 다른 공급자와의 공식적 관계 구축 – 스핀아웃 조직 설립 – 소셜프랜차이즈 – 품질 규격과 인증 지원	• 파트너십 계약 – 네트워크 – 라이선싱 – 소셜프랜차이즈 – 조인트벤처
❸ 보급 모델	– 정보 제공 – 기술적 지원	– 아이디어의 개방적 접근과 보급(훈련 및 네트워킹, 오픈소스)	– 모방, 지도 및 조언, 기술적 지원

기초한 '조직 자체의 성장' 모델에 해당한다. 이 유형에 속하는 또 다른 한 방식은 모조직의 통제와 관리 아래 다른 지역으로 조직의 크기와 범위(coverage)를 확장하는 것이다. 즉 지점을 새로 여는 방식으로 모조직의 혁신모델을 다른 지역에 복제하는 것이다. '조직 자체의 성장' 모델은 조직적 영향력을 깊게 또는 넓게 확대하려는 목적이 크다. 그런 점에서 전통적 기업의 성장 방식과 유사한 형태를 보인다.

두 번째는 다른 조직과의 제휴를 활용하는 것, 즉 '제휴'모델이다. 제휴모델의 전략으로는 다른 조직과의 전략적 파트너십, 라이선싱이나 소셜프랜차이징, 조인트벤처 등을 이야기할 수 있다. 이 가운데 전략적 파트너십은 비교적 느슨한 형태의 파트너십이고 조인트벤처는 가장 타이

트한 형태의 제휴라고 할 수 있다. 우리는 이후 라이선싱 전략을 활용한 유스빌드 이야기(6장)와 소셜프랜차이징 전략을 활용한 CASA의 이야기(7장)를 살펴볼 것이다.

세 번째 유형은 '보급(지식공유)'모델이다. 훈련·교육·자문·컨설팅 등을 통한 지식공유와 오픈소스를 제공하는 등의 다양한 방식이 있는데, 이후 9장에서 소개할 카붐의 사례가 바로 오픈소스를 활용하여 스케일임팩트를 한 경우다.

'조직 자체의 성장' 모델은 혁신을 보유한 조직이 직접적 위계상 정점에 있는 형태다. 반면, '제휴'모델이나 '보급'모델은 다른 조직들과 함께 스케일임팩트를 하는 모델이며, 이때 혁신을 보유한 그 조직은 다양하게 연결된 네트워크에서 하나의 접속점이라 할 수 있다. 그런데 이 세 가지 모델은 단 하나의 형태로만 존재하는 것이 아니라 효과성과 효율성을 높이고자 세 가지 특성이 결합되는 경우도 있다. 그러한 사례로는 이후 8장에서 만날 스페셜리스테른을 들 수 있다.

'사회적복제' 모델의
세 가지 유형

사회부문의 조직들 중 어떤 곳은 자신이 사업을 영위하던 지역에서 역량 강화나 다각화 방식을 통해 임팩트를 확장하고자 하고 또 어떤 조직은 다른 지역으로 자신의 혁신사례를 확장하고 싶어한다. 아마도 지역의 문제와 니즈 해결을 강조하는 조직은 부족한 자원을 가진 사회부문의 특성상 외연확장의 방식보다는 자신의 지역에 머무르며 임팩트를 확장하는 방법을 선호할 수 있다. 하지만 사회문제가 지역에만 머무르지 않기 때문에 사회혁신가들은 사회문제의 규모에 걸맞게 임팩트의 규모를, 특정 지역을 넘어 더 크게 확장하고 싶어한다.

이 경우 가장 많이 활용되는 전략이 '사회적복제'이다. 앞에서 간략히 언급한 바 있듯이 사회적복제는 스케일임팩트의 중요한 경로 중 하나다. 사회부문에서 성공을 거둔 어떤 조직이 자신의 조직 및 프로그램, 운영원칙 등을 다른 지역에 복제하는 것이 바로 '사회적복제'이다. 바로 위에서 다룬바, 지점·전략적 파트너십·라이선싱·소셜프랜차이즈·조인트벤처 등 스케일임팩트 모델이 취할 수 있는 다양한 전략이 '복제'의 방식으로 활용될 수 있다. 그래서 꽤 많은 문헌에서 사회적복제를 스케일임팩트와 혼용해서 사용하기도 하는 것이다.

사회적복제 모델과 관련해 많은 문헌⁴이 대략 세 개의 범주로 유형 분류를 하고 있는데, '보급'과 '제휴', 그리고 '전액출자(wholly-owned)' 모델('지점'모델)이다. 사회적복제 모델의 세 유형을 주요 세부전략까지 모두 펼쳐놓고 보면, [도표 8]과 같이 모조직 아래에 있는 각각의 단위 조직에 대한 통제 정도에 따라 스펙트럼이 형성되는 것을 알 수 있다. 이 스펙트럼에서는 '보급'모델로 갈수록 모조직의 통제가 약화되고 '전

도표 8. 사회적복제 모델의 세 유형

| 보급모델 | 제휴모델 | 전액출자모델 |

보급　　파트너십 - 라이선싱 - 소셜프랜차이징 - 조인트벤처　전액출자

느슨한 통제
적은 비용 소요
지역의 높은 수용성

강한 통제
많은 비용 소요
지역의 낮은 수용성

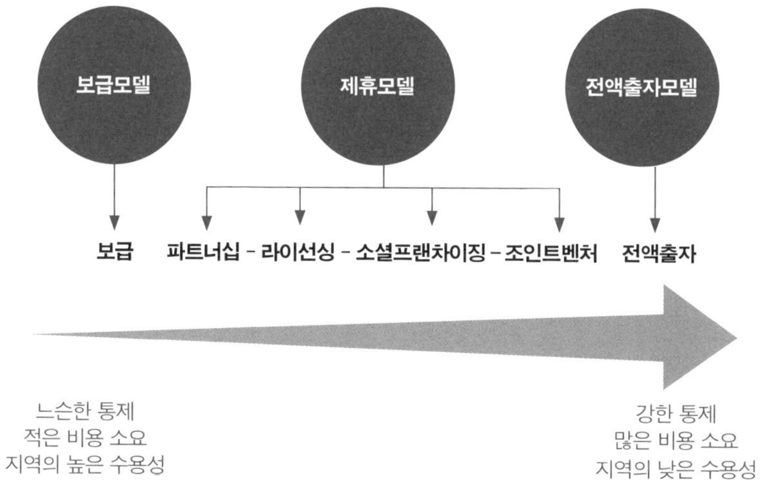

액출자'모델 방향으로 갈수록 통제가 강해진다.

　지역조직에 대한 통제수준은 스케일임팩트에 소요되는 비용과 지역의 수용 여부에 영향을 미치는 중요한 이슈이다. 일반적으로 지역조직들에 대한 통제와 관리의 정도가 강할수록 더 많은 비용이 소요되게 마련이다. 또한 통제수준이 높으면 지역의 니즈와 소유권을 강조하는 사회부문 조직들로부터는 저항을 초래할 수도 있다. 그래서 '보급'모델로 갈수록 관리에 드는 비용이 낮아지고 '전액출자'모델로 갈수록 관리에 따른 비용이 높아지는 것으로 이해할 수 있다. 또한 '보급'모델로 갈수록 다른 지역에서 복제를 수용할 수 있는 여지가 크고 '전액출자'모델로 갈수록 그 수용성이 낮아진다고 할 수 있다. 왜냐하면 '보급' 모델의 경우에는 지역의 권한과 소유권을 유지할 수 있는 반면, '전액출자'모델로 가면 모조직의 중앙집권적·위계적 관리와 통제 아래 들어가게 되기 때문이다.

　이제, 이들 각각의 모델이 지닌 특징과 장단점을 정리해보자.[6]

'보급'모델: 가장 유연한 모델

'보급'모델은 복제 스펙트럼상 가장 유연한 모델로 볼 수 있다. 혁신 성공의 경험을 지닌 조직이라면 훈련·자문·교육·컨설팅·네트워킹 등을 통해 혁신사례를 다른 조직과 공유함으로써 복제를 도울 수 있다. 이때 자신들이 제공하는 자료나 조언에 대한 비용을 요구할 수도 있지만 일반적으로는 무료로 공유한다.

'보급'모델은 복제를 위한 여러 전략 가운데 비교적 단순하고 최소 자원이 소요되는 방식이다. 그럼에도 임팩트를 확산하는 속도는 매우 빠르다는 장점이 있다. 또한 재정적·법적 관계가 없거나 지속적이지 않은 경우가 일반적이어서, 다른 기관으로 복제하는 일에 실패하더라도 혁신 사례를 보유한 기관 자체의 평판은 크게 영향을 받지 않아 위험부담을 최소화할 수 있다. 그리고 복제를 시도하는 지역조직에 대한 통제나 관리가 없어 소유권은 원래의 지역조직에 그대로 보장되기 때문에 해당 지역에서 큰 부담 없이 복제를 수용하고 적용할 수 있다. 그 덕분에 복제과정을 통해 지역의 혁신과 창의가 개입할 여지가 많아진다. 최근에는 테크놀로지의 눈부신 발달에 힘입어 누구나 사용과 공유가 가능한 오픈소스 방식의 보급 전략도 확산하고 있다.

'보급'모델에는 몇 가지 분명한 단점도 있다. 우선, 중앙의 통제나 관리 정도가 낮고 이에 투자되는 자원이 제한되어 있어 복제가 성공적으로 실행되리라는 보장이 없다. 또한 규모의 경제를 통한 이점이 없다는 점, 복제에 따른 교훈이나 데이터를 모으기가 쉽지 않다는 점, 보급 전략을 통해 수익 창출이 미미하거나 거의 창출이 되지 않을 수 있다는 점도 단점으로 지적될 수 있다.

'보급'모델을 활용한 스케일임팩트의 사례로는 '익명의 알코올중독자 회복 모임(A.A.)'을 들 수 있다. A.A.는 알코올중독자들이 회복과 갱생을 위해 서로의 경험을 공유하며 희망을 나누는 공동체 모임이다. 1935년 미국에서 시작된 이후 전 세계 180개 나라에서 200만 명의 회원과 11만 8,000개의 A.A. 소모임이 생겨났다. 1976년 우리나라에도 들어왔다. A.A.는 알코올중독에서 벗어나기 위한 12단계 원칙을 전 세

도표 9. 보급모델의 장단점

장점	단점
• 스케일임팩트를 하는 가장 빠른 방법 • 낮은 수준(또는 전혀 없을 수 있음)의 지원과 모니터링, 중앙의 역량이 거의 요구되지 않음 • 자원이 가장 적게 소요됨 • 지역의 혁신과 적응성, 창의성을 촉진 • 지역에서 실패하더라도 평판에 해를 끼칠 위험이 적음	• 복제가 잘 실행되리라는 보장이 낮아 임팩트의 확장이 보장되지 않음 • 규모의 경제 이점이 없음 • 임팩트를 모니터하거나 데이터 집적, 조직적 학습 등이 힘듦 • 수익이 창출되지 않거나 미미함

계에 복제했는데 그 보급 방식은 무료로 제공된 오픈소스였다. 전 세계의 A.A. 소모임들은 자율적으로 알코올중독에서 회복되도록 서로 지지할 뿐 운영감독을 위한 그 어떤 중앙조직도 존재하지 않는다. 따라서 각 지역 회원들은 금주를 위한 12단계를 충실히 준수하기만 하면 된다. 이렇게 A.A.는 보급모델을 통해 전 세계로 매우 빠르게 성공적으로 복제되었다.

또 다른 사례로는 전문가들이 자신의 전문성을 기부하는 봉사 형태인 프로보노(pro bono) 운동을 주도하고 있는 미국의 타푸르트재단(Taproot Foundation)을 들 수 있다. 타푸르트는 세계 각지에서 프로보노 모델의 복제 요청이 많아지자 교육이나 자문, 컨퍼런스, 가이드북 제공 등을 통해 복제를 원하는 나라의 조직과 지식을 공유하고 있으며, 이들 간에 느슨한 네트워크를 구성함으로써 자신의 성공모델을 확산하고 있다.

'전액출자(지점)'모델:
중앙의 통제와 관리 수준이 높은 모델

'전액출자(지점)'모델은 혁신사례의 장본인인 원래 조직이 이를 다른 지역에 직접 복제하고 또 그것을 소유하고 운영하는 것이다. 주로 지역에 지점을 내는 방식을 가리키는데, 이는 사실 일반 영리기업들이 흔히 하는 성장방식으로서 우리에게 매우 익숙하다. 전액출자모델 방식은 복제모델 가운데 중앙의 통제와 관리 수준이 가장 높다. 중앙의 통제는 브랜드나 평판에 대한 위험요소를 미연에 방지하고 고객의 로열티나 신뢰를 유지하는 데 중요한 역할을 한다. 이는 복제과정에서 다른 기관이 준수사항을 불이행하게 되면 서비스의 질적 저하, 브랜드 훼손, 평판 하락 등의 위험이 발생할 소지가 있다는 점을 고려할 때 장점으로 작용한다.

중앙의 통제와 관리수준이 높으면 비용이 높을 수밖에 없다. 그럼에도 불구하고 이 모델을 스케일임팩트의 방식으로 선택하는 경우로 다음 몇 가지를 들 수 있다. 복제하고자 하는 프로그램이 높은 수준의 품질관리나 특수한 관리를 필요로 하는 것일 경우, 다른 조직에 전수하기 힘든 지식이나 활동을 포함할 경우, 강한 조직문화가 포함된 경우 등이다. 좀 더 구체적인 예를 들자면 중증장애인이나 약물중독자 등 고위험군 사람들에게 서비스를 제공하는 프로그램인 탓에 높은 수준의 품질관리나 특수한 관리가 필요한 경우라든지, 위기 청소년들의 임파워먼트와 리더십을 높이는 프로그램의 경우에도 매우 세심한 활동방식과 문화를 포함하고 있어 다른 조직에 전수하기가 쉽지 않은 경우다. 만약 이러한 복잡성과 특수성 등을 표준화하고 단순화할 방안을 찾아내기가

도표 10. 전액출자(지점)모델의 장단점

장점	단점
• 복제 실행이 충실히 이루어지고 있는 지를 감독하고 통제하는 수준이 높음 • 투자자들에게 매력적-측정 가능한 투자 결과를 낼 수 있는 신뢰할 만한 방법으로 인식됨 • 브랜드 리스크가 낮음 • 지역의 자문이나 의견을 최소화하면서 중앙에서 의사결정을 할 수 있음 • 일관된 경영과 보고	• 재무적 자원과 조직의 역량이 더 많이 요구됨 • 관료적 조직이 될 소지가 있음 • 지역에 대한 오너십을 갖기가 쉽지 않아 지역 적응에 실패할 수 있음 • 다른 모델에 비해 임팩트 확산이 느림

어렵다면 지점모델을 활용하는 것이 적합할 수 있다.

영국의 스트리트리그(Street League)라는 단체는 청년노숙자 등 취약 지역에 사는 소외된 청년(14~30세)들이 스포츠를 통해 직업기술을 익히고 일할 기회를 가질 수 있도록 돕는 비영리조직인데 13개 지역에서 지점의 형태로 운영하고 있다. 이 단체는 사업의 특성상 지역맞춤형 서비스를 제공하기 위해 제휴모델을 고려할 수도 있었으나 고위험군의 계층을 서비스 제공 대상으로 삼고 있었기 때문에 지점모델 방식을 선택했다.

이 모델의 단점은 중앙의 통제와 관리가 높은 만큼 지점에 대한 훈련이나 행정적 지원 등 소요되는 비용이 높다는 것이다. 따라서 운송비가 많이 드는 먼 지역이나 수익성이 낮은 지역에서 적용하기에는 바람직하지 않다. 그리고 복제의 스펙트럼에서 임팩트의 확장 속도가 가장 느리고 지역에 대한 적응성도 가장 낮다는 단점도 있다. 보통은 모조직의 통제 아래에서 새로운 지역조직을 설립하는 것이기 때문에, 애초 있던 지역의 조직과 제휴하는 모델과 비교하면 지역환경이나 네트워크에 대한 이해가 부족할 수 있다. 그래서 전액출자모델을 통해 복제를 시도하는 조직은 핵심적 가치나 전략을 관리하면서도 해당 지점에 최대한 자율성을 부여함으로써 이러한 단점을 극복하고자 한다. 예를 들어, 미국 버지니아 알링턴에 소재한 세계적 환경단체 네이처컨서번시(Nature Conservancy)는 미국의 모든 주와 79개국에 계열사 또는 지점을 두고 활동하고 있지만, 중앙집권적 통제와 관리보다는 지점의 자율성을 보장하면서도 전체 전략과 가치는 일관되게 운영하는 '원 컨서번시(one conservancy)' 정책을 운영한다. 즉 각 지점이 지역별 특성에 맞게 활동하고 조직적 성장을 촉진하도록 허용하되, 전략에 대해서는 중앙에서 철저히 관리하는 방식을 취한다. 이런 방식으로 그들은 전 세계에 펼쳐져 있는 4,800만 헥타르의 생태지역과 수천 마일의 강들을 보호할 수 있었다.

'제휴'모델:
더 많은 가능성과 옵션을 제공해주는 모델

'제휴'모델은 복제모델 중 가장 많은 가능성과 옵션을 제공한다. '제휴'는 혁신사례를 가진 조직이 직접 조직을 확장하기보다는 혁신사례를 복제하고자 하는 다른 지역의 독립적 개인이나 조직과 공식적 관계를 형성하여 그들이 자신의 지역에서 혁신사례를 실행하도록 하는 것이다. 보통은 법적 관계를 맺는 방식으로 복제가 이루어지며, 두 당사자 간에

도표 11. 제휴모델의 장단점

장점	단점
• 제휴를 통해 새로운 테크놀로지와 기술, 역량과 경쟁력에 접근 가능함 • 확장에 따른 부담을 제휴단체와 공유 • 지역의 자원·인력·지식 활용 가능 • 지역의 오너십 촉진 가능 • 임팩트 평가를 대규모로 데이터화 • 외부 자원과 인력을 활용 • 규모의 경제에 기여	• (보급모델에 비해) 지속적으로 복제를 운영하고 지원할 자원 요구 • 제휴단체와의 관계에서 균형 필요 • 전액출자모델에 비해 품질에 대한 통제가 적음 • 일방적 지시에 의한 제휴관계 유지 방식이 아니므로 시간과 노력이 소요됨

재정적 관계를 형성하는 경우도 많다. 또한 제휴모델은 동일한 목표를 가진 조직들의 느슨한 연합체나 네트워크부터, 비즈니스 프랜차이즈와 유사하게 운영되는 강도 높은 시스템을 채택하는 것까지 형태가 다양하다.

제휴계약(또는 협약)은 공동의 브랜드네임과 프로그램 콘텐츠를 쓰고 재정의무와 보고의무를 갖는다는 내용의 일반적 또는 세부적 가이드라인을 포함할 수 있다. 아울러 혁신적이면서 지역화된 관점이 충분히 반영될 수 있고, 지역사회에 의한 주인의식을 촉진할 수 있으며, 그 지역의 재정적·인적 자원을 활용할 수 있다. 제휴모델의 경우, 규모의 경제에 기여할 수 있어 임팩트 평가를 위한 데이터를 대규모로 가능케 한다.

반면 제휴대상이 되는 기관과 중앙조직 간의 관계에 균형감이 필요하다는 점에 유의가 필요하다. 제휴단체는 독립적 조직이므로 일방적 지시보다는 최대한의 배려와 격려가 필요하며, 변화에 대한 확신을 제공하는 것이 중요하다. 보급모델에 비해 넓은 지역에 걸쳐 시스템을 관리하고 지원해야 하므로 더 많은 자원이 요구된다는 점도 간과하지 말아야 한다. 또한 제휴단체들이 복제과정에서 서비스 품질을 지속적으로 유지하도록 다양한 기술적 지원을 하고 제휴 네트워크 안의 조직들 사이에서 지식과 우수사례가 공유되도록 운영해야 한다. 그렇지 않으면 제휴단체와 갈등을 빚거나 관계가 지속되지 않을 수 있다.

제휴모델 안에서도 다양한 전략을 활용할 수 있지만 파트너십, 라이선싱, 소셜프랜차이즈, 조인트벤처 등 네 가지 모델을 대표적 방식으로 제시할 수 있다. 파트너십은 중앙기관의 통제가 가장 약한 형태이며 여기서 라이선싱, 소셜프랜차이즈, 조인트벤처 순으로 중앙의 통제가 높아진다고 볼 수 있다. 그 각각에 대해 살펴보자.

파트너십

파트너십은 제휴 전략 가운데 가장 유연한 형태이다. 둘 이상의 특정 조직들이 어떤 목적을 함께 달성하기로 합의한 뒤 협약을 거쳐 이익을 얻는다. 이 형태에서는 각자의 역할을 나누고 서로에게 무엇을 제공해야 하는지를 잘 이해하는 일이 중요하다. 하지만 관계의 범위나 기능이 제한적이고, 조인트벤처나 프랜차이즈와 같이 법적 보호를 받는 관계는 아닌 경우가 일반적이다.

파트너십의 이점은 정해진 형식(formalities)이 없고 법적 계약의 관계가 아니어서 실행이 쉬운 편이라는 점이다. 쌍방 맞춤형(customization) 및 다양한 협약이 가능하다는 것, 책임과 위험을 파트너들이 함께 나눈다는 것도 장점이다. 그러므로 이 모델에서는 기술이나 자원의 부족한 부분을 얼마나 잘 보충하고 서로 학습이 가능한 파트너를 찾아내느냐가 성공의 열쇠다. 반면에 이 모델은 파트너 간 문화 차이나 느슨한 형태의 협약으로 인한 갈등의 소지가 발생할 수 있으며, 관계 유지를 위해 자원이 많이 소요되어 실패를 불러올 수 있다는 점을 유의해야 할 것이다.

파트너십을 통한 사업확대의 사례는 많다. 취약계층에게 일자리를 제공하는 카페들의 경우 기업체나 공공기관과의 협약을 통해 매장을 개설하는 방식으로 복제를 하는 예도 흔히 볼 수 있고, 청소업을 영위하는 사회적기업들이 규모가 큰 입찰에 참여하고 자본과 인프라가 많은 영리기업과의 경쟁을 위해 파트너십을 구축할 수도 있다. 정부기관과의 파트너십을 통해 프로그램이나 서비스를 확대하는 경우도 본다. 영국의 인사이드잡프로덕션(Inside Job Production)은 사회적 가치를 추구하는 사회적기업으로 취약계층 대상의 미디어 교육을 제공한다. 이 프로덕션은 개별 교도소와 파트너십을 맺고 교도소에 직접 프로그램을 복제하는 방식으로 수감자들에게 미디어 교육을 제공함으로써 임팩트를 확대했다.

미국의 SVP(Social Venture Partners)도 네트워크 방식의 스케일임팩트 사례다. SVP는 1997년 벤처기업가 폴 브레이너드(Paul Brainerd)가 설립한 비영리조직으로, 폴 브레이너드는 기부와 자선에 벤처기업의 방법론을 접목하여 참여적 기부(engaged philanthropy)를 주창한 인물이다. 그는 기부에 따른 결과 중시, 사회문제의 근본 원인에 대한 관심, 기부자가 돈 이외에 시간과 전문성을 기부함으로써 기부받은 기관의 역량 강화를 지원하는 등 기존의 전통적 자선활동과는 사뭇 다른 접근법을 제시했다. 이러한 방식이 언론의 주목을 받고 수많은 기부자로부터도 관심을 받게 되었고, 그러자 SVP 모델을 자신의 지역에도 설립하고 싶다는 문의가 많았다. SVP는 이렇게 만들어진 독립 조직들과 느슨한 네

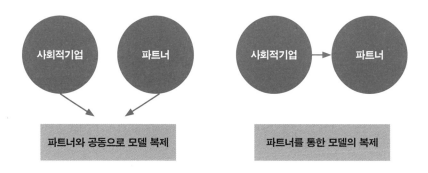

트워크를 형성하고 브랜드네임을 함께 쓰면서 공유된 원칙을 적용하고 연대했다. 그러던 2001년 마침내 SVP인터내셔널을 설립해 지역 네트워크를 지원했다. 이들 네트워크 내 조직들은 사업 관련 정보와 모범사례를 공유하는 한편, 지역의 자율성은 최대한 보장받았다.

라이선싱

라이선싱은 혁신사례가 지적재산권(IP)으로 전환되어 일정 기간 동안 다른 사람이나 조직에 사용을 허가하고 그 대가로 수수료를 받는 방식이다. 지적재산권은 트레이드마크, 디자인, 비즈니스모델, 제품 등 타인이 사용하도록 허가해줄 수 있는 것을 모두 포함하는데, 지적재산권을 보유한 조직은 보통 라이선싱 패키지를 구성한다. 이 라이선싱 패키지에는 지적재산권 사용만이 아니라 교육훈련 및 사업평가, 운영매뉴얼, 설립자문 등을 제공하는 것도 포함된다.

라이선싱 사용은 계약에 의해 규정되며, 보통은 품질에 대해 일정 수준의 규제를 한다. 라이선싱은 프랜차이징과 다소 비슷한 면이 있으나 보다 낮은 수준의 계약을 통해 사업운영이 가능하다. 즉, 라이선싱에서는 라이선스를 구매한 조직에 대한 지원이나 훈련이 최소로 제공되거나 경우에 따라서는 아예 없을 수도 있다. 그래서 프랜차이징에 비해 필요한 자본이 상대적으로 적다.

또한 이 방식은 중앙집권적 통제나 관리를 두려워하는 지역의 다른 조직들을 안심시키기에 좋다. 라이선스를 구매한 조직에 대해서는 자율성과 오너십이 보장되기 때문이다. 어떤 조직이 라이선스를 구매하면 지적재산을 사용할지 여부와 어떻게 사용할지에 대한 결정권을 구매한 조직이 갖는 것이다. 이들 조직은 라이선스를 보유한 본래 조직과 똑같은 모델을 사용해야 한다는 의무가 없고, 그래서 보통은 구매한 지적재산을 좀 더 큰 사업모델이나 기존 모델의 한 부분으로 사용한다. 유스빌드의 사례에서는 청소년 관련 서비스를 제공하는 지역의 기관들이 유스빌드의 모델을 라이선싱 하여 기존에 자신들이 운영하던 사업의 한 부분으로 삼는 경우가 많았다. 당시 다른 조직의 통제하에 놓이기를 원치 않고 지역에 대한 오너십이 강한 많은 아동청소년기관의 입장에서 라이선싱은 프랜차이즈나 조인트벤처에 비해 비교적 안심하고 접근할 수 있는 방식이었던 것이다.

이 모델은 적은 투자로 부가적 수입을 얻는다는 재정적 이점과 규모의 경제를 구현해준다는 장점이 있다. 라이선싱 방식으로 스케일임팩트를 하려는 회사의 입장에서는 제품에 대한 생산자책임(product liability)*을 피할 수 있는 반면 브랜드 인지도나 대중성을 향상시키는 부대효과

● 소비자 보호를 위해 제조업자에게 불량제품에 대한 책임을 묻는 제도다.

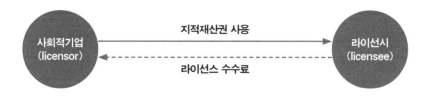

를 얻을 수 있다. 하지만 제휴단체에 대한 통제와 관리가 약하기 때문에 품질관리라는 측면에서 문제 발생의 소지가 있으며 평판에 해가 될 위험성도 없지 않다. 그리고 사용을 허가해준 기술이나 제품 및 서비스를 업데이트해주지 않으면 제휴단체와 문제가 생길 수 있다. 그래서 라이선싱 방식을 쓸 경우에는 지적재산을 보유한 원기관의 통제(품질관리)와 제휴단체의 자율성 또는 권리 사이에서 균형을 잘 잡는 것이 중요한 과제가 된다.

유스빌드는 이러한 균형관리를 위한 장치로서 제휴단체들 간 네트워크를 강력하게 구축했다. 이 네트워크를 통한 품질관리에 주력하고, 이때 하향식 통제를 인센티브체제로 전환하여 자발적 참여를 이끌어내며 구성원들에게 기회를 제공한 것이다.

영국의 그린짐(Greengym)은 TCV(The Conservation Volunteers)라는 환경보호단체가 시작한 프로그램으로, TCV는 자연보호 활동을 통해 환경개선과 함께 신체 단련 및 건강 개선을 목적으로 운영되는 비영리조직이다. 그린짐은 장애인이나 노인 등 취약계층을 위한 프로그램을 운영하는데 이것이 라이선싱을 통해 영국과 유럽 등지에 빠르게 복제되었다. 그린짐은 이때 각 지역의 제휴단체에 자율성을 최대한 제공했다.

지역적 특성에 맞게 프로그램을 적용할 수 있게 했으며, 그들의 노하우나 아이디어, 경험과 지식 등을 적극 수용해 새로운 훈련과 매뉴얼을 개발하는 데 반영했다. 하지만 그린짐은 한편으로는 지역에 자율성과 창의성을 부여하는 운영의 유연성을 유지하되, 다른 한편에서는 제휴단체들이 훈련에 성실히 참여하고 TCV가 제공하는 매뉴얼을 준수할 것을 라이선싱 대상 기관에 요구했다.

소셜프랜차이징

소셜프랜차이징은 혁신사례와 사업모델을 보유한 원 기관(가맹본부, franchisor)과 제휴단체(가맹점, franchisee)의 관계가 의무와 운영에 관한 세부사항을 담은 계약에 기초하는 경우를 말한다. 보통 프랜차이징은 비즈니스모델, 마케팅, 브랜드네임 등 비즈니스를 구성하는 모든 툴을 계약에 입각해 사용할 수 있으며, 이것이 명확히 통합되어 있어 동일한 브랜드 아래서 원래의 모델과 거의 똑같이 운영될 수 있도록 설계된다.

'지점'모델과는 다르게 소셜프랜차이즈에서 가맹점들은 독립된 회사로 존재한다. 가맹본부는 표준화된 품질을 유지하기 위해 가맹점에 교육과 지원을 제공할 의무가 있다. 그리고 계약을 맺은 가맹점에 배타성을 부여해 특정 지역에서 같은 고객을 두고 경쟁하지 않도록 규제하는 것이 일반적이다. 가맹점은 비즈니스 시스템 및 각종 지원을 받는 대신 본부에 비용을 지불해야 한다. 프랜차이즈에 따른 비용은 가맹수수료, 로열티(일정 금액 또는 매출의 일정 비율), 마케팅수수료(가맹점의 제품 판매수익 등)를 포함하지만 방식과 내용은 프랜차이즈 계약 내용에 따라 다르다.

소셜프랜차이징 방식의 이점은 프랜차이즈 네트워크가 표준화된 활동을 가지고 있고 의사소통, 평가, 지식관리와 네트워크 관계 등을 촉진하는 데 필요한 수많은 메커니즘을 보유하고 있다는 점이다. 따라서 각각의 가맹점에 대한 중앙의 통제수준이 높다. 이 방식은 가맹본부의 제품이나 서비스의 품질을 유지하는 데 용이하고 가맹점들이 계약을 불이행하거나 브랜드의 명성을 하락시킬 위험성도 줄여준다. 정보 흐름 또한 명확하여 사회적 효과에 대한 데이터 수집이 쉬우며 이를 정책에 반영하는 데도 유리하고 가맹점과 본부 간, 그리고 가맹점 간 피드백이나 지식이전을 촉진하는 데 이점이 있다. 나아가, 규모의 경제가 가능하고 풍부한 프랜차이즈 네트워크 덕분에 더 강력한 기금모금이나 자본투자가 가능하게 된다. 또한 자원봉사자 모집에도 한결 효율적인 방식일 수 있다.

가맹기관의 입장에서는, 프랜차이즈 본부의 후방 경영지원, 펀드레이징 툴과 프로그램 자료 및 교육훈련 등의 기술적 지원을 받을 수 있다는 점에서 새로운 벤처를 설립하는 것보다 프랜차이즈 방식을 활용하는 편이 더 빠르고 효과적으로 사회적 임팩트를 창출할 수 있다.

소셜프랜차이즈를 활용한 사회적복제의 사례로는 르마(Le Mat)가 잘 알려져 있다. 르마는 정신질환자, 마약중독자, 의사, 예술가, 일반인이 모여 작은 호텔을 운영하는 협동조합으로 시작하여 지금은 여행업, 숙박업, 지역개발사업을 하는 소셜프랜차이즈 회사로 성장해 호텔 및 호스텔 서비스를 제공하고 있다. 르마의 모체가 된 협동조합의 첫 번째 호텔은 1885년 이탈리아의 항구도시 트리에스테(Trieste)에 설립되었고 '르마'라는 브랜드와 네트워크는 2005년에 출범했다.

2005년 이후 르마는 소셜프랜차이즈 방식을 통해 이탈리아, 스웨덴,

영국, 폴란드, 헝가리 등 여러 지역으로 퍼져나가 강력한 브랜드네임을 갖게 된다. 르마는 가맹 호텔에 매뉴얼, 마케팅, 영업, 훈련, 조직화, 비즈니스 기획 등을 설계해주고 있고, 르마가 고용한 전문가들을 통해 자문이나 컨설팅도 제공한다. 가맹점들은 '르마'라는 브랜드를 통해 많은 이점을 얻을 수 있었고 본부에서 제공하는 다양한 지식과 정보, 노하우를 바탕으로 사업을 안정적으로 운영할 수 있었다.

그러나 가맹본부의 입장에서 볼 때 소셜프랜차이징은 프로세스와 시스템 등을 표준화·명문화해야 하고 가맹점과의 관계 유지를 위해 중앙의 관리가 높은 수준으로 유지되어야 하기 때문에, 소요되는 자본의 규모가 클 수밖에 없다는 점이 단점으로 작용한다. 한편 가맹을 원하는 조직 입장에서도 수수료 등의 비용 부담, 높은 수준의 중앙통제, 지역의 자율성과 오너십 약화를 감수해야 하기에 부담을 느낄 수 있고 이런 이유로 가맹을 꺼릴 수 있다.

그럼에도 만일 지역에 대한 이해도가 높은 사람들에 의해 경영되기만 한다면 여러 유용함이 있다. 우선, 규모의 경제를 살리면서도 지역에 대한 적응성을 높은 수준으로 유지할 수 있다는 점이 그러하다. 소셜프랜차이즈는 제휴모델 중 중앙의 통제와 관리의 수준이 매우 높은 방식이기 때문에 가맹본부와 가맹기관 간에 통제수준에 대한 긴장이 있게 마련이다. 중앙에서 집행되는 통제의 수준과 지역 제휴단체의 재량(유연성) 사이에 갭이 생기면 갈등 발생의 소지가 있으므로 이 점에서 균형을 잘 잡는 일이 중요하다. 따라서 본부는 지역의 제휴단체에 대한 통제수준을 어느 정도로 할지, 의사결정 과정에서 자신들이 어떤 역할을 할지를 제대로 판단하고 현명하게 결정해야 한다. 그 점이 소셜프랜차이즈

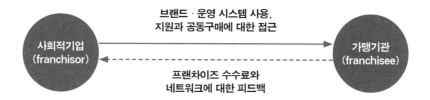

를 채용할 때 가장 중요한 이슈라 하겠다.

이 책의 7장에서 소개할 CASA의 경우, 가맹기관이 노동자 소유에 토대해야 한다는 점, 그리고 혁신사례를 가진 원래 기관인 SHCA의 품질 기준에 걸맞은 서비스를 제공해야 한다는 점에서 중앙의 관리가 철저히 이루어진 사례다. 이 두 원칙의 수호를 위해 CASA는 가맹기관에 대해 약간의 지분을 갖는 한편 의사결정 구조에도 참여하는 방식을 선택하게 된다. 이 가운데 '지분참여'는 프랜차이즈 가맹기관들이 사유화될 수 없음을 명확히 하기 위한 의결저지 지분(blocking share) 확보를 위한 것이었다. 이런 방식으로 CASA는 프랜차이즈 연합체의 규약에 큰 변화가 생기지 않도록 보장하고자 했다. CASA는 지역 가맹기관들의 자율성과 적응성을 최대한 보장하면서도, 품질과 평판 문제에서는 엄격한 관리자로서 역할을 했다.

소셜프랜차이즈마다 관리방식은 다를 수 있다. CASA의 경우는 품질 유지를 위한 강한 통제와 관리 방식을 취한 반면 르마의 경우에는 중앙 집권적 통제와 관리에 의존하기보다는 각 가맹점들이 지역에 고유한 문화, 지리적 환경, 건축, 제품생산, 사회적 특성 등에 맞게 사업을 영위하도록 특화된 품질 핸드북을 제공하여 자율성과 창의성에서 어느 정도 여지를 주었다.

조인트벤처

조인트벤처는 제휴모델 중 가장 높은 수준의 통제권을 가진 형태다. '조인트벤처'란 둘 이상의 조직이 자원을 결합해 하나의 공동사업체를 만드는 것을 말한다. 이 경우, 일반적으로 새로운 브랜드가 만들어지고 이를 감독할 새로운 거버넌스 구조가 생긴다. 조인트벤처에 참여한 조직들은 공동사업체를 운영할 때 일정한 통제를 유지하며, 조인트벤처 계약과 관련한 지분에 따라 이익과 손실, 위험을 나누어 갖는다. 사회부문 조직이라면, 하나 이상의 파트너와 조인트벤처를 만들어 자산을 보강하고 전문성·지식 등을 확보하며 학습의 기회도 갖게 된다.

조인트벤처 방식의 강점은 파트너를 통해 외부의 투자, 전문성, 기술, 테크놀로지 등의 자원을 끌어올 수 있다는 점이다. 실상 이러한 중요 자원은 '파트너' 관계가 아닌 이상 그것을 구축하는 데 상당히 많은 시간과 노력이 소요되는 게 보통이기 때문에, 이는 매우 중요한 이점이 아닐 수 없다. 실제로 규모가 큰 조직과 조인트벤처를 통해 제휴할 경우 스케일임팩트를 보다 빠르게 촉진할 수 있게 된다.

운영에 대한 높은 수준의 통제를 유지할 수 있다는 점도 조인트벤처 방식이 지닌 장점이다. 그렇지만 강한 통제가 가져오는 단점도 간과할 수 없다. 그 강력한 통제가 지역의 오너십·창의성·자율성 등을 제약할 위험성이 존재하는 것이다. 또한 조인트벤처 파트너와 공동운영·공동 책임이라는 높은 수준의 관계를 유지하기 위한 지속적 협상과 높은 수

도표 15. 조인트벤처

도표 15. 조인트벤처

준의 모니터링 체계를 갖추어야 하는 탓에 자원이 많이 소요되고 세심한 경영 또한 요구된다는 점에도 유의가 필요하다. 자원부족을 겪는 사회부문 조직들 입장에서는 이 모델을 운영하는 데 소요되는 투자나 비용을 감당하기가 버거울 수 있다. 그리고 조인트벤처 방식을 취했으나 각각의 파트너들이 대등한 자원을 보유하지 못했을 경우에는 관계의 안정성이 깨질 수도 있고 양 조직 간의 상이한 조직문화로 인해 갈등이 생길 수도 있다.

조인트벤처 방식의 대표적 사례로는 2007년 방글라데시에서 설립된 그라민다농(Grameen Danone)을 들 수 있다. 그라민다농은 마이크로크레디트(소액대출)의 선구자 유누스 박사가 설립한 그라민뱅크의 자매회사 그라민그룹과 프랑스의 식품회사 다농그룹의 50:50 투자로 성사된 조인트벤처다. 방글라데시의 가난한 아이들에게 요구르트를 제공하여 필수 영양소를 공급할 목적을 가지고 설립된 사회적 비즈니스다. 방글라데시는 2016년 기준 세계에서 다섯 번째로 가난한 나라로, 인구의 40%가 절대빈곤층이고 5세 미만 아동 가운데 무려 56%가 영양실조에 시달리고 있다.

그라민다농은 비영리조직과 영리기업이라는 서로 다른 부문(sector)

간의 협력사례로, 그라민그룹과 다농그룹은 서로의 지식·자원·테크놀로지 등의 자원을 활용하기를 원했다. 그라민그룹은 다농그룹의 자금과 브랜드, 생산능력, 기술 등을 통해 방글라데시 아동들의 영양실조 문제를 해결하는 한편 일자리를 창출하고, 다농그룹의 선진적 운영 경험을 학습함으로써 조직역량을 키우고자 했다. 다농그룹은 그라민그룹의 명성, 전국에 걸친 네트워크망, 지역 및 취약계층에 대한 이해 등을 기반으로 보다 원활히 개발도상국 신흥시장에 진입함과 동시에 사회적 책임을 다하는 기업이라는 이미지를 구축하고자 했다.

2017년 기준으로 그라민다농은 방글라데시의 30만 명 아동들에게 혜택을 주었고 500만 명 농부들이 생산한 유제품을 구매했으며, 300여 명의 여성 판매원(그라민 레이디즈)과 117명의 인력거 일꾼에게 일자리를 제공함으로써 그들이 수입을 얻을 수 있도록 했다. 그라민그룹은 그라민다농 외에도 방글라데시 농촌 사람들에게 깨끗한 물을 공급하기 위해 설립한 그라민베올리아워터(Grameen Veolia Water), 인텔(Intel) 사의 정보통신기술을 활용해 사회문제를 해결하고자 설립한 그라민인텔(Grameen Intel) 등 글로벌기업과 함께 설립한 조인트벤처를 운영하고 있다.

통제와 유연성 간의 긴장

복제모델에서 가장 중요한 것은 혁신사례를 가진 조직이 지점 및 제휴단체에 어느 정도 통제를 가하고 얼마만큼의 재량권을 줄지를 결정하는 일이다. 왜냐하면 복제에 소요되는 비용과 지역에서 복제를 수용할지 여부에 그 결정이 영향을 미치기 때문이다. 그래서 사회부문 조직의 본부가 사회적복제의 대상이 되는 지역에 중앙집권적 통제와 관리를 할 때와 지역에 재량권을 줄 때 각각의 이점과 위험을 잘 따져 통제와 유연성의 정도를 결정해야 한다.

가령 어떤 조직은 복제 전반에 대한 전적 통제를 유지하고자 할 수 있다. [도표 16]과 같이 이런 형태의 복제는, 복제하고자 하는 모델이 다소 복잡하거나 복제과정이 어려워 다른 조직과의 소통이 쉽지 않을 때, 그 실패가 임팩트에 심각한 결과를 불러올 수 있는 고위험성의 비즈니스일 때, 또는 조직의 브랜드나 미션이 보호될 필요성이 높거나 사업의 구조 및 정책이 명확히 확립되고 증명된 비즈니스 모델 등일 때 선택할 수 있다. 예를 들어 장애인이나 고위험군 아동 청소년에게 서비스를 제공하는 모델을 생각해보자. 이 경우에는 그 사업이나 프로그램의 운영과정이 철저히 개인맞춤으로 이뤄져야 해서 세밀함과 복잡성이 크게 요구될 수 있다. 따라서 제휴단체가 제공하는 서비스의 품질이 낮아진다든지 실수가 일어날 경우 서비스 수혜자에게 큰 위험과 피해를 가져올 수 있고, 이런 경우에는 지점모델과 같은, 중앙의 통제 수준이 더 높은 복제모델을 선택하는 것이 낫다.

그러나 통제와 관리수준을 높인다는 것은 앞서도 언급했듯 표준화나 관리에 드는 비용이 커질 수 있음을 의미한다. 따라서 통제의 수준과 비용의 상충관계(trade-off)를 반드시 염두에 두어야 한다. 만약 수익성이 낮거나 재원조달이 어렵다면 제휴단체에 대한 높은 수준의 통제와 관리가 필요한 모델을 선택하기란 쉽지 않을 것이다. 또한 중앙통제가 높은 수준의 모델을 선택하면 지역에서 혁신의 가능성이 낮아지고 지역의 오너십 또한 취약해질 뿐 아니라 지역의 환경적 조건에 대한 유연성과 적응성이 낮아질 수 있다. 자칫 제휴단체의 저항을 초래하거나 긴장과 갈등에 빠질 수 있는 위험도 존재한다.

이 위험소지를 원치 않는다면 제휴단체에 재량권을 더 많이 줌으로써 유연성을 높일 수 있다. 즉 '보급'모델을 택하거나 위험을 분담하는 방식, 다시 말해 통제수준이 낮고 제휴단체에 더 많은 재량권을 주는 모델을 택하는 것이다. 이는 사업모델이 비교적 단순하고, 콘셉트 기반 또는 저위험 비즈니스, 외부 상황과 지역 적용이 필요한 사업구조를 가진 비즈니스 등에 적합할 것이다[도표 16 참조]. 이 모델은 확산이 빠르고 비용이 적게 들며, 지역의 혁신과 오너십을 촉진할 수 있다는 것이 장점이다. 하지만 복제가 제대로 실행될지에 대한 불확실성, 품질저하 및 평판 훼손의 위험성이 존재한다.

미국의 사회적기업 '카붐'은 보급모델의 하나인 오픈소스를 활용한 복제 전략으로 스케일임팩트를 성공시켰다. 카붐의 사업모델은 비교적 단순하다. DIY 방식의 온라인 놀이터 짓기를 구성해 오픈소스로 무료 온라인 훈련, 기획 툴 제공, 필요 시 카붐의 놀이터 건설 전문가 조언 등을 제공하는 방식이었다. 이러한 카붐 모델의 특성상 지역사회 자원과 자원봉사의 참여가 성공의 핵심요소였기에 중앙기관의 통제보다는 지역사회의 조직화, 임파워먼트, 지역사회에 대한 적응성이 강조되었으며, 이러한 이유로 복제의 전략으로서 '보급'모델이 선택되었다. 그리하여 카붐은 설립 후 14년간 직접 지은 놀이터보다 더 많은 숫자의 놀이터를 한 해 동안 건설함으로써 스케일임팩트를 이룰 수 있었다. 이 과정에서

도표 16. 제휴 기반의 복제모델

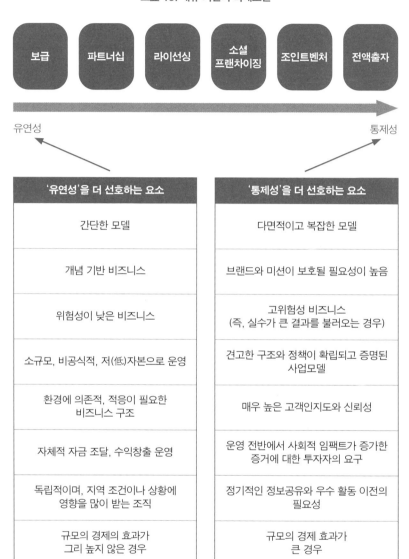

'유연성'을 더 선호하는 요소	'통제성'을 더 선호하는 요소
간단한 모델	다면적이고 복잡한 모델
개념 기반 비즈니스	브랜드와 미션이 보호될 필요성이 높음
위험성이 낮은 비즈니스	고위험성 비즈니스 (즉, 실수가 큰 결과를 불러오는 경우)
소규모, 비공식적, 저(低)자본으로 운영	견고한 구조와 정책이 확립되고 증명된 사업모델
환경에 의존적, 적응이 필요한 비즈니스 구조	매우 높은 고객인지도와 신뢰성
자체적 자금 조달, 수익창출 운영	운영 전반에서 사회적 임팩트가 증가한 증거에 대한 투자자의 요구
독립적이며, 지역 조건이나 상황에 영향을 많이 받는 조직	정기적인 정보공유와 우수 활동 이전의 필요성
규모의 경제의 효과가 그리 높지 않은 경우	규모의 경제 효과가 큰 경우

자료: Loic Menzies[LKM Consulting]가 ATA Management를 위해 작성한 보고서, Temple, N.(2011), The Social Franchising Manual, Social Enterprise UK에서 재인용.

카붐은 보급모델을 통해 복제하는 데 따른 품질저하의 문제를 해결하기 위해 복제될 모델의 복잡성을 최대한 줄이고 구체적이고 측정가능한 성과를 내도록 독려하고 지원했다.

마브라는 영국에서 프랜차이징 또는 라이선싱 방식의 복제모델을 운영 중이거나 거기에 참여하고 있거나 향후 몇 년 안에 사회적복제를 하고자 계획 중인 사회적기업 또는 자선기관에 대해 심층 인터뷰를 벌여 이를 바탕으로 질적 연구를 진행한 바 있다.[6] 이 연구에서는 상대적으로 중앙의 통제가 있는 소셜프랜차이징, 상대적으로 통제가 덜한 사회적 라이선싱 또는 전략적 파트너십으로 선호가 양분되고 있으며, 이런 결과가 상업적 접근과 사회적 접근 사이의 긴장을 반영한 것이라고 진단한다.

구체적으로는, 자선단체나 복지기관에서 운영되는 사회적기업의 경우 사회적 라이선싱이 더 나은 옵션으로 인식되었는데, 그 이유로 응답자들은 사회적 라이선싱이 프랜차이징보다 유연한 방식이고 규정 위반의 문제가 발생했을 때 라이선스를 취소하는 등의 신속한 조치가 가능하기 때문이라고 밝혔다. 반면에 소비자시장이나 기업시장에서 복제를 원하는, 다소 시장지향적인 사회적기업들은 견고한 상업적 본부와 비즈니스 형태의 프랜차이즈를 필요로 하는 것으로 나타났다. 그리고 사회적 프랜차이저(가맹본부)들은 중앙의 통제가 좀 더 높은 형태가 사회적기업의 규범을 보호하고 가이드라인을 준수하도록 할 수 있으리라고 보았다.

어떤 모델을 택하든, 제휴단체에 대한 통제와 유연성 사이에는 항상 긴장이 존재할 것이다. 이 긴장을 줄이려면 둘 사이에서 균형을 잘 잡아야 한다. '지점'모델이라 할지라도 주요한 전략에서 지역의 자율성을 잘 보장하면서도 핵심가치와 전략과 원칙에서 동일하게 적용되도록 꼼꼼한 관리가 필요하다. 앞서 예를 들었듯 세계 최대의 환경단체 '네이처컨서번시'는 각 지점들이 지역에 맞게 활동하고 조직적 성장을 촉진하도록 허락하는 한편, 전략과 가치에 대해서는 '원 컨서번시' 정책하에 중앙에서 강도 있게 관리되는 방식을 취했다.

소셜라이선싱을 복제모델로 취한 유스빌드 사례에서는 제휴단체들이 지역의 아동청소년에게 서비스를 제공하는 독립적 조직들이었다. 라이선싱 방식의 특성상 품질에 대한 중앙의 통제가 약하기 때문에 원래 모델의 핵심가치나 원칙, 서비스의 질이 훼손될 위험성이 없지 않았다. 하지만 유스빌드는 이러한 위험을 제휴단체 간 네트워크인 AffNet(The Affiliated Network)을 견고히 구축함으로써 돌파했다. 네트워크를 통해 제휴단체들이 상호작용과 통제를 해나가도록 하는 한편, 보고와 성과평가에 대한 명확한 기준과 지표를 만들었고, 하향식 지시보다는 인센티브 방식으로 관리했다. 이러한 제휴단체 간 네트워크 촉진이 지역의 혁신과 창의성을 촉진했고 전체 운영을 효과적으로 조정하는 데 도움을 주었다.

스케일임팩트를 위한 적정 모델 선택의 조건

요즘 소셜프랜차이즈에 대한 관심이 한결 커지고 있는 추세다. 사실 나도 2012년 협동조합형 소셜프랜차이즈를 지향하며 다문화 여성들에게 직업훈련과 일자리를 제공하는 카페들의 사회적협동조합을 설립한 바 있다. 당시만 해도 우리 사회에 아직 소셜프랜차이즈에 대한 이해가 깊지 않던 때였다. 그 무렵 시작된 카페들의 사회적협동조합은 현재 20여 개 카페가 모여 공동구매와 정보교류, 공동교육 등을 하고 있지만 소셜프랜차이즈 형태라기보다는 공동구매를 매개로 한 네트워크 수준이라 해야 할 것 같다. 아마도 초기에 성장모델을 만들어보고자 시도했던 곳들도 대개는 이와 유사한 경험을 했을 것이다.

이보다 훨씬 전에 자활사업 분야에서도 청소나 돌봄서비스 등에서 소셜프랜차이즈 방식의 규모화를 시도한 경우가 여러 번 있었던 것으로 안다. 하지만 우리는 아직 성공적인 모델을 가지고 있지 못한데, 이는 다양한 시도를 했던 혁신가들이나 활동가들의 리더십이 부족해서가 아니다. 그때는 성장모델로 왜 소셜프랜차이즈를 선택해야 하는지, 우리 조직에 맞는 성장모델이 무엇인지를 차분하게 연구하고 분석하지 못했을 뿐 아니라 이 과정을 도와주는 전문가도 몹시 부족한 실정이었다.

그로부터 10여 년이 훌쩍 지났으나 사실 지금도 상황이 크게 바뀌지는 않았다. 다만 최근 정부에서 사회적경제 조직의 스케일임팩트를 지원, 육성하겠다는 계획이 나오고 있으나, 그 방식으로 제시되는 것을 보면 실은 소셜프랜차이즈인 경우가 많다. 그래서인지 가끔 성장과 규모화를 모색하는 기업들을 만나면 대개 소셜프랜차이즈를 고민하고 있다는 이야기를 자주 듣게 된다. 다시 강조하지만, 스케일임팩트의 방식에는 소셜프랜차이즈만 있는 것이 아니다.

지금까지 우리가 살펴본 것처럼 스케일임팩트의 방식과 모델은 아주 다양하며, 그 각각이 장점과 단점을 모두 갖고 있다. 그렇다면 과연 스케일임팩트를 하고자 하는 사회적기업가나 사회적조직 입장에서는 어떤 모델을 선택하는 것이 가장 좋을까? 적정 모델을 찾아내는 일은 스케일임팩트를 준비하는 데 있어 핵심 단계다. 요즘 관심을 많이 받는 모델이라고 해서, 정부가 육성하려고 한다고 해서 단지 그런 이유로 선택해선 안 된다. 알맞지 않은 모델을 선택해 실행에 나선다면 스케일임팩트가 실패로 귀결될 수도 있다.

그레고리 디스 등은 사회적기업가들이 적정한 스케일임팩트 모델을 찾을 수 있도록 그 선택기준으로서 '5R(The Five R's) 평가' 수행을 제안하고 있다.[7] 여기서 5R이란 '준비성(Readiness)', '수용성(Receptivity)', '자원(Resources)', '위험성(Risk)', '결과(Returns)'의 이니셜이다. 이미 논의한 사항을 염두에 두면서 다섯 가지 평가요소도 함께 살펴보면 좋겠다.

우선, '준비성 평가'란 혁신을 확산할 준비가 되었는가 하는 것이다. 조직이 선택한 스케일임팩트 모델과 전략에 대해 준비 정도를 살펴보아야 하는데, 무엇보다도 조직의 미션이나 비전에 적합한지를 잘 따져야 한다. 카붐의 경우, 조직의 미션과 비전이 모든 아이의 놀이에 대한 접근성을 높이는 것이기 때문에 많은 비용이 들고 임팩트의 범위가 제한적인 지점모델보다는 최대한 빠르고 광범위하게 놀이터를 만드는 보급모델을 선택했다. 그다음에 따져봐야 할 것은 조직 리더(대표, 이사회)들의 의지인데, 이 역시 스케일임팩트 전략을 선택하는 데 매우 중요하다. 만약 조직의 리더들이 다른 지역에 대한 통제보다는 지역의 오너십과 창의성 그리고 수용성을 중요시한다면 지점모델보다는 제휴모델이나 보급모델을 선호할 것이다. 또한 조직이 선택된 모델이나 전략에 소요되는 기술이나 자원, 인프라 등을 동원할 수 있는지도 중요한 평가요소가 될 것이다. 만약 자원 동원이 쉽지 않다면 자원이 적게 소요되는 모델로 변경하거나 자원을 제공할 의지와 능력이 있는 외부 조직과 협력함으로써 보완해야 한다.

두 번째로, '수용성 평가'란 혁신이 다른 지역에서도 잘 수용될 수 있을 것인가 하는 문제를 따져보는 일이다. 자신의 혁신이 다른 지역에서 수용될 수 있을지를 평가해보아야 하는 것이다. 만약 혁신을 전파하려는 모델이 그 내용이나 운영 프로세스의 복잡성이 너무 커서 다른 지역 조직들이 이해하기 어렵다든지, 영향력 있는 지역 당사자들에게 위협이 되는 프로그램을 보유했다든지, 다른 지역의 지배적 가치나 이데올로기와 충돌한다든지 하면 대상 지역기관의 저항에 직면할 수 있다. 특히 지역단체의 오너십 훼손이 있다든지 그들이 외부의 통제나 지시를 불편해한다면 혁신의 복제는 어려울 것이다. 그 경우 사회적기업가는 중앙의 통제나 관리 수준이 좀 더 약한 전략을 택하는 게 낫다. 수용성 여부는 혁신사례를 지역에서 실행하고자 하는 지역단체가 이에 소요되는 시간과 자원을 투자할 의향이 있는지를 통해서도 파악할 수 있다. 만약 어떤 지역이 혁신사례에 대한 수요가 많고 복제의 열망이 높다면 자원을 투자하는 등 적극적 행위로 반응하겠지만, 만약 그렇지 못하다면 지역단체의 자원이 결합되어야 하는 보급모델이나 느슨한 네트워크 방식은 활용하기가 쉽지 않다. 그럼에도 혁신을 보유한 조직이 지역의 니즈가 워낙 커서 스케일임팩트가 필요하다고 판단한다면 지역 및 지역조직이 자원을 비교적 적게 투자해도 되는 모델(예컨대 '지점'모델)을 선택하거나 니즈를 수요로 전환시키는 전략을 활용해야 한다. 예를 들어 정부나 지자체의 우호적 정책이나 유명인의 지지나 미디어의 관심 등을 활용하는 것이다.

　세 번째, '자원 평가'란 성과를 내기 위해 어떤 자원이 필요한가 하는 문제다. 스케일임팩트를 하는 데는 어떤 모델과 전략을 활용하든 간에 많은 자원이 소요된다. 우선 중요한 것은 이전에 거두었던 혁신의 효과를 계속 유지하면서 비용을 줄일 방법과 전략이 무엇인지 따져보는 일이다. 스케일임팩트를 실행할 때 새로운 조직을 만드는 것보다는 이미 운영 중인 조직을 통하거나 제휴한 파트너 기관의 도움을 받을 수 있는 전략을 택하는 것이 비용을 줄이는 방법이다. 또한 스케일임팩트를 통해 새로운 수익원을 창출할 수 있을지도 살펴야 한다. 예를 들면 멤버십, 교육훈련, 기술적 지원 수수료나 라이선싱 수수료 부과 등이 있다. 지역에서 수수료 등의 비용을 제공할 의지가 있으려면 중앙조직이 그만큼의 가치를 제공할 수 있어야 하고 지역에선 혁신을 복제하는 데 소요되는 자원을 조달할 능력을 갖추고 있어야 한다. 만약 이런 상황이 조성되지 않는다면 수수료 등의 비용을 분담하는 모델을 스케일임팩트 전략 모델로 선택하기는 어려울 수밖에 없다.

　네 번째로 '위험성 평가'란 다른 지역에서 잘못 운영되거나 임팩트 창출에 실패할 위험요소는 무엇인지 따져보는 것이다. 사회적기업가는 자신이 이룬 혁신이 다른 지역에서 잘못 실행되거나 임팩트를 내는 데 실패할 경우에 생길 위험요소까지 미리 고려해야 한다. 만약 실행의 오류나 실패로 인한 결과가 매우 심각한 수준일 수 있다든지, 성공을 거두었던 원래의 혁신사례가 다른 지역에서 실행되기가 쉽지 않은 모델이라면 중앙기관의 통제가 강한 지점모델이나 제휴모델의 형태를 띠는 것이 낫다. 그러나 중앙의 통제가 강한 모델에서는 통제와 비용의 '상충관계'를 고려해야 한다. 즉 이 모델에서는 투자재원이 많이 소요되고 지역 운영상의 책임도 커지기에 실패의 여파가 상당할 수 있다. 시간과 자원이 낭비되고 조직의 평판이나 신용도가 타격을 입을 수 있는 것이다.

　마지막으로 '결과 평가'는 최종결과가 무엇이어야 하는지 묻는 일이다. 즉 복제에 따른 최종 결과물이 무엇이어야 하는지, 어떤 전략이 더 많은 지역에서 더 많은 임팩트를 가장 효과적으로 창출할 수 있을지를 사전에 평가할 수 있어야 하는 것이다. 보급모델이나 느슨한 제휴모델을 선택할 경우에는 적은 비용으로 더 빨리, 더 많은 지역으로 혁신을 전파하고 확산할 수 있겠으나 복제 실행이나 품질유지 등에 대해서는 보증이 어려울 것이다. 그런 점에서 다소 느리더라도 중앙기관에서 높은 수준의 조정과 통제를 가하는 것이 더 좋은 결과를 낼 수도 있다. 예를 들면 지점이나 소셜프랜차이징 같은 제휴모델이 브랜드 제고 및 네트워크 내의 조직적 학습 증가, 더 많은 규모의 경제 실현 등을 가능케 할 수 있다. 또한 문화나 지식 등 무형의 자원을 공유하는 데도 보다 도움이 될 것이다. 물론 이러한 높은 수준의 조정과 통제 전략은 그만큼의 비용이 수반된다는 점을 잘 인식하고 있어야 한다.

CHAPTER 4

스케일임팩트,
성공으로 가는 길

3

미국에 트로사(TROSA)라는 사회적기업이 있다. 1994년 케빈 맥도널드가 노스캐롤라이나의 더럼(Durham)에서 재활 프로그램을 통해 약물중독자의 사회 복귀를 돕고자 설립했다. 이사, 정원 조경, 크리스마스트리 설치, 자전거 수리 서비스, 그리고 소매점 등 여러 비즈니스를 창출하고 그 일에 약물중독자를 고용해 강도 높은 직업훈련·주거·상담 등 다양한 사회서비스를 제공한다. 재정적으로도 지속가능한 모델로 성장해, 내가 이 회사를 책에서 소개한 2004년에 이미 40여 명의 관리직원과 100여 명의 훈련생이 일곱 개 사업체를 운영하며 630만 달러 수입을 올리는 등 각광받는 사회적기업이었다. 그 후로 명성이 더 올라가면서 미국 내 다른 지역으로부터 복제 요구가 많았다. 그렇지만 트로사는 이 같은 성취에도 불구하고 더럼 지역을 벗어나는 스케일임팩트를 단행하지 못했고, 설립자 맥도널드는 이 일을 내내 아쉬워했다.

반면 비슷한 시기에 설립되어 미국 내 성공적 프로그램으로 조명받은 유스빌드의 프로그램은 전국적 복제를 단행해 큰 성공을 거두었다. 1989년 도로시 스톤맨이 설립한 유스빌드는 저소득층 청소년들의 직업훈련, 교육, 주거서비스 등을 제공하는 곳으로 할렘가의 작은 지역에서 출발했지만 전국 46개 주 220여 곳으로 확산되어 전국 프로그램으로 발전했다. 강력한 변화이론을 보유하고 재정적으로 지속가능한 모델로서 주목받은 두 조직의 결과 차이를 가져온 요인은 무엇일까? 트로사는 유스빌드가 가진 어떤 요소를 갖지 못했기에 자신들의 소셜임팩트를 전국적으로 확산하지 못했을까?

이에 대한 답은 스케일임팩트의 성공동인으로서 스케일임팩트 모형을 제시한 폴 블룸과 에런 채터지(Paul Bloom and Aaron Chatterji)가 이야기해주고 있다. 그들은 이 모형을 트로사와 유스빌드에 적용해 분석했고 그 결과 다음과 같은 분석을 내놓았다. 트로사나 유스빌드는 스케일임팩트를 위한 상황적 조건이 유사했다. 둘 다 노동집약적 서비스, 제한된 공공지원, 많은 잠재적 협력조직, 제한적인 정책적 지원, 자본의 부족 등을 겪고 있었다. 그러나 트로사는 유스빌드와 달리 로비 능력, 즉 연방정부나 의회의원들을 움직여 자신의 모델을 전국적으로 확산하는 데 필요한 법 제정과 자원 개발 능력을 발휘하지 못한 반면, 유스빌드는 그 능력을 발휘함으로써 기존에 자신이 지닌 강점을 더 효과적인 것으로 만드는 한편 부족한 요소들은 해소할 수 있었다.

성공은 여러 가지 상황적 조건과 요소가 결합하고 작용하여 만들어지는 결과다. 그래서 성공을 가능하게 하는 요소와 상황적 조건에 대한 면밀한 검토가 필요하다. 특히 스케일임팩트 프로세스는 많은 시간과 자원이 소요되는 어려운 과업이다. 따라서 이 과정을 잘 완수하려면 성공의 핵심요소 그리고 상황적 조건이 무엇인지를 먼저 충분히 이해해야 하고 우리 조직이 성공요소를 갖추었는지 평가해야 한다.

스케일임팩트의 성공요소를 담은 대표적 두 모형

스케일임팩트의 성공요소들은 현장에서 쌓은 수많은 시도와 경험을 바탕으로 도출될 수 있다. 이러한 시도와 경험을 연구함으로써 핵심적 성공요소를 도출하고자 하는 연구들이 다방면에서 있어왔다. 그중 몇몇은 개념적 모델로 제시되고 있기도 하다. 가장 자주 인용되는 대표적 연구모델은 두 가지인데 크리스티아나 웨버와 카트린 램브리치(Christiana Weber and Kathrin Lambrich)[1]의 스케일러빌리티 프레임워크(Scalability Framework)와 블룸과 채터지[2]의 스케일러스(SCALERS) 모형이 그것이다.

웨버와 램브리치는 스케일임팩트를 연구한 여러 논문과 책을 분석해 사회적 임팩트의 스케일러빌리티(확장성)에 영향을 미치는 다양한 요인을 찾아냈으며, 이를 바탕으로 사회적 임팩트의 '스케일러빌리티 모

도표 17. 스케일러빌리티 프레임워크에서 제시하는 일곱 가지 성공요소

❶ 스케일임팩트를 이끄는 사람들의 헌신성	• 헌신적 리더나 지휘자의 존재
❷ 경영역량	• 사회적 미션 견지, 품질관리, 목표설정, 평가, 변화관리 등 전문적 능력 • 역량 있는 관리자 보유
❸ 운영모델의 복제가능성	• 운영모델의 핵심요소에 집중, 복잡성 수준 조정 • 표준화와 메커니즘화
❹ 사회적 수요를 충족 시키는 능력	• 사회적 수요 파악 • 적은 자원으로 효율성·효과성 극대화
❺ 필요자원 획득 능력	• 내부의 유휴자원 활용, 잉여자원 투자, 운영의 효과성 제고 • 외부자원 개발
❻ 제휴의 효과성	• 제휴의 효과성을 높일 수 있는 올바른 전략 선택 • 사회적 임팩트를 위한 파트너십 활용 능력
❼ 적응성	• 지역에 대한 상황이나 조건을 평가하고 적합한 지역 선정 • 운영모델을 지역에 맞게 적응(지식이전, 교육훈련, 분권화, 위임, 단계적 접근)

형'을 개발했다. 저자들은 비즈니스모델의 스케일러빌리티는 사회적기업의 성장과 확장에서 핵심적 결정요인이라 말한다. 그들은 폭넓은 문헌 연구를 바탕으로 스케일러빌리티의 핵심요소를 일곱 가지로 분류, 정리했다. 그 일곱 가지란 ①스케일임팩트를 이끄는 사람들의 헌신성(commitment), ②경영역량(management competence), ③운영모델의 복제가능성(replicability), ④사회적 수요(demand)를 충족시키는 능력, ⑤필요자원 획득 능력, ⑥제휴의 효과성, ⑦적응성(adaptability)이다.

듀크대학 교수인 블룸과 채터지는 사회적기업의 성공적 스케일임팩트를 촉진하는 조직적 역량을 일곱 가지 동인(動因)으로 제안하는 개념 모형을 개발했다. 이 모델은 ①직원채용(Staffing), ②커뮤니케이션(Communication), ③협력 구축(Alliance building), ④로비(Lobbying), ⑤수입 창출(Earnings generation), ⑥복제(Replication), ⑦시장력 촉진(Stimulating market force)의 머리글자를 따서 스케일러스(SCALERS) 모형이라 불린다. 이 모형에서는 [도표 18]과 같이 일곱 가지 동인 외에도 각각의 동인들이 스케일임팩트의 성공에 영향을 미치는 정도를 조절하는 특정한 상황적 조건(조직 내외적 환경에 따라 플러스 또는 마이너스 작용을 한다)을 함께 제시하고 있다. 이러한 상황적 조건을 포함함으로써 스케일러스 모형은 현실에서 좀 더 유연하게 활용할 수 있는 모델로 자리

도표 18. 스케일러스 모형

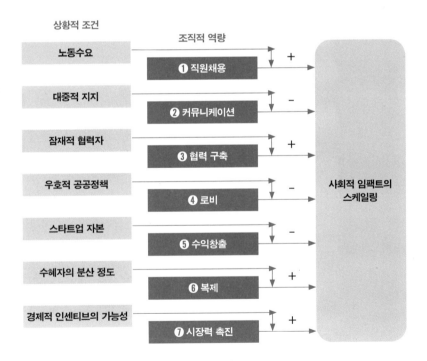

잡았다.

성공을 위한 교훈을 배우는 일은 거기에 아무리 많은 시간을 들인다 해도 결코 아깝지 않을 것이다. 이제 이 두 모형에서 제시하는 요소들을 바탕으로 스케일임팩트의 성공요소들을 구체적 예시와 함께 살펴보고자 한다. 그런데 각각의 개념 모형에서 제시한 성공요소를 살펴보기 전에 스케일임팩트를 가능하게 하는 전제조건을 되새겨둘 필요가 있다. 이 핵심 조건이 전제되지 않으면 스케일임팩트가 아예 가능하지 않다는 점에서 이는 매우 중요한 사항인데, 바로 '증명된 모델이 존재해야 한다는 점'이다. 스케일임팩트나 복제를 하고자 한다면 맨 먼저 해당 리더나 조직이 사회문제에 대한 해결책을 지녔는지, 또한 그 점을 다른 사람들에게 증거로 제시할 수 있는지를 살펴야 한다. 이것이 없다면 스케일임팩트의 과정은 무의미하다.

성공의 전제조건,
증명된 모델

스케일임팩트에 착수할 때 가장 먼저 해야 할 일은 무엇일까? 과연 자신이 성취한 혁신이 정말로 성공적인 것이었는지 자문해보는 것이다. 자신이 성취했다고 믿는 그 혁신이 남에게도 인정받을 정도로 실질적 증거를 확보하고 있는지를 면밀히 따져보아야 한다. 즉 증명된 모델 (proven model)을 보유하고 있는지 여부다.

스케일임팩트는 큰 노력과 자원이 드는 일이며, 조직 내외적으로 다양한 설득과 지원이 필요한 일이기도 하다. 만약 성공이 증명되지 않은 프로그램을 대상으로 스케일임팩트 프로세스를 진행한다면 조직 내부는 물론 외부의 많은 이해관계자를 설득해내고 자원을 이끌어내기가 쉽지 않을 것이다. 가까스로 설득과 지원이 이루어진다 해도 그 이후에 펼쳐질 지난한 스케일임팩트 과정을 성공적으로 지속해나갈 수 있을지 의문이다.

성공이 확실히 입증되지 못한 프로그램을 스케일임팩트의 대상으로 삼으려 든다면, 그것은 자원의 낭비일 뿐 아니라 이해관계자들에게도 큰 피해를 줄 수 있는 일이다. 만약 어떤 조직이 소셜프랜차이즈를 구축하기 위해 자금지원을 요청하거나 제휴를 요청한다면 우리는 그 조직에 가장 먼저 물어봐야 한다. 당신이 이룬 혁신이 성공을 입증할 수 있는 증명된 모델인가? 만약 성공의 증거가 부족하다면 스케일임팩트 여정을 함께 떠나기는 쉽지 않다.

'나의 혁신'이 증명된 모델인지를 평가하는 일은 내외적으로 스케일임팩트 결정이 정당한지를 보여주는 근거로서 매우 중요하다. 그런데 증명된 모델인지 여부는 성공을 입증할 증거를 필요로 하고, 이는 일반적으로 사람들에게 보여줄 수 있는 구체적 자료로 표현되어야 한다. 단순히 서비스를 받는 수혜자나 고객, 이해관계자들의 평가나 평판만 가지고는 충족되지 못한다. 물론 사회부문 조직들 입장에선 프로그램이나 활동의 성공을 입증할 증거를 확보한다는 것 자체가 매우 도전적인 과업이기도 하다. 영리기업에서는 매출액이나 시장점유율 등의 수치로 명료하게 보여줄 수 있겠지만 사회부문에서는 단순히 수치만 가지고 사업의 성과를 정의하기 어려울 뿐 아니라 활동이 완전한 효과를 내기까지 수년이 걸리기도 하기에 그렇다.

그럼에도 불구하고 스케일임팩트를 위해서는 이전의 성공을 명시적으로 보여줄 수 있어야만 한다. 사회부문의 성공이란 사회적 임팩트와 재무적 지속가능성을 모두 포함한다.

기존 혁신의 '성공' 여부를 파악하는 방법 : 변화이론 활용하기

어떤 프로그램이나 혁신이 성공적이었는지를 확인하려면 먼저 그 혁신이 강력한 변화이론(theory of change)에 기초했는지를 보아야 한다. 여기서 '변화이론'이란 해결해야 할 문제에서 활동 그리고 결과, 이후 임팩트에 이르는 경로를 인과관계에 기초하여 단계별로 정리할 때 쓰는 이론적 도구다. 어떤 변화가 일어났다면 그 변화를 일으키는 핵심요소들이 원인이나 조건으로 작용했을 것이다. 변화이론은 혁신 프로그램의 의도된 결과가 무엇이고 어떤 활동과 요소를 통해 그것이 가능했는지에 대해 그 인과관계와 각 단계를 설명해준다. 즉 어떤 조직이나 프로그램이 의도된 임팩트(변화)를 만들어내기까지의 경로를 보여주는 지도와 같다.

어떤 조직이 변화이론을 표현하는 데 사용하는 방식은 다양하다. 여러 방식 가운데 자주 쓰이는 방식은 로직모델이다. 로직모델은 투입(input) → 활동(activity) → 산출(output) → 임팩트(impact)로 이어지는 인과적 연결로 변화이론을 표현한다. 사회화와 정서적 측면에서 장애나 어려움을 겪는 아동에게 방과후 프로그램을 제공하는 소셜벤처를 예로 들어보자. 아동들이 2년 이상(또는 그 이상)의 방과후 프로그램에서 '종합적인 사회·정서적 향상을 위한 교육을 제공받고 → 이를 통해 아동들이 사회적·정서적 기술이 향상되어 → 학교에서 올바른 행동을 보여주고 원활한 학교생활을 유지하게 됨으로써 → 졸업률 제고와 범죄가담률 저하 → 성공과 행복의 가능성 제고'라는 변화이론의 내용을, 로직모델에 기초한 다이어그램으로 표현해볼 수 있다.

변화이론은 보통 다이어그램으로 표현되지만 그것을 정의해나가는 과정은 그 이상의 내용을 포함한다. 사회부문 싱크탱크이자 컨설팅기관인 NPC(New Philanthropy Capital)는 변화이론 만들기에 관한 내용을 담은 가이드북(NPC, 2014)[3]에서 올바른 변화이론을 만들기 위한 여섯 가지 요소로 최종목표(final goal), 활동(activity), 중간결과(intermediary outcome), 가정(assumption), 증거(evidence), 인에이블러(enabler)*를 언급한다(NPC 가이드북은 아름다운재단 기부문화연구소가 번역한 것[4]을 참조할 만하다).

NPC 가이드북에서는 변화이론의 최종목표와 그것을 이루기 위한 중간결과가 명확히 명시되어야 함을 강조한다. 위에서 예로 든 '방과후 프로그램'을 보면, 이 프로그램의 최종목표는 '사회적·정서적 어려움을 겪는 아동들의 삶의 성공과 행복'이고, 중간결과는 '사회적·정서적 기술 향상, 원활한 학교생활, 졸업률 향상, 범죄율 저하' 등일 것이다. 이러한 결과를 성공적으로 이끌 수 있도록 하는 내부적·외부적 인에이블러, 그리고 이를 뒷받침할 증거(연구자료, 조직의 경험이나 자료 등)도 명확한 변화이론을 담아내는 데 매우 중요한 요소라고 말한다. 사회부문 조직에 있어 변화이론은 영리기업으로 치면 핵심기술과도 같다. 강력한 변화이론에 기초하지 않고는 사회적복제를 성공시키기가 어려울 것이다. 왜냐하면 어떤 혁신과 방법이 효과가 있었는지, 왜 그러했는지를 결정하고 다른 이들 앞에서 설명해내기가 불가능하기 때문이다.

● 성공을 가능하게 하는 조력자 또는 핵심요소를 말한다.

도표 19. 변화이론의 6요소

최종목표	어떤 프로젝트나 조직이 성취하고자 하는 변화 중에서도 더 광범위한 사회적 변화: 서비스 이용자 또는 수혜자에게서 보고 싶은 변화를 나타내야 하며, 현실적이고 간결해야 함 * 예: 노숙자의 사회통합, 삶의 질 향상
활동	조직이나 프로젝트가 하는 일 또는 일상적으로 프로젝트를 실행하는 방법으로, 조직이나 프로젝트의 통제 안에 있음 * 예: 노숙자 임시주거 제공, 직업훈련, 상담 제공 등
중간결과	활동을 통해 창출되는 단기적 변화, 혜택, 효과. 최종목표에 기여하는 것과 사용자의 지식, 기술, 태도, 행동의 변화를 포함. 프로젝트가 진행된 뒤 성취되는 결과임. * 예: 직업기술이나 삶의 기술, 대인기술 획득, 자존감 개선 등
가정	프로젝트 작동과 관련한 믿음으로서, 관련된 사람들과 조건. * 예: 노숙자에게 주거를 제공하면 환경이 안정되고 자신들의 일상사도 다룰 수 있게 됨
증거	이미 보유하고 있거나 사용을 계획하는 정보로서 변화이론을 뒷받침함. 조직의 활동이 의도한 결과로 이어진다는 증거이자 활동을 지원해주는 증거와 하나의 성과가 또 다른 성과로 이어진다는 증거
인에이블러	조직이나 프로젝트가 성공하기 위한 조건이나 요소. 인에이블러의 존재 또는 부재는 프로젝트를 원활히 하거나 방해할 수 있음. * 내부 인에이블러: 서비스의 질, 직원들의 관계와 가치관 및 태도 등 * 외부 인에이블러: 사회 · 문화 · 경제 · 정치적 요인, 법률, 규정, 타 조직과 일하기 등

자료: NPC(2014).

변화이론을 도구로 활용할 때 명심해야 할 것은 성공적 혁신의 결과가 자기 조직이 해온 활동으로 인해 창출되었다는 객관적 증거가 반드시 드러나야 한다는 점이다. 만약 외부적 영향 요인이 더 크게 작용한 결과라면 객관적 증거가 될 수 없을 것이다. 잘 구성된 변화이론이 있더라도 구체적이고 실질적인 증거로 표현되지 않는다면 그 누구도 설득할 수 없으며 당연히 지원을 이끌어내기도 어렵다. 그러므로 적어도 파일럿 단계에서 결과를 입증할 객관적 증거를 만들기 위한 노력이 필요하다. 즉, 이때부터 임팩트 평가에 대한 의지를 갖고 투자를 해야 한다. 이렇듯 객관적 증거가 뒷받침된 변화이론 도구가 수반되어야 복제의 전제조건인 '증명된 모델'을 제시할 수 있다.

세계적으로 잘 알려진 사회적기업 비전스프링(VisionSpring)[5]은 시력이 좋지 않지만 안경을 구입할 형편이 되지 않아 곤란을 겪는 전 세계 취약계층에 안경을 저렴하게 보급하는 사업을 하고 있다. 가난한 사람들에게 안경을 보급하는 일은 단순히 그들의 시력을 보강해주는 것 이상의 의미를 갖는다. 그들에게 안경은 생계를 이어나가고 가족과 함께 살고 잠재력을 발휘할 수 있도록 기회를 제공한다. 2011년에 설립된 비전스프링은 이후 전 세계 25억 명에게 안경을 보급해왔다. 비전스프링의 설립자 조던 카살로(Jordan Kassalow)는 재단이나 후원자들로부터 성장을 위한 자금을 끌어들일 수 있었던 비결에 대해, '긍정적 임팩트 평가를 위한 노력'이라고 밝힌다.

비전스프링은 2005년부터 2010년까지 미시간대학교의 윌리엄데이비드슨연구소와 협력하여 안경 보급이 저개발국가의 빈곤계층에 미치는 영향을 연구했다. 그 결과, "이들 빈곤계층 가운데 비전스프링이 제공하는 안경을 쓴 사람들은 그렇지 않은 경우의 사람들에 비해 35% 이상 높은 생산성을 보이고 월수입도 20% 이상 높았다. 안경을 쓴 사람은 2년에 걸쳐 적어도 381달러 수입 증가를 가져왔는데 이는 조사 당시까지 비전스프링이 60만 개 안경을 팔았다는 점을 감안해서 볼 때 총 2억

2,800만 달러의 경제적 효과를 낸 것"이었다.[6] 이것보다 강력한 성공의 증거가 어디 있겠는가? 비전스프링의 안경 보급이 개발도상국 빈곤층에 미치는 경제적 효과가 어떠한지에 대한 이같이 구체적이고 객관적인 증거가 이 사회적기업이 외부의 자금을 끌어들이며 스케일임팩트를 하는 데 결정적 역할을 했다.

스케일임팩트를 성공시키는 핵심요소들

리더십과 헌신성

성공적 스케일임팩트를 위해 필요한 요소로 가장 먼저 꼽을 수 있는 것은 '스케일임팩트를 이끄는 사람들의 리더십과 헌신성'이다. 모든 일이 그렇듯 성공과 실패는 대개 그것을 책임지는 사람의 몫이다. 성공에는 항상 강한 리더십과 헌신성을 보여주는 챔피언이 있기 마련이다. 영리기업이든 비영리부문이든 마찬가지다. 특히 스케일임팩트를 전개하는 여정은 여러 영역의 사람이나 조직을 이끌고 가야 하는 길고 어려운 과정이다. 따라서 리더의 열정과 헌신성, 리더십이 절대적으로 필요하다. 만약 이 요소가 전제되지 않는다면 스케일임팩트 자체가 불가능하다. 그래서 웨버와 램브리치가 '스케일러빌리티 모형'에서도 이를 첫 번째 핵심 요소로 제시한 것이다. 스케일임팩트 과정에서 리더의 신념과 열정 그리고 헌신성과 리더십이 어떻게 나타나는지는 이 책의 후반부에서 소개할 다수의 사례에서 살펴볼 수 있다. 여기서 말하는 리더십과 헌신성은 대체로는 조직의 설립자나 경영자가 발휘하는 것일 테지만, 때로는 직원이나 자원봉사자, 네트워크의 일원이 그 역할을 담당할 수도 있다.

스케일임팩트에 있어 과업의 성격을 파악하고 이에 걸맞은 리더십을 구축하는 일은 성공의 중요한 열쇠일 것이다. 일반적으로 성장이나 스케일임팩트의 과정에서 리더의 역할은 변화한다. 설립 초기에 설립자의 역할은 매우 크다. 이때 설립자들은 조직의 모든 업무에 관여하고 직원들과 함께 실무를 하거나 수혜자에게 직접 서비스를 제공하거나 그들을 실제로 만나는 등 여러 가지 일을 담당한다. 그러나 조직이 성장함에 따라 많은 책임을 다른 직원들에게 위임하고 설립자는 거시적 전략이나 경영, 리더십에 더 힘을 쏟게 된다.

스케일임팩트 과정에서는 많은 자원이 필요하고 광범위한 이해관계자들과 상호작용을 해야 한다. 또 경영의 범위도 이전보다 늘어나고 복잡해진다. 따라서 설립자나 리더가 조직의 일상적 업무와 운영에 관여하게 되면 자칫 스케일임팩트 과정에 차질을 가져올 수도 있다. 그래서 설립자의 업무를 내부적으로 원활하게 위임하고 조직의 책임자에서 물러나 스케일임팩트에 집중하는 경우도 많이 볼 수 있다. 예를 들어 스페셜리스테른의 설립자 토르킬 손은 스케일임팩트에 전념하기 위해 회사 대표 자리에서 스스로 물러났다. 그런 다음 본격적으로 스케일임팩트 프로세스를 담당할 재단을 만들었고 그 자신이 재단 이사장을 맡아 전 세계에 대한 스케일임팩트 프로세스를 진두지휘했다.

스케일임팩트를 이끄는 사람들은 사회적 임팩트와 성장 사이에서 균형을 잘 잡는 리더십을 갖출 필요가 있다. 스케일임팩트 과정에서 조직의 관리구조를 변화시켜야 할 수도 있다. 스케일임팩트 전략에 필요한 법적 상황을 준수하거나 사업의 경영능력을 높이거나 외부자금을 유치하기 위해 거버넌스나 의사결정 구조를 바꾸지 않을 수 없는 상황을 맞기도 하는 것이다. 가령 외부인사가 이사회에 새로이 참여한다든지 비즈니스 파트너가 될 수도 있다. 투자자의 구성이 다변화될 수도 있으며 때에 따라서는 그들의 영향력이 더 커질 수 있다. 이러한 광범위한 네트워크는 스케일임팩트를 하고자 하는 사회부문 조직에 전문성과 역량 그리고 자원에 대한 접근을 확대한다는 이점을 주지만 사회적 임팩트와 성장 사이의 균형이 위축될 소지 또한 만들어낼 수 있다. 따라서 이때의 리더십은 사회적 측면과 경제적 측면의 성장 사이에서 어떻게 균형을 맞춰나갈지가 핵심 이슈가 된다. 이를 잘 관리하지 못하면 수익을 위해 사회적 목적을 훼손하는 우를 범할 수 있다.

경영역량

두 번째 핵심요소는 경영역량이다. 경영역량은 조직을 규모화하는 과정을 전문적으로 운영하는 능력으로, 스케일임팩트를 성공시키는 데 중요하다. 경영역량은 기업지향적 접근방식이나 기술, 구조를 조직의 스케일임팩트 과정에 적용하는 능력이기도 하다. 예컨대 조직의 전략과 목표를 명확히 설정하는 것, 프로젝트 평가기준 마련, 조직의 현황 평가, 목표달성 정도에 대한 정기적 평가 및 문서화, 견고한 예산 계획과 비용통제, 중요한 조직의 프로세스를 문서화하는 것과 지속적 개선 노력 등이다. 이런 다각적인 활동을 성공적으로 해내려면 경영자로서 전문성을 갖추어야 할 것이다. 그래야만 여러 전략 가운데서 우선순위를 명확히 할 수 있고 큰 목표를 향해 나아가는 과정에서 전체를 조망하며 불필요한 요소와 위험들을 피해나갈 수 있다. 무엇보다도 경영자는 스케일임팩트가 사회적 임팩트 확장을 목표로 하는 것이라는 점을 명확히 이해하고 이 모든 과정이 사회적 사명에 일관되게 집중하는지, 사회적 임팩트를 측정할 지표 및 실행능력이 잘 구축되어 있는지를 꼼꼼히 챙겨야 한다.

스케일임팩트를 하고자 하는 조직에 경영역량이 이토록 중요한 요소이기에 만약 경영역량이 취약한 조직이라면 전문적인 역량을 갖춘 경영자나 관리자를 채용하는 일이 가장 시급한 과제가 된다. 블룸과 채터지는 스케일러스 모형에서 스케일임팩트 성공요소의 하나로 직원채용(staffing)의 중요성을 꼽고 있다. 즉 조직이 경영자를 포함해 필요한 기술을 가진 인적자원을 채용하고 이를 유지할 수 있어야 스케일임팩트를 성공적으로 운영할 수 있다는 것이다. 예를 들어 스페셜리스테른재단은 스케일임팩트 과정을 보다 전문적으로 진행하기 위해 글로벌 컨설팅사 액센추어(accenture)의 시니어 파트너로 재직하다 은퇴한 라르스 헨릭센(Lars Henriksen)을 고용했다. 그는 직원채용 규정이나 스페셜리스테른이 보유한 지적재산을 재정비하는 등 새로운 경영체계를 갖춤으로써 스케일임팩트에 나설 수 있었다.

그런데 사실 사회부문 조직에서 역량 있는 직원을 채용하기란 결코 쉽지 않은 과제다. 그러한 인재를 유인할 만큼의 재정적 인센티브가 충분치 않기 때문이다. 그래서 사회부문 조직들은 항상 인재 부족에 시달린다. 특히 성장경로나 스케일임팩트 과정에서는 역량 있는 인재 확보가 성공의 관건이기에 이 문제는 만만찮은 도전과제가 된다. 성장에 필요한 비즈니스 능력, 사회부문 조직운영에 대한 가치 이해, 일반 영리섹터보다 더 낮은 급여로도 일할 수 있는 의지를 지닌 전문인력을 채용하기가 몹시 어려운 까닭이다.

이후 5장에서 보겠지만, 그룹SOS의 대표 장마르크 보렐로는 잠재력 높은 전문가를 채용하기 위해 많은 노력을 기울였다. 그룹SOS는 다른 조직과 제휴하는 방식보다는 인수합병과 사업다각화 방식을 통해 여러 조직이나 회사를 하나의 그룹 안에 통합하는 전략을 썼고 회계, 인사, 재정 등 기본기능을 공동으로 구축하여 그룹의 계열사들을 지원했다. 이러한 스케일임팩트 전략을 잘 수행해내려면 자체 조직 내에 실력 있는 인재를 보유하는 것이 무엇보다도 중요했다. 보렐로는 전문가들을 적극 채용해 그들이 보다 적극적으로 일할 수 있는 근무환경을 만들고자 노력했으며 또한 그들이 주도적으로 일하도록 격려했다.

그가 이 과정에서 강조한 것 가운데 하나는 '근속유지'였다. 사회부문 조직들은 직원들의 잦은 이직으로 자주 어려움을 겪는다. 이 문제를 극복하고자 그룹SOS에서는 경력경로(career paths)*를 장려하는 한편 사

● 개인이 조직에서 여러 종류의 직무를 수행함으로써 경력을 쌓게 될 때 수행직무들의 배열을 가리키는 말이다. 또한 지속적으로 경력을 축적함에 따라 조직에서 경험하게 될 승진 및 경력 기회에 대한 직무배열의 정보를 조직이 개인에게 제공해주는 것을 의미하기도 한다.

회부문 평균급여 이상을 지급하는 등 영리기업 수준을 추구했다. 또한 최소 연봉자와 최고 연봉자 간 급여 차이를 12배 이내로 유지한다는 정책결정을 한다. 이러한 급여 차이 제한은 내부 논란을 부르기도 했으나 보렐로는 인사관리에서도 설립 취지나 가치를 수호하고자 했다. 또한 성장 및 스케일임팩트를 더 빠른 속도로 추진해나가는 데 따른 내부갈등이나 변화의 관리를 위해 새로운 경영구조를 모색하기도 했다.

운영모델의 복제가능성

세 번째 핵심요소는 '운영모델의 복제가능성'이다. 한마디로 말해, 성공을 거둔 어떤 혁신이 다른 지역에서도 재생산될 수 있는지 여부다. 복제가능성을 높이려면 다른 사람들도 쉽게 따라 할 수 있도록 운영모델의 복잡성을 줄이는 것이 관건이다. 만약 혁신이 다른 사람들이 이해하기 어려울 정도로 복잡하거나 혁신의 조건들이 다른 곳에 적용하기에 너무 특별한 것이라면 복제가능성은 줄어든다. 운영을 위해 요구되는 여러 요소를 계획된 임팩트를 창출하는 데 필요한 핵심요소로 줄여야 하는 이유다. 이와 같은 맥락으로 제프리 브래닥은 바람직한 임팩트를 달성하는 데 필요한 최소한의 요소로서 최소한의 핵심사양(minimum critical specification)을 언급한다.[7] 즉 변화이론을 정의할 때 의도한 임팩트를 달성하는 데 필요한 '핵심활동'을 특정하여 복잡성의 수준을 정하는 능력이 매우 중요하다는 것이다. 복제가능성은 변화이론의 복잡성을 낮추고 이를 표준화하고 메커니즘화하는 능력에 의해 좌우된다.

이후 9장에서 소개할 카붐의 혁신모델은 '커뮤니티 빌드'로 표현되는데, 그 핵심은 놀이터 만드는 과정에 자원봉사자나 주민 등 이해관계자들이 함께 논의하고 설계하고 참여하는 것이다. 그러나 이 과정은 놀이터를 짓는 단 하루에 집중되어 있다. 즉 자원봉사자와 지역주민들이 하루 동안 이벤트에 참여해 놀이터라는 구체적 결과를 만들어내고 자축하는 것이다. 물론 이 '하루 이벤트'를 위한 준비과정은 몇 개월이 걸리지만 그 절차가 비교적 가르치고 배우기 쉬운 단순한 과정이라 할 수 있다. DIY 방식으로 놀이터를 짓는 것과 유사하다. 바로 그것이 카붐이 창조한 사업모델의 핵심사양이자 차별화 요소다.

복제가능성을 다룰 때는 무엇보다도 제품이나 서비스의 품질을 잘 유지하면서 다른 지역으로 확장될 수 있을지가 이슈다. 단순히 복제가능성을 따지는 것만이 아니라 품질관리를 위한 시스템이나 절차, 훈련, 계약, 브랜딩과 커뮤니케이션, 네트워크 수단이 마련되어 있어야 복제를 효과적으로 실행할 수 있다. 제휴단체들과의 관계 형성과 의사소통도 매우 중요한 사항이다. 제휴단체에 대한 통제와 관리가 필요한 경우에도 그것이 명령이나 지시로 받아들여지지 않도록 하고 지역의 창의성을 촉진하면서 복제가 이루어질 수 있도록 하는 능력이 필요하다.

자원조달 능력

네 번째 핵심요소는 스케일임팩트에 필요한 자원을 조달하는 능력이다. 이 요소는 비용을 넘어서는 수입원을 창출할 수 있느냐와 관련된다. 즉 스케일임팩트 활동에 소요되는 비용을 충당하는 것은 물론, 계속해서 자금을 제공할 수 있어야 성공에 이른다는 것이다.

스케일임팩트에는 많은 자원이 요구되기 때문에 경영자들은 조직의 일상적 운영에 필요한 자금을 넘어서는 다양한 수입원을 개발해야 한다. 개발도상국의 사회적기업을 지원하고 있는 NESsT의 임원 코몰리와 에차르트는 스케일임팩트의 첫 단계에서는 인큐베이팅이나 모델증명 단계에서 제공되는 것보다 몇 배나 많은 규모의 자본이 필요하므로 보조금(grant)과 투자(investment) 사이에서 혼합재원(Funding mix)을 찾는 일이 매우 중요함을 강조한다. 그런데 스케일임팩트에 대한 많은 조사연구를 보면 응답자들이 가장 어려움을 느끼는 부분이 사실 '자원개발'이다. 대다수의 사회부문 조직은 생산하는 제품이나 서비스를 고객에게 경쟁적 시장가격으로 판매하지는 않기 때문에 자원개발을 하려면 외부에서 추가 자원을 찾는 수밖에 없다. 그리고 이를 위해서는 정부기관이나 기업, 재단, 후원자 등 제3자를 통하거나 자신의 사회적 네트워크를 활용해야 한다.

예를 들어 스페셜리스테른은 재단의 라이선싱 수입과 함께, 비쿠벤 재단(Bikuben Foundation)으로부터 '자폐인을 위한 100만 일자리 프로젝트' 펀드를 지원받아 자금을 조달했고, EU로부터도 다수의 보조금을 지원받았다. 또한 CASA는 자신의 혁신모델을 성공시킨 뒤 '사회적가치법' 제정이라는 환경 변화에 따른 강력한 시장기회를 적극 활용해 외부의 투자를 끌어들였다. CASA도 초창기에는 자립이 힘들었던 가맹기관이 몇 있었다. 그래서 재단이나 자선단체로부터 후원을 받기도 했다. 그러던 2011년 임팩트 투자기관 브리지스벤처스(Bridges Ventures)가 스케일임팩트에 필요한 자금을 지원하기 위해 40만 파운드를 투자하게 된다. 준지분(quasi-equity)*이라는 혁신적 형태의 투자였는데, 프로젝트가 성장과 임팩트 목표를 모두 달성해야 투자회사가 투자금을 회수할 수 있는 방식이었다. CASA의 혁신 프로그램이 성공을 거두면서 브리지스 벤처스는 4년 만에 투자금을 회수하며 투자를 종결했다. 이후 CASA는 사회투자의 다음 라운드로 올라갈 수 있었다.

그러나 외부자원 유입으로 인해 조직에 바람직하지 않은 영향력이 행사될 수 있고, 그것은 조직의 창립 미션을 위험에 빠트릴 수 있으니 유의가 필요하다. 실제로 사회부문 조직이 스케일임팩트의 과정에서 자기 정체성을 상실하는 경우가 국내와 국외를 막론하고 종종 나타난다. 이런 상황과 맞닥뜨리지 않으려면 자원동원 및 자원개발 시 스케일임팩트 자원 가운데 어느 것이 가장 시급한지, 그중 조직이 보유한 자원은 무엇이고 외부에서 조달해야 하는 것은 무엇인지, 어떤 파트너가 우리에게 그 자원을 제공할 수 있는지, 그 파트너들은 조직에 어떤 기대를 하는지, 각각의 파트너가 보상으로 바라는 것은 무엇이며 과연 우리가 그것을 제공할 수 있는지, 그리고 이 모든 상황이 조직의 정체성에 잘 조응하는지 등을 꼼꼼히 따져야 한다.

● 선진국에서는 보조금(grant), 부채(debt), 인내자본(patient capital), 준지분(quasi equity), 지분(equity) 등의 다양한 혁신적 금융수단을 활용해 사회투자시장을 조성한다. 이 가운데 준지분투자 방식은 지분투자와 대출의 성격을 모두 가진 혼합 형태의 금융지원 수단을 가리키는 것이다. 사회적 성과 중심의 준지분투자의 사례로는 사회성과연계채권을 들 수 있다.

사회적 수요를 충족시키는 능력

다섯 번째 핵심요소는 '사회적 수요를 충족시키는 능력'이다. 이는 혁신 사례에 대한 수요가 어디 있는지를 파악하고 자원을 효과적으로 투자하여 임팩트를 확장하는 것을 가리킨다. 즉 확산하고자 하는 혁신사례가 어디서 어떻게 임팩트를 창출할 수 있을지 찾아내고 실행하는 것이다.

사회부문 조직은 사회적 임팩트를 극대화하는 것이 가장 중요한 목표이기 때문에 충족되지 못하고 있는 사회적 수요를 찾아내는 일은 매우 중요하다. 수요(demand)는 니즈(needs)와 언뜻 유사해 보이는 개념이지만 실상은 차이가 있다. '니즈'는 어떤 결핍을 느끼는 것이자 생활해나가는 데 필요한 것이 박탈된 상태를 말하고, '수요'는 니즈 충족을 위해 구매력이 뒷받침된 특정 제품(또는 서비스)에 대한 욕구라고 한정지어 생각할 수 있다. 사회부문이 임팩트를 극대화하고자 할 때는 사회적 니즈만으로는 실제 사업을 위한 시장의 규모나 수익창출 규모를 예측할 수 없다. 그래서 사회적 수요를 파악하는 것이 중요하다.

그럼에도 사회부문에서 니즈와 수요를 동일하게 인식하는 경우가 많은 탓에 사회적 니즈는 있지만 수요가 없는 경우를 가려내지 못하거나 사업을 위한 시장을 파악하는 데 어려움을 느끼기도 한다. 따라서 사회적 수요를 정확히 구체적으로 파악하는 능력이 스케일임팩트 성공에 핵심적이다. 우리 주변에는 해결되지 않은 미충족의 사회적 수요가 많다. 그러나 사회부문 조직들이 그것을 충족시킬 능력은 그 크기에 비해 항상 작다. 서비스 수혜자들의 낮은 구매력, 서비스 전달체계의 부족, 경제적 제약 등도 장애물로 작용한다. 그렇다면 스케일임팩트를 하고자 하는 당사자 조직은 적은 자원으로 임팩트를 극대화할 수 있는 지역이 어디인지 그리고 어떤 장애물을 극복해야 하는지를 잘 파악해 자원을 효과적으로 투자할 필요가 있다.

이와 관련해서는 그룹SOS의 사례를 참고하면 좋다. 설립자 장마르크 보렐로는 사회적기업은 그 속성상 고비용의 사업구조를 가질 수밖에 없고 사회적 가치를 창출하면서도 기업으로서 지속가능하게 성장하기가 어렵다는 점을 잘 인식했다. 이 문제를 돌파하고자 그는 사회혁신을 적극 활용했다. 즉 기존의 사회서비스 영역에서 불필요한 비용을 찾아내고 줄일 수 있는 솔루션을 제시하고 효율화시키는 혁신으로 부를 창출하고 이를 다시 사회에 재투자하는 방법을 증명하고 발전시켰다. 그는 사회서비스 분야에 거액의 정부예산이 투여되었지만 마땅한 성과를 내지 못하는 정책이 많다는 점을 간파했고, 이를 찾아내 비용절감이 가능한 보다 경제적이고 효율적인 새로운 공식의 사업을 정부에 적극 제안했다. 즉 사회적 수요가 큰 곳을 찾아내고 사회적 수요의 장애가 되는 점들을 혁신적 아이디어로 돌파함으로써 사회적 수요를 충족시킬 능력을 높여나간 것이다.

사회적 수요와 관련하여 스케일러스 모형에서는 '시장력 촉진'이라는 성공동인을 제시하고 있다. 이는 사람들이나 기관들이 자신의 사적 이익을 추구하는 동시에 공익을 실천하도록 독려하는 인센티브 창출 능력이라고 정의한다. 과거 성공사례를 보자면, 이 능력을 가진 조직들은 외부환경을 지속적으로 모니터링하면서 시장기회를 제공해줄 만한 사회·경제·문화 트렌드를 모색했다. 그렇게 새로운 시장을 창출했다. 좋은 커피도 마시고 상황이 어려운 커피농가도 돕는 공정무역커피, 운동화 한 켤레를 살 때마다 아프리카의 가난한 아이들에게 신발 한 켤레가 기부되는 탐스슈즈, 가난한 사람들에게 무담보 소액대출을 제공하는 마이크로크레디트 등이 여기 해당한다.

저개발국의 가난한 사람들에게 저렴한 가격의 안경을 보급하고자 '비전스프링'을 설립한 조던 카살로는, 안경의 제조원가는 낮출 수 있지만 판매와 배급에 드는 비용이 워낙 크기 때문에 사회적기업을 설립한다 해도 생각만큼 광범위한 안경 보급은 어렵다는 점을 인식했다. 그래서 그는 자기 마을과 이웃 마을에서 안경을 판매할 사람을 모집하고 훈련했는데, 이때 그들에게 '비즈니스 인 어 백(Business In A Bag)'이라 불리는 가방이 제공되었다. 여기에는 이들이 판매할 안경과 시력검사표, 수선도구, 유니폼, 홍보지, 서류양식 등이 담겨 있었다. 이 백팩은 사실 안경 판매라는 비즈니스에 필요한 모든 것이 담겨 있어 마치 하나의 점포와도 같았다. 조던 카살로의 '비전스프링'이 저개발국가에서 안경 비즈니스가 가능한 시장을 창출할 수 있었던 데는 이 백팩이 큰 역할을 했다.

협력구축 능력

협력구축 능력은 조직이 바람직한 사회적 변화를 이끌어낼 수 있도록 외부와의 제휴나 파트너십 등 여타의 연계를 만들어내는 것 또는 그 효과성과 관련된다. 한마디로, 사회부문 조직 홀로 고군분투하지 않고 '연대의 노력'으로 스케일임팩트를 성공시키는 능력이다. 최근 다수의 연구가 협력구축이라는 동인이 성공적 스케일임팩트의 핵심요소임을 강조한다. 스케일임팩트 과정을 성공적으로 수행한 사회적기업가들의 면면을 봐도 그렇다. 그들은 지적재산권, 네트워크 등 조직이 이미 보유한 것에 집착하기보다는 다양한 사람 및 조직과 협력적이고 개방적인 관계를 이끌어낸 사람들이었다.

만일 혼자 모든 것을 감당해야 한다면 성장은 어렵고 더딜 수 있다. 반면 다른 조직이나 기업, 기관들과 협력할 때는 더 많은 자원에 접근할 수 있을 것이다. 일반적으로 다른 조직들과 밀접하게 연계되어 일할수록 파트너들이 더 많은 자원을 투자할 용의를 갖게 될 것이고, 그에 따라 더 많은 레버리지를 확보해 더 빨리 사회적 임팩트를 확대할 수 있을 테니 말이다.

그러나 협력을 할 때는 그 효과를 잘 고려해야 한다. 다른 조직과의 제휴가 오히려 품질이나 브랜드를 훼손할 수도 있고 프로그램이 잘못 수행된 탓에 수혜자들에게 심대한 해를 끼칠 수도 있기 때문이다. 또한 혁신사례를 가진 조직의 설립자가 모든 결정에서 자신이 큰 영향력을 갖기를 원하고 조직운영의 통제권을 행사하고 싶어한다면, 이 경우에는 다른 사람(조직)들이 주도권을 갖고 전략적 결정에 영향을 미치는 상황을 불편해할 수도 있을 것이며, 이는 스케일임팩트 과정에서 상당한 불협화음과 긴장을 초래할 수 있다. 따라서 협력이나 제휴의 효과성(강점과 약점)을 잘 따져 임팩트 확장에 가장 효과적인 방식을 취해야 할 것이다.

협력의 효과성에 있어서 또 하나의 중요한 고려사항은 적합한 파트너를 선택하는 것이다. 스케일임팩트의 성공은 제휴단체들이 얼마나 그 혁신을 잘 이해하고 제대로 운영하여 효과적으로 임팩트를 확대하는가에 달려 있다. 그러므로 스케일임팩트의 궁극적 목적에 부합하는 적당한 파트너의 선택이 매우 중요한 일이 된다.

우선 스케일임팩트를 추진하는 조직의 입장에서는 파트너가 무엇을 하면 좋을지에 대한 기대를 명확히 정의해야 한다. 즉 자원동원, 보고체계, 직원채용, 가치와 문화 공유 등 핵심활동에서 파트너에게 기대하는 것이 무엇인지가 명료해야 한다. 또한 적합 파트너의 특징이나 요건에 대해서도 뚜렷이 정의할 수 있어야 한다. 실제로 라이선스나 소셜프랜차이즈 같은 제휴모델을 스케일임팩트 방식으로 택한 사례들에서 파트너들이 혁신사례를 보유한 조직의 가치나 원칙을 이해하지 못하거나 사업을 실행시킬 기술을 확보하지 못해 사업진행에 차질을 빚는 사례가 적지 않다. 물론 좋은 파트너를 찾기 위해서는 좋은 파트너를 끌어들일 수 있을 정도로 원 조직에 매력이 있어야 할 것이다.

정부관계자나 입법부 의원 등으로부터 도움과 지원을 이끌어내는 것도 협력구축 능력에 있어 아주 중요한 활동이다. 스케일러스 모형에서는 이를 '로비(Lobbying)'라는 성공동인으로 제시하고 있다. 우리나라에서는 '로비'라는 말이 대개 부정적인 의미로 받아들여진다. 하지만 로비란 '권한이 있는 사람(일반적으로 행정부 각료나 입법부 의원)에게 자신의 조직이나 산업에 유리한 입법의 촉진·지지 또는 저지 활동 및 이에 소용되는 영향을 행사하는 것'이라는 뜻으로, 사전적 정의만 놓고 보자면 결코 나쁜 것이 아니다. 이런 의미에서 '로비'도 스케일임팩트 성공을 위한 핵심요소로서 연구되는 것이다. 즉, 사회부문 조직이 자신에게 유리한 정부정책이나 법 제정 등을 관련자들에게 촉구하고 주창할 수 있느냐가 스케일임팩트에 매우 중요한 동인이라는 이야기다. 좀 더 구체적으로는, 공공기관이나 입법기관, 행정부, 법원 등이 사회부문 조직이 내세우는 대의를 지지하도록 견인할 수 있느냐가 중요하다는 것이다.

실제로 법, 규정, 예산할당이나 세금 등 정부정책은 스케일임팩트에서 중요한 고려사항이다. 따라서 정부를 비롯해 주요 이해관계자들과의 우호적 상호작용이 스케일임팩트 과정에서 유리한 제도적 환경을 조성할 수 있다. 하지만 사회부문 조직이 추구하는 사회변화 노력이 정책입안자나 행정가 들이 중시하는 유권자들 모두에게 상당한 혜택을 줄 수 있다는 입증이 이뤄져야만 '로비'라는 동인이 좋은 성과로 이어질 수 있을 것이다.

아울러 조직이 주창하는 대의에 대한 지역조직의 지지를 이끌어내고, 대중매체에 노출되거나 사회운동을 조직해가는 커뮤니케이션 능력도 로비활동에 도움이 될 수 있다. 이런 예로 유스빌드의 스케일임팩트 과정을 다시 언급해볼 수 있다. 사실 유스빌드의 성공은 유스빌드 프로그램에 대한 정당과 의회의 정치적 지지, 연방정부 산하기관과의 강력한 파트너십 구축, 연방법안 통과를 통해 예산이 책정되도록 하는 것과 같은 로비활동에 집중한 결과였다.

연방정부와 의회의 지지를 받기 위한 유스빌드와 관련 네트워크의 지칠 줄 모르는 로비활동은 뉴욕시 의원인 메이오 오웬과 매사추세츠 상원의원 존 케리의 도움을 받아 이루어졌으며, 1992년 마침내 연방정부에서 유스빌드 프로그램을 승인하는 법안이 의회를 통과했고, 1993년에는 4,000만 달러 예산을 지원받아 전국적 확산이 가능하게 되었다. 이 과정에서 조직의 대의를 지지하는 지역 풀뿌리 기관들의 연합이 구축되면서 이를 바탕으로 한 지지와 대중매체 노출 등이 상당한 힘이 되었다.

커뮤니케이션

미국에 '음주운전에 반대하는 엄마들의 모임(Mothers Against Drunk Driving, MADD)'이라는 단체가 있다. 음주운전 교통사고로 전신마비가 된 딸아이의 엄마 신디 램브와 음주운전 교통사고로 딸아이를 잃은 엄마 캔디스 리트너가 1980년에 설립한 비영리단체다. 이 단체는 현재 미국 내 50개 주에 660여 개 지부를 두고 있고 해외에도 지부를 여러 곳두고 있을 정도로 빠르게 스케일임팩트를 이루어냈다.

MADD가 이렇게 성장할 수 있었던 데는 커뮤니케이션 활동의 효과가 컸다. 사실 MADD는 음주운전이라는 사회문제를 해결하기 위해 노력한 최초의 단체도, 유일한 단체도 아니었다. 그렇지만 이들이 가장 영향력 있고 성공적인 단체가 될 수 있었던 것은 음주운전이 사회적으로 결코 용인될 수 없는 문제임을 알리는 미디어 캠페인에 집중함으로써 대중의 태도를 변화시켰기 때문이다. MADD의 엄마들은 각종 미디어 인터뷰에 적극 임했고 그 덕분에 음주운전에 관한 신문 보도가 폭발적으로 늘어났다. 주정부도 음주운전 관련 규정을 강화하는 법을 하나하나 통과시켰다. 또 의회 의원들의 후원으로 음주운전에 반대하는 거리행진단도 조직되었다. 1982년에는 당시 대통령 레이건이 음주운전에 대한 자문위원회를 구성하여 MADD를 참여시켰다. 이렇듯 다양한 커뮤니케이션 활동 덕에 MADD는 두 엄마를 비롯해 그 지인들이 참여하는 소규모 모임에서 글로벌 조직으로 엄청난 성장을 거두었다.

스케일임팩트의 성공요소로서 커뮤니케이션 능력이란 조직이 자신의 스케일임팩트 계획이나 비전 또는 전략을 이해관계자들에게 확신시킬 수 있을지에 관한 문제다. 잠재적 수혜자들이 조직의 서비스를 이용하도록 하고 해당 문제에 대한 태도를 변화시키도록 설득하는 것, 자원봉사자들과 직원들의 열정을 끌어내는 것, 고객들이 제품이나 서비스를 구매하도록 설득하는 것, 후원자나 투자자가 기금을 제공하도록 하는 것 등이 바로 그런 일이다. 사회부문 조직들은 재정 및 인력의 부족으로 홍보 여력이 많지 않고 커뮤니케이션 기술도 미흡하다. 그러다 보니 외부에 홍보를 하거나 다양한 이해관계자들을 설득해야 할 때 어려움을 겪기도 한다.

만약 MADD가 그랬듯 조직 안에서 적합한 커뮤니케이션의 방법과 기회를 확보한다면 스케일임팩트가 더 빨리 효과적으로 진행될 수 있을 것이다. 따라서 조직이 만약 커뮤니케이션 전문가나 유명인의 참여를 이끌어낼 수만 있다면 큰 시너지를 창출하게 된다. 예컨대 카붐은 오바마 정부 시절에 영부인 미셸 오바마의 참여로 세간의 호응을 얻었다. 미셸 오바마가 카붐의 놀이터 짓기 봉사에 참가해 그 활동이 지닌 가치를 지지해주었기 때문이다.

'커뮤니케이션'이 스케일임팩트 성공에 얼마나 효과가 있을지는 '대중의 지지'라는 상황적 조건에 따라 다를 것이다. 이미 대중이 어떤 사회부문 조직의 가치나 전략을 익숙해하거나 지지하고 있는 상황이라면 스케일임팩트 전략에는 그 이외의 다른 요소들이 더 많은 영향을 미칠 수 있다.

적응성

일곱 번째로 스케일러빌리티를 위해서는 적응성이 핵심요소다. 주지하다시피 스케일임팩트는 혁신을 다른 지역, 다른 수혜자에게 확산하는 일이다. 그렇다면 스케일임팩트 과정이란, 다른 지역에 혁신을 심는 일일 뿐 아니라 새로운 지역이나 수혜자에게 적응해나가는 과정이기도 하다. 따라서 혁신을 확산하고자 하는 지역의 사회적·경제적 상황 또는 정치적·문화적 조건을 평가해 가장 적합한 지역을 선정하고, 운영모델을 지역 조건에 적응시켜야 한다.

혁신사례를 가진 조직이 혁신을 이룬 지역과 조건은 다르지만 사회적 수요가 많은 지역이라면 그 지역의 파트너들과 제휴함으로써 혁신을 확산하는 것이 더 효과적이고 효율적인 방법이 될 수 있을 것이다. 이렇듯 스케일임팩트에 대한 일정 책임을 지역의 파트너에게 위임하면 비용에 대한 부담을 줄이는 한편 지역에 대한 적응성도 높일 수 있다.

그러나 이때 원 조직의 혁신이 지닌 핵심적 사항을 잘 유지하는 것과 지역에 대한 적응성 사이에서 균형을 유지하는 노력이 매우 긴요하다. 이와 관련해 게오르크 폰 크로흐와 마이클 쿠수마노(Georg von Krogh and Michael Cusumano)는 지역적 조건의 복잡성이나 리스크를 파악하기 위해서라도 조직의 혁신사례를 다른 지역으로 단번에 이전·확대하려 들면 안 된다고 권고한다. 즉 처음에는 일단 한두 가지 요소(제품이나 서비스)를 선택하라는 제안이다.[8] 그렇게 접근하는 것이 스케일임팩트 대상 지역에 관해 좀 더 많은 사항을 파악하는 학습과정에 도움이 될 것이기 때문이다.

스케일임팩트와
미션드리프트

사회부문 조직의 비즈니스는 분명 사회문제 해결을 주요 목적으로 한다. 하지만 자선단체와 달리 기업적 방식과 기술을 활용해야 하기에 조직 내에서 사회적 목적과 경제적 목적을 결합해 운영한다. 줄리 바틸라나 등(Julie Battilana et al.)은 하이브리드 조직의 전형인 사회적기업에 대해 연구했는데, 이 연구문헌에서 저자들은 사회적기업이 '사회복지 논리'와 '상업적 논리'라는 서로 경쟁적인 논리를 포함하고 있다고 보았다.[9]

이들에 따르면 사회복지 논리는 사회의 복지 향상에 중점을 두는 것이고 상업적 논리는 수익과 효율성, 운영효과성에 중점을 둔다. 사회복지 논리는 자선적 행위자나 비영리적 형태와 연관되고, 상업적 논리는 수익창출과 영리적 조직형태와 연관되어 있다고 본다. 그런데 한 조직 안에 사회적 목적과 경제적 목적이 결합되어 있으므로 이의 균형이 조직의 정체성에 있어 무엇보다 중요하다. 하지만 상반된 논리를 포함한 사회적 비즈니스들은 정작 조직정체성을 어떻게 운영할지, 자원을 어디에 우선 할당할지, 의사결정과 외부 관계를 어떻게 할지 등의 문제에서 여러 가지 긴장을 유발할 수 있다. 이 과정에서 균형이 깨져 하나의 논리가 다른 하나를 압도할 위험성에도 노출되곤 한다.

사회적기업의 변심?

실제로 사회적기업의 '변심'(?)을 목도하게 되는 경우가 없지 않다. 소셜 벤처 분야에서 선망의 대상이던 기업이 우리가 알 만한 영리기업에 팔려 이제 더는 '사회적'이지 않게 된 경우도 있다. 어떤 사회적기업은 시장에서 사업을 확대할 좋은 기회를 잡기도 하는데, 그러면 설비투자가 절실해 외부자원을 끌어들이고자 하게 된다. 이때 투자자가 사회적기업이라는 정체성 포기를 요구해 사회적기업 인증서를 반납하려 한다는 사연을 접한 적도 있다.

이러한 현상은 이미 사회적 비즈니스가 활발한 미국이나 영국 등지에서도 문제로 제기된 바 있는데, 이를 가리켜 미션드리프트(mission drift, 목적 표류)라 한다. 사회적기업의 미션드리프트를 연구한 크리스토퍼 컨포스(Christopher Conforth)는 "미션드리프트는 주로 사회적 가치와 경제적 가치를 함께 추구하는 혼합가치 비즈니스(blended value business)에서 발생하는 현상으로서 시장압박으로 인해 사회적 사명에서 이탈하는 조직적 변화의 과정"이라 정의한다.[10] 주로 비영리기관이나 사회적기업, 교육기관 등 사회적 사명을 지닌 조직에 적용되는 개념이다. 즉 환경의 변화나 특정한 압력행사로 인해 사회적 사명을 저버리거나 소홀히 하면서 수익창출에만 열중하는 전략이나 활동을 채택하는 현상이다.

예를 하나 들어보자. 미국의 '벤&제리스'는 벤 코헨과 제리 그린필드가 1979년에 조그만 아이스크림 가게를 열면서 시작된 사회적기업이다. 경제적·사회적 정의를 기치로 내걸고 환경보호나 지역사회 지원 같은 사회적 책임 활동을 아이스크림 제품 판매 사업에 철저하게 연계시켰다. 사회적 책임을 위한 예산도 세전수익의 7~8%에 이르러 보통 1~2%에 머무르는 여타의 기업과는 확실히 차별점이 있는 기업이었다. 그런 노력을 인정받아 설립 이후 미국에서 사회적 가치를 지향하는 회사의 아이콘으로 자리를 잡아나갔다.

그런데 2000년 글로벌기업 유니레버(Unilever)가 벤&제리스를 인수한다는 발표가 있었다. 유니레버는 우리에게도 익숙한 화장품 폰즈(PONDS), 도브(DOVE) 비누, 립톤(Lipton) 홍차 등의 브랜드를 거느린 거대기업이다. 이 발표 이후 벤&제리스의 가치에 열광하던 대중과 사회적기업가들은 크게 분노했다. 예상대로 유니레버는 수익성을 이유로 벤&제리스가 추구하던 사회적 가치를 폐기했다. 이로써 사회적기업가들 사이에서 벤&제리스 인수는 미션드리프트의 위험을 알리는 대표적 사례로 회자되고 있다.[11]

마이크로파이낸스가 전 세계로 확산되는 과정에서도 미션드리프트 현상에 관한 문제 제기가 있었다. '과연 스케일임팩트가 사회적 임팩트를 진정으로 확대하는가?' 하는 질문이 촉발된 것이다. 이를 계기로 마이크로파이낸스와 미션드리프트에 대한 조사연구가 증가했다. 무함마드 유누스 박사가 성공시킨 그라민뱅크의 성공을 계기로 마이크로파이낸스 사업모델이 전 세계로 확산했다. 다양한 마이크로파이낸스 기관이 생겨나 고객 숫자를 늘리고 관련 대출액이 엄청나게 증가하면서 성공적인 스케일임팩트의 사례로 회자되고는 했다. 그럼에도 불구하고 재정적 성장에 걸맞은 사회적 임팩트 증가를 가져왔느냐 하는 심각한 의문 또한 제기되었다. 빠른 속도로 성장을 원하는 마이크로파이낸스 기관에 재정적 지속가능성은 당연한 과제일 수 있으나 사회적 임팩트와 재정적 성과 사이에는 언제나 긴장이 첨예할 수 있다. 그 균형을 잘 잡지 못하면 미션드리프트를 발생시켜 조직을 경영상 어려움에 빠뜨릴 수 있다.

미션드리프트 상황에 빠지는 이유

컨포스는 미션드리프트를 발생시키는 원인으로, 우선 시장이나 지배적 자금제공자로부터의 압력을 들고 있다. 모든 조직은 운영에 필요한 자원을 제공하는 사람이나 조직에 당연히 크고 작은 영향을 받는다. 영향력의 정도는 조직에 제공되는 자원의 비중, 자원제공자의 통제 정도, 다른 자원제공자들의 존재 여부 등에 달려 있다. 만약 자금제공자가 독점적이라면 조직 방향이나 운영에 대한 그의 영향력은 클 수밖에 없다.

두 번째 원인으로는 시장에서 오는 압력이 있다. 사업환경이 매우 경쟁적이라거나 최근의 코로나 상황과 같이 사업환경이 악화되어 생존에 상당한 어려움을 겪게 되면 수익과 재무적 성과를 위해 사회적 사명에 소홀할 위험성이 있다.

세 번째 미션드리프트의 요인으로는 정부정책의 변화를 들 수 있다. 예를 들어 1970~1980년대 영국에서 일어난 일을 보자. 이 시기에 공공서비스가 계약에 기초한 민간위탁으로 전환되었다. 이전에는 정부가 주요 공급자였으나, 이후 비영리나 사회적경제 등 제3섹터 조직이 공공서비스의 직접 제공자로 나서게 된 것이다. 이에 따라 제3섹터는 정부재정에 대한 의존도를 높이게 되는데, 이 과정에서 이들 조직은 보조금(grant) 수혜자에서 계약 당사자로 위상이 변화한다. 다시 말해, 성과에 대한 모니터링, 규정, 감시감독 아래 놓이게 된다. 이러한 환경변화로 인해 제3섹터 조직들은 자신들을 떠받치는 주요 원리인 자율성이 침해될 위험에 처하게 되었다. 어느 조사[12]에 따르면 정부위탁 프로그램에 참여하는 자선기관은 그렇지 않은 자선기관에 비해 매사 자신의 미션에 따라 결정하기보다는 정부의 펀딩 기회에 더 영향을 받는 것으로 나타났다.

한편 스케일임팩트는 사회부문 조직이 미션드리프트에 노출될 가능성을 높인다. 스케일임팩트 과정에 있는 조직은 여느 기업과 마찬가지로 성장에 따른 변화의 과정과 부침을 겪는 데다, 사회적 사명 수호라는 또 하나의 도전과제에 직면해야 한다. 아무래도 스케일임팩트 과정에서는 이전보다 더 기업 마인드가 필요한 상황이 이어질 것이고, 그러다 보면 조직이 출발 시점에 설정한 본래의 사명이나 목적에 대한 헌신성이 약화될 위험이 있다. 이 단계에 이르면 법적 지위에 변화가 올 수도 있고 거버넌스나 의사결정 구조에 수정이 가해질 수도 있다. 왜냐하면 프랜차이즈처럼 법적 준수사항이 추가로 발생한다든지, 사업에 대한 전체적 경영방침의 강화 또는 더 많은 외부자원 유치 등의 작업이 필요할 수 있기 때문이다. 또한 경영성과에 대한 보고 증가, 책임성 요구, 더욱더 공식화되는 경영 및 운영 프로세스, 더 복잡한 시스템 구축의 필요성, 전략 재구성 등 조직경영상의 변화로 인해 외부 전문가가 이사회에 참여하거나 비즈니스 파트너가 될 수도 있다. 이것이 리더십(특히 설립자의 역할)이나 이사회 구성에 변화를 가져올 수 있다.

또한 자원제공자에 대한 의존이 이전보다 높아질 수 있다. 특히 자원제공자가 단일하거나, 이사회에서 투표권을 갖는 강력한 투자자가 있다면 조직의 전략방향과 조직문화에 바람직하지 않은 영향력을 행사해 조직의 미션을 위험에 빠뜨릴 수도 있다. 그리고 더 넓어진 이해관계자에게 관심을 집중하다 보면 수혜자나 지역을 소홀히 하게 되거나 그들과의 연결이 약화되거나 그들에게 제공하는 서비스의 품질이 저하될 가능성도 있다.

결국 스케일임팩트 과정에서 사회적 임팩트와 성장의 균형을 어떻게 맞춰갈 것인가가 매우 중요한 과제다. 스케일임팩트 과정에서 미션드리프트의 위험을 잘 관리하지 못하면 조직의 평판이 훼손되고, 장기적으로는 미래의 자금조달도 어려워질 것이다. 그뿐 아니라 직원들의 사기도 저하되고 내적 갈등까지 유발할 수 있다.

미션드리프트를 방지하는 핵심장치

거버넌스 메커니즘

미션드리프트 현상을 다룬 여러 연구는 스케일임팩트 과정에서 미션드리프트를 방지하는 몇 가지 전략을 언급한다. 그중 첫째는 거버넌스 메커니즘을 활용하는 것이다.

많은 연구자가 미션드리프트를 방지하는 가장 핵심적인 장치는 '거버넌스'에 있다고 말한다. '거버넌스'란 조직 전반의 큰 방향을 제시하고 이후 조직을 통제하고 관리하는 등의 책임성과 관련된 시스템 혹은 과정에 관한 것이라 할 수 있다. 요컨대 거버넌스는 변화의 압력을 관리하고 미션을 수호하는 가장 중요한 수단이다. 특히 비영리조직이나 사회적기업과 같은 사회적 미션을 가진 조직들에 있어 거버넌스는 사회적 사명이나 목적을 견지하는 데 핵심열쇠다. 신규 직원을 고용해야 하거나 자금제공자·이해관계자를 다시 찾아나서야 하고, 새로운 시스템이나 과정을 갖추어야 하는 등 복잡성이 더해지는 스케일임팩트 과정에서 거버넌스는 더더욱 중요한 요소가 된다. 이전과는 다른 영향력이 형성될 것이기에 그 균형을 잡는 데 필요한 조직구조와 과정을 거버넌스를 통해 만들 수 있고 스케일임팩트 전략의 핵심에 미션을 견고히 장착시키는 것 역시 거버넌스의 역할이기 때문이다. 이러한 내부적 이점을 챙기는 것만이 아니라 외부적으로도 투자자들이 투자잠재성을 평가하는 데 있어 거버넌스는 핵심요소다.

컴포스는 거버넌스 메커니즘으로서 조직의 정관이나 법적 조직형태나 규정, 외부 인증제도, 그리고 조직이사회 구성에 관해 논한다.[13] 가장 기본적인 거버넌스 메커니즘은 조직의 정관으로, 정관에 사회적 목적을 명확히 기재함으로써 사회적 사명을 보호할 수 있다. 그러나 현실에서 정관은 곧잘 변경되거나 심지어 무시되기도 하기 때문에 추가 방지책으로서 법적 조직형태나 외부 인증제도에도 관심을 둘 필요가 있다. 법적 조직형태는 거버넌스 구조에 중대하게 영향을 미치는 것으로, 이 형태를 어떻게 선택하느냐가 이후의 거버넌스 활동과 조직의 미션 및 원칙을 견지하는 능력에 중요한 역할을 하게 된다. 이는 역으로, 조직형태 선택이 곧 사회적 목적과 비즈니스 활동을 함께 수행하는 조직에 있어 매우 전략적 선택이어야 한다는 의미가 되기도 한다.

그런데 이 두 가지 목적을 추구하는 조직에 대한 법적 형태나 규정을 지닌 경우가 현재는 거의 없는 실정이다. 제도적 환경이 이렇다 보니 사회적 사명을 추구하면서 영리기업 방식의 비즈니스 툴을 활용해야 하는 사회부문 조직들은 시장에서, 또는 행정기관과의 관계에서 수많은 장벽을 만날 수밖에 없다. 게다가 이 장벽은 시장압력 혹은 펀더 압력이라는 방식으로 사회부문 조직에 작용하기도 한다. 이 문제를 해결하고자 몇몇 나라에서는 새로운 법적 조직형태를 신설하기도 했는데, 예컨대 영국은 사회적 목적을 보호하면서도 외부자본 조달 같은 기업적 활동이 가능하도록 하는 사회적기업의 법적 조직형태로서 CIC(Community Interest Company, 공동체이익회사)를 만들었다. 즉 사회적 사명을 가졌더라도 영리를 추구하는 일반적 기업활동을 할 수 있는 균형을 갖춘 새로운 조직형태를 허가한 것이다.

외부의 인증제도 역시 미션드리프트를 방지하는 데 도움이 된다. 예를 들면, 영국의 민간 사회적기업인증기업이자 CIC인 사회적기업 마크

공동체이익회사(CIC)

'공동체이익회사'는 그 설립의 목적이 공동체의 이익인지를 심사하는 '공동체이익심사(community interest test)' 과정을 거쳐 통과가 되어야 하며, 자산과 수익을 공동체이익에 부합하게 사용한다는 점을 입증하기 위해 '자산동결(asset lock)' 약속을 해야 한다. 구체적으로는, 가령 분배 가능한 이익이 발생했을 때 최대 35%까지만 주주에게 배당이 가능하도록 하고 있다.

(Social Enterprise Mark)라든지, 우리나라와 같이 정부에서 마련한 요건에 따라 사회적기업의 자격을 부여하는 인증제 같은 것이 있다. 이는 인증요건에 사회적 사명을 보호해주는 장치를 다수 포함하는 것으로, 만일 이 요건에 부합하지 않으면 인증이나 인가가 취소된다.

한편 최고의사결정기구인 이사회의 구성 문제도 거버넌스의 핵심요소로서 잘 생각해봐야 한다. 선행 연구자들 또한 '이사회 구성'이 미션 드리프트를 방지하는 데 매우 중요한 기제라는 점을 말하고 있다(Pache & Santos, 2010).[14] 성장단계나 스케일임팩트 단계에 있는 조직에는 '이사회 구성'이라는 사안 자체가 중대한 변화를 가져오는 영향력을 발휘할 수 있는 것이기에 더더욱 중요할 수밖에 없다.

보통 리더십의 변화는 조직의 성장단계에서 일어난다. 성장단계에서는 조직에 대한 책임이 설립자 등 '카리스마를 지닌 개인'에서 점차 벗어나 '여러 이해관계자가 참여하는 집단'으로서 이사회로 이전하게 되며, 이와 함께 조직운영도 시스템화된다. 조직 안팎의 이해관계자의 수효가 늘어나고 복잡해진다. 더 많은 자원을 유치해야 하므로 투자자도 많아질 수밖에 없을 것이다. 이런 이유로 대개의 조직들은 성장단계에서 이사회 구성상의 변화를 겪는다.

이러한 변화는 '사회적 사명'을 견지한다는 측면에서 볼 때 어떤 긴장을 초래할 수 있다. 따라서 이러한 변화의 시기에는 조직이 사회적 사명을 완수하면서도 재정적으로 지속가능하도록 이끌고, 사회적 사명과 재정적 요구 사이에서 발생하는 다양한 갈등 상황을 잘 관리할 수 있는 이사회 구성이 필요하다. 즉 양쪽 자원을 모두 잘 관리하고 통제할 수 있는 이해와 역량을 가진 이들이 있어야 한다. 가령 이사회 안으로 사회적 목적과 관련한 전문성을 가진 사람도 들어가야 하고, 상업적 기술을 가진 사람들도 들어가야 하는 것이다.

미국의 대표적 사회적기업으로서 10여 개의 계열사를 거느린 '파이오니아 휴먼 서비시즈(Pioneer Human Services)'의 대표 역시 두 가지 상반된 방향의 목표 사이에서 균형을 잘 잡기 위해 가장 중요한 수단으로서 '이사진 구성'을 꼽은 바 있다. 양쪽 측면에서 각각의 경험과 전문성을 보유한 사람들로 이사진을 균형에 맞게 구성하는 것이 관건이라는 강조였다. 이 회사는 내가 2008년에 방문한 바 있는 사회적기업으로, "두 가지 목표 사이의 긴장을 해결하는 가장 중요한 노력이 무엇이었느냐" 하는 나의 질문에 대한 대답이었다.

어떤 조직은 여기서 한발 더 나아가 직원, 수혜자, 펀더, 고객 등 다중의 이해관계자 그룹의 대표를 이사회에 참여시키기도 한다. 물론 너무나 상이한 논리를 펴는 다중의 이해관계자를 이사회 안으로 포함시키기란 쉽지 않은 도전일 수 있다. 왜냐하면 그럴수록 갈등과 긴장의 수위는 높아질 소지가 크고, 그로 인해 의사결정이 더 어려워지는 상황이 초래될 수 있기 때문이다. 심지어 그러한 갈등으로 결국 조직이 마비되는 상황을 고려하지 않을 수 없으므로 이런 결정을 할 때는 숙고와 통찰, 세심한 주의가 동반되어야 한다.

사업모델 설계

미션드리프트 방지를 위한 두 번째 전략적 조치로는 사업모델 설계를 이야기할 수 있다. 사업모델을 설계할 때 사회적 사명과 상업적 활동이 강하게 연관되도록 통합전략을 짜야 한다는 것이다. 수익창출이 사회적 사명을 달성하는 활동과 확실히 연동될 때 미션드리프트의 위험이 줄어든다(Santos et al., 2015).[15] 사회적 사명과 수익창출의 연결성이 취약한 조직은 이른바 '디커플링(decoupling)' 현상을 보인다. 자기 조직이 사회적 비즈니스를 한다는 정당성과 합법적 이미지를 보여주고자 주요 이해관계자들이 요구하는 구조나 활동을 상징적으로 수용하기는 하지만 그 내부를 들여다보면 실질적 실행은 잘 이루어지지 않는 경향이 있는 것이다.

바로 이런 조직이 미션드리프트 위험에 더 많이 노출될 수 있다. 우리나라도 최근 사회적경제 조직을 위한 공공 우선구매 시장이 열리면서 사회적 사명을 위해서가 아닌, 시장기회를 획득하기 위해 인증요건을 갖춰 진입하는 유사 사회적경제 조직들로 인해 문제가 되곤 한다. 이들 기업은 성장을 위해 외부자원을 조달하고자 할 때, 사업환경이 어려워질 때 곧바로 미션드리프트의 위험성에 노출될 수밖에 없다. 결국 미션드리프트를 미연에 방지하고자 한다면 사회적 사명을 비즈니스모델에 견고히 통합하는 방식을 찾아내야 하며, 임팩트의 지향성을 성장잠재력과 연결해야 한다.

이러한 통합전략은 직원채용이나 직원교육훈련을 통해서도 구현될 수 있다. 성장이나 스케일임팩트를 위해서는 직원, 회원, 주요 이해관계자 들이 조직의 사회적 사명이나 가치를 한결같이 유지하는 것이 필수적이다. 따라서 신중한 직원채용이 필요할 뿐 아니라 입사 후에도 직원에 대한 지속적 교육훈련을 통해 견지해야 하는 미션이 무엇인지 되새길 수 있도록 해야 한다. 가령 협동조합에서 직원을 뽑을 때 협동조합 고유의 가치에 대한 헌신성을 중요한 채용 요건으로 삼지 않는다면 그 가치를 확산하는 활동이 직원들 사이에서 우선순위가 되지 않을 것이다.

재원의 의존 문제를 전향적으로 관리하는 것도 중요하다. 이 경우 최우선적 방법은 재원을 다각화하여 펀딩기관이 독점적 영향력을 발휘하지 않도록 하는 것이다. 하지만 다각화는 모든 기관이 취할 수 있는 선택은 아니며, 어떤 조직에는 몹시 어려운 과제일 수 있다. 따라서 조직의 미션과 잘 맞는 재원을 찾는 일이 긴요하다. 아울러, 펀더들과의 관계에서 쌍방이 윈윈할 수 있는 파트너십을 잘 발전시키는 방향으로 나아가야 한다. 또 유사한 목적과 가치를 가진 조직들과 네트워크를 맺고 발전시켜나가는 것도 조직의 가치와 사명을 지켜나가는 데 아주 중요한 포인트다.

CHAPTER 5

그들은 어떻게
선한 골리앗이 되었나?

| 그룹SOS |

3

누가 봐도 상대가 안 되는 둘이 맞서고 있을 때 흔히 '다윗과 골리앗' 같다는 말들을 한다. 키 2미터의 거구 골리앗을 왜소한 양치기 소년 다윗이 돌팔매질로 쓰러뜨린 이야기가 그 연원이다. 이 이야기에서 다윗과 골리앗은 반드시 상대를 쓰러뜨려야 하는 관계로 나온다. 즉 다윗과 골리앗의 이야기는 약자와 강자의 대립 관계를 전제한다. 하지만 이렇게 강자와 약자는 언제나 대립해야만 하는 관계인 것일까? 강자이고 약자이지만 서로를 돕는 관계일 순 없을까? 강자 골리앗과 약자 다윗이 대립하지 않고 상생할 수는 없을까?

프랑스의 사회적기업* 그룹SOS(GroupeSOS)가 바로 이 질문에 해답을 주는 사례다. 그룹SOS는 2020년 기준 정규직원 2만 1,500명에, 전 세계적으로 600여 개 조직을 보유한 조직으로서, 11억 700만 유로의 연매출[1]을 자랑한다. 한마디로 유럽은 물론 세계에서 가장 큰 사회적기업이라 할 수 있다. 흔히 사회적기업은 정부나 기업의 지원 없이는 성장하기 어렵다는 통념이 있는데, 그룹SOS는 그것까지 완전히 깨뜨렸다. 그룹SOS는 외부 보조금이나 지원금이 전체 매출의 1% 이하에 불과할 정도로 재정적으로도 매우 탄탄한 회사이며, 따라서 일반 영리기

● 프랑스에서는 사회연대경제(social and solidarity economy)라고 불린다.

업과 견주어도 경쟁력이 밀리지 않는다. 이렇게 규모가 큰 조직임에도 그룹SOS는 모든 계열사와 기관을 완전히 통제하고 지배하는 전액출자 회사(wholly-owned company)는 아니다. 그룹SOS는 지주회사(holding company)로서 계열사 및 기관을 기업네트워크 형태로 운영한다. 기업 연합체와 전액소유회사의 중간쯤에 해당하는 형태라 하겠다.

그룹SOS의 사회적 사명은 "모든 사람이 배경이나 소득에 상관없이 삶의 기본적 니즈, 즉 교육·주거·사회통합·직업·돌봄 등을 해결하기 위해 질 좋은 서비스를 제공받을 수 있도록 하는 것"이다. 그룹SOS는 이러한 사명에 따라 노약자 부양, 공동거주, 교육과 고용 서비스를 제공해 매년 170만여 명의 취약계층이 수혜를 받고 있다. 이렇듯 상당히 광범위하게 사회적 임팩트를 창출하는 한편, 사회서비스의 스펙트럼을 개선하기 위한 실험실 역할을 자임하며 사회서비스 디자인, 테스트, 평가, 체계화 작업을 펼쳐나가고 있다. 그룹SOS가 보여준 규모의 경제, 사회부문에서 쌓은 신뢰와 인정, 그리고 그들이 제공하는 서비스의 품질과 임팩트는 정부의 관계자만이 아니라 다른 기업 및 금융시장에서도 그룹SOS를 함께 일하고 싶은 기업으로 손꼽게 만들었다. 그만큼 그룹 SOS의 협상력도 커졌다.

그룹SOS는 비영리적 목적으로 설립되었으나 수익사업이 가능한 비영리협회(non-profit association)*라는 조직형태를 갖추고 있다. 그래서 그룹SOS에는 소유주도 주주도 없으며, 당연히 배당도 없다. 모든 수익은 그룹의 성장이나 사회적목적에 재투자된다.

● 비영리협회는 비영리 원칙으로 운영되지만 상업적 활동을 하지 못하는 것은 아니다. 다만 주주가 없으므로 배당이 금지되어 있다.

작은 조직 세 개가
그룹의
디딤돌이 되어주다

여느 성공적 조직도 그 시작은 모두 작았다. 그룹SOS도 장마르크 보렐로(Jean-Marc Borello)가 설립한 작은 클리닉에서 시작되었다. 하지만 지금은 엄청난 규모의 사회적기업그룹을 이루었고, 이 업적을 인정받아 '사회부문의 빌 게이츠'라 불리기도 한다. 2008년 아쇼카재단은 장마르크 보렐로를 '아쇼카펠로'●로 선정했는데, 이때 소개된 자료[2]에 따르면 그는 18세 때 청소년사법보호센터(Youth Judicial Protection Services)에서 저소득층 불우청소년과 비행소년들을 위한 일을 시작하면서 이 분야에 입문했다. 그 후 마르세유시의 시장 가스통 데페르(Gaston Deferre)

● 아쇼카는 사회문제에 대한 혁신적 해결책을 가진 사회혁신기업가를 발굴하고 지원하는 비영리조직으로,
매년 아쇼카펠로를 선정한다.

내각 등에서 일했는데, 다양한 정부기관 근무 경험을 통해 정부 시스템의 복잡성을 체득했다. 이때 그는 다양한 영역의 사람들과 네트워크를 만들어나갔다. 1982년에는 MILDT(마약과 마약중독자 퇴치를 위한 범부처사업단)에도 관여했다.

정부기관에서 일하던 시기, 보렐로는 보건·사회서비스 영역에서 톱다운 방식으로 이뤄지는 정책 프로그램에서 어떤 한계를 느꼈다고 한다. 정권이나 담당 장관이 바뀌는 과정에서 기존 정책에다 또 다른 규정이 덧붙여지며 중첩되었고 각 부처마다 단기 프로그램을 만들어 결과적으로는 비효율과 고비용을 초래했다. 따라서 보건·사회서비스 수혜자들도 보건·주거·일자리 등이 통합된 서비스를 제공받지 못해 한 프로그램에서 다른 프로그램으로 떠돌아다녀야 했다. 그러다 보니 보조금이 중복 지원되는 문제도 발생했다. 보렐로는 이런 방식이 지속된다면 궁극적으로는 취약계층의 문제를 전혀 해결해주지 못하리라 생각했고, 이때의 깨달음이 향후 그가 그룹SOS에서 혁신을 추진하는 데 핵심동인이 되어주었다.

1984년 보렐로는 그룹SOS의 첫 번째 초석이 된 'SOS드로그인테르나시오날(SOS Drogue International)'을 설립한다. 이 단체는 약물중독자 예방 및 치료를 위한 비영리단체로, 이후 명칭이 '프레방시옹 에 수앙 데 제딕시옹(Prévention et Soin des Addictions: 마약중독 예방과 치료)'으로 바뀌었다. SOS드로그인테르나시오날은 약물중독자들에 대한 병원 치료가 거의 이루어지지 않던 당시 프랑스에서 유일한 약물중독자 치료기관이었다.

이 단체를 기반으로 보렐로는 약물중독자 가운데서도 위험군에 속하는 사람들에 대한 보다 종합적인 접근을 시도했으며, 그런 방식으로 차근차근 사업을 다각화해나갔다. 이를테면 약물중독자들과 에이즈의 연관성을 깨닫고는 돌봄센터, 하우징, 재활 등의 이슈를 함께 다루었다. 그러던 중 1985년에는 점증하는 에이즈 발병 문제에 대한 해결책을 찾기 위해 '아비타 에 수앙(Habitat et Soins: 하우징과 케어)'을 설립하게 된다. 이 단체의 목적은 에이즈 환자들에게 주거 및 돌봄서비스를 제공하는 것으로, 병원 치료가 부족한 당시의 의료 상황을 보완해주었다.

그리고 1994년에는 '앙세르시옹 에 알테르나티브(Insertion et Alterna- tives: 통합과 대안)'이라는 또 하나의 단체를 설립해, 사회서비스와 직업재활서비스를 통합하는 최초의 시도를 했다. 이 가운데 일자리와 관련한 서비스 제공 부문은 그가 나중에 공정무역 가게 알테르문디(Altermundi)나 이벤트홀 업체 뤼진(L'Usine; The Factory), 공정무역 식자재를 사용하는 사회적 케터링 업체 '테트레퇴르에티크(Te-Traiteur ethique: Ethical Catering, 윤리적 케터링)' 등 노동통합형 사회적기업으로 발전하여 그룹SOS 활동을 위한 투자재원이 되었다.

1984년부터 1994년까지 설립된 이 세 조직 'SOS드로그인테르나시오날', '아비타 에 수앙', 그리고 '앙세르시옹 에 알테르나티브'가 그룹SOS를 설립하는 데 귀중한 초석이 되었다. 이 세 조직은 보렐로의 전략과 비전에 의해 설립되었다기보다는 이른바 '위험군'에 속하는 사람들의 니즈를 찾아내 이를 종합적으로 해결하고자 하는 자연스러운 발로에서 나온 결과물이었다. 처음에는 약물중독자에서 시작했지만, 이후 보렐로는 사회적으로 배제된 모든 사람을 위한 것으로 제공 서비스를 확장하는 한편, 보건서비스와 주거서비스, 나아가 일자리 제공까지 종합적이고 연결된 서비스를 촘촘하게 제공하고자 했다.

그런데 이때까지만 해도 보렐로는 자신이 설립한 이 조직에서 월급 없이 일하는 자원봉사자로만 참여하고 있었다. 이들 세 단체를 운영하는 한편, 정작 자신은 생계를 위해 파리와 뉴욕 소재 호텔·레스토랑을 운영하는 어느 영리기업의 대표로 근무했다. 즉 10여 년간 보렐로는 한 발은 사회부문 조직 운영에 또 한 발은 영리기업 운영에 딛고 서 있었던 것이다. 영리기업에서 대표로 일하면서 그는 다양한 경영기술을 익힐 수 있었고, 이 또한 그가 그룹SOS를 세우는 중요한 밑바탕이 된다.

1997년, 보렐로는 마침내 하던 일을 모두 정리하고 온전히 사회부문 조직의 운영에 매진하게 되는데, 이때 이미 이들 조직에서 일하는 직원이 400여 명에 달했다.

그룹의 탄생,
'고래'가 아닌
'물고기 떼'를 지향하다

보렐로는 그룹SOS가 원하는 성장이란 어떤 것인가에 대해 이렇게 말한 바 있다. "고래가 아니라 물고기 떼를 만들고 싶었다." 전액출자 자회사들을 거느린 공룡기업을 지향한 것이 아니라 여러 개의 작은 사회적기업들이 큰 규모의 조직이 갖는 이점을 최대한 활용할 수 있도록 하고 싶다는 사명감에서 규모화, 즉 스케일임팩트를 시도했다는 의미다.

그렇다면 그는 어떻게 '물고기 떼'를 가능하게 했을까? 그가 택한 조직형태는 '사회적기업 지주회사'다. 소규모로 운영되는 기관이나 기업에 규모화의 장점을 제공하는 우산조직(umbrella body)으로서 지주회사는 작은 기업들을 네트워크 형태로 운영하며 회계 · 인사 · 재정 지원서비스를 통합한다. 따라서 지주회사로서 그룹SOS는 소규모 기업들의 백

오피스 허브 역할을 한다.

　사실 사회분야의 작은 기업 또는 조직은 어느 시점에 이르면 대개 비슷한 과제나 도전에 직면하게 된다. 기업을 유지하고 성장시키는 데 필요한 자원이 점점 부족해지고 정부지원에 대한 의존도는 높아진다. 능력 있는 인재를 영입하기도 어렵고, R&D투자나 사업개발에도 취약하다. 그룹SOS는 바로 이런 다양한 어려움을 겪는 소규모 기업들을 하나의 비영리협회 형태의 지주회사로 통합해 그들이 직면하는 공통된 어려움을 해결해 온전히 사회적 비즈니스에 집중할 수 있도록 만들고자 했다. 아울러, 개별 사회적기업가들이 더 전문화된 지원서비스를 제공받고 제휴조직 간 네트워크에 접근할 수 있도록 해줌으로써 더 많은 레버리지를 얻을 수 있도록 했다.

성공의 밑거름이 된 '지주회사' 형태

그룹SOS가 펼치는 혁신의 대장정은 1995년에 그 첫발을 내딛는다.[3] 장마르크 보렐로는 주정부와 프랑스 국영 투자펀드 'CDC(Caisse des Dépôts et Consignations: 예금 및 위탁 기금)'와 협력해 애초 그룹 설립의 초석이 되었던 세 개 조직을 '알테르나협동조합(Alterna cooperative)'으로 통합했다. '알테르나협동조합'의 주된 설립목적은 사회경제적 어려움을 겪는 계층이 지역사회에 통합될 수 있도록 다양한 서비스를 제공하는 정부의 혁신적 사회주택 정책의 실행을 지원하는 것이었다. 초기에는 이렇듯 사회주택 운영에 중점을 두었지만 이후 수십 년간 부동산 관리 및 컨설팅 경험을 쌓아 부동산 전문 기업으로 성장하여 조직 전체 자산을 장기적으로 활용하는 한편 프랑스 전역에서 대규모의 부동산 프로젝트를 수행했다.

보렐로는 세 개 조직을 하나로 통합하는 동시에 회계·법률서비스·파이낸스·기금모금·HR·홍보·마케팅 등 기업운영에 필요한 여러 가지 기본 기능을 'EIG(Economic Interest Grouping: 경제적 이익 그룹)'라는 조직으로 또다시 한데 모은다. EIG는 그룹에 속한 기관과 기업이 일상적 경영업무를 최적화할 수 있도록 지원하면서 자문서비스를 제공한다. 또한 감사기능을 갖추고 있어 소속 기관이나 회사에 대한 조사·분석·진단, 그리고 권고안 제출이 가능하다. 이를 통해 각 조직 임원진의 최적의 경영이 가능하도록 한다. EIG가 지원하는 핵심 분야는 회계 및 재무와 예산관리, 법률자문, 인적자원개발, 법소송관리, 구매집중화,* 커뮤니케이션, 제도금융 조달, 은행 업무 등이다. 그룹에 속한 기관이나 사회적기업은 모두 EIG에 가입하도록 했고 각 조직이 사용 가능한 예산에 맞춰 EIG 서비스를 필요에 따라 사용할 수 있다.

이와 같이 그룹SOS는 경영전문화와 더불어 모든 활동에 대한 컨설팅과 내적 통제를 기함으로써 그룹 차원에서 상당한 자원을 축적할 수 있게 된다. 마침내 "고래가 아닌 물고기 떼" 성격의 '그룹SOS'가 탄생한 것이다. 소규모의 여러 조직이 커다란 하나의 그룹 아래 들어가 그 우산 아래서 공동으로 자금을 모아 예산과 비용 문제를 안정화하며 시너지를 창출하고 필요한 기능을 전문화한 덕분에 더 큰 혁신과 성장이

● 각 부서에서 필요로 하는 자재를 모두 모아 한꺼번에 주문하는 대량구매 방식을 말한다.

가능하게 되었다.

물고기 떼 안의 '물고기들'이 얻는 이점

그룹SOS는 지주회사 모델을 통해 작은 기업들이 겪는 어려움을 해결하고 이들이 '규모의 경제'를 활용해 더 많은 레버리지를 얻을 수 있도록 했다. BSC(Big Society Capital)는 그룹SOS 우산 아래 들어간 개별 조직이나 단체가 얻는 이점을 다음 여섯 가지로 정리해 제시한다.[4]

첫째, 운영상의 레버리지다. 아무래도 소규모 조직이나 기업은 전체 수입 가운데 많은 부분을 운영비용에 쓸 수밖에 없다. 그만큼 수익률이 낮다. 그러다 보니 더 많은 비용이 소요되는 성장단계로 진입하기가 상대적으로 더 어렵다. 그룹SOS는 기업운영에 필수적인 지원서비스를 하나로 통합해 제공하거나 공유함으로써, 이들 소기업이 기본적 관리기능을 수행할 전일제 직원을 고용하지 않아도 되도록 해준다. 그 덕분에 물고기 떼에 속하는 물고기라 할 개별 기업이나 단체가 운용비용을 획기적으로 절감할 수 있게 되고, 이를 기반으로 더 빠르게 성장해나갈 수 있다. 특히 그룹SOS는 전문성을 갖춘 능력 있는 인재를 고용하고자 큰 노력을 들였고 그 결과 계열사 기업이나 조직에 질 높은 전문서비스를 제공하는 것이 충분히 가능했다. 2013년만 해도 1만 1,000여 명의 직원 중 400여 명이 각 계열사 지원을 위해 본부에서 활동한 바 있다.

둘째, 자금조달상의 이점이 있다. 그룹SOS는 전문인력으로 재무팀을 짜서 주요 은행과의 관계를 관리한다. 또한 이 재무팀은 사회부문 조직의 파이낸스 관련 프로세스나 요건을 잘 파악하고 있어 개별 기업 입장에서 자금조달이 용이하게 도와줄 수 있었다. 무엇보다도, 각 개별 기업이 아닌 그룹 수준에서 관련 실적을 쌓아 개별 기업 차원에서는 불가능한 투자처를 찾을 수 있었다. 그룹 본부 차원에서 움직이는 이 재무팀은 각 계열사에 필요한 재무적 니즈를 모아 규모가 큰 파이낸싱을 시도했으며, 그렇기에 투자자들에게도 매력적이었다. 또한 조직 설립 후 35년 동안 사회주택과 매장, 사무실과 요양원, 병원 등의 시설이 수백 개를 아우를 정도로 확장되었고, 임시주택 등 5억 유로에 달하는 부동산이 그룹의 부동산 관련 자회사 알테르나에 집중되어 있어 은행으로부터 대규모 대출을 받는 데 용이했다.

셋째, 사업개발에서 얻는 이점이다. 보통 소규모 기업들은 공공조달이나 민간과의 협력사업에서 어려움을 겪는다. 사업계약을 따내기 쉽지 않고, 따낸다 하더라도 작은 규모의 계약에 머무르는 경우가 많다. 그룹SOS는 사회적기업들을 모아 큰 규모의 계약을 따기 위한 경쟁에 나섰다. 특히 그룹SOS의 사회적 사명과 비영리로서 갖는 지위가 사회서비스 관련 사업 입찰에 유리하게 작용했고, 그 덕분에 그룹SOS는 매년 25%에 달하는 성장을 할 수 있었다.

넷째, 혁신상의 이점이다. 보통 소규모 조직은 새 사업에 투자할 재정적 여력이 부족하다. 여력이 있어 시도를 하더라도 혹 실패할 경우 그에 따른 리스크를 감당하기가 쉽지 않다. 반면 그룹SOS는 재정적 연대 메커니즘을 통해 실적 좋은 계열사의 잉여분을 새로운 사업이나 혁신 프로그램에 투자함으로써 사업들 간 교차지원(cross-subsidise)이 가능하도록 체계화했다. 또한 사회적기업 각 곳이 쌓은 지식을 바탕으로 시장에서 새로운 사업기회를 파악하고 개발할 수 있었다.

다섯째로, 지식경영이 가능하다는 이점이다. 그룹SOS는 그룹 내의 우수사례나 네트워크를 공유하는 회의를 개최하는데, 이것이 다양한 지식을 축적하고 관리하는 지원네트워크의 역할을 톡톡히 하고 있다.

여섯째, 인적자원 측면에서도 이점이 있다. 그룹SOS는 대규모의 인재채용 시스템을 갖추고 있다. 또한 다양한 기업이나 조직이 그룹SOS 산하에 존재하기 때문에 인재들에게 경력개발 기회를 더 풍부하게 제공할 수 있고, 이는 당연히 인재채용에 유리한 조건이다.

그룹SOS의 사업모델은 효율적이고 공유된 관리기술을 기반으로 한다. 그룹에 속한 기관 및 사회적기업은 상당한 자율성과 자체 자금을 보유하고 그룹을 구성하는 모든 시설, 구조 및 서비스는 그룹의 인적자원이나 정보시스템, 구매나 사업개발 등의 다양한 기능에 기여한다. 그룹 SOS가 이룬 이 같은 '규모의 경제'는 더 넓은 범위에서 사회적 임팩트를 창출하는 프로젝트의 지속가능성을 보장해주고 일자리를 창출해준다. 나아가 수익성이 다소 낮은 사회적 주제에 대해서도 투자능력을 갖추도록 해준다.

사업다각화와 인수합병을 통한 스케일임팩트

그룹SOS는 자체 조직을 확대하는 스케일임팩트 전략을 채택했다. 1984년 설립 이후 보건·사회서비스 영역에서 새로운 활동을 발전시켜 새로운 단체나 기업을 만들어내는 동시에 사업다각화, 다른 영리기업이나 사회적기업에 대한 인수합병(M&A) 방식으로 규모의 경제를 이루어낸다. 이들 단체나 회사를 하나의 그룹 안에 통합함으로써 규모의 경제가 갖는 이점을 최대한 활용하는 방식을 쓴 것이다. 특히 모든 조직에 필요한 회계·인사·R&D·컨설팅 등 지원서비스를 공동으로 구축함으로써 소규모 기관이나 사회적기업들이 전문서비스에 접근하는 것이 보다 용이하도록 도왔다. 즉, 그룹SOS는 소규모 조직들이 인사나 회계 문제에서 해방되어 자신들의 고유 목적사업에 집중할 수 있게 해주었다.

그룹SOS의 우산 아래 있는 기업들은 그룹에서 만들어놓은 네트워크와 규모의 경제가 주는 이점을 충분히 활용할 수 있었다.

그룹SOS의 사업다각화 과정

1995년 지주회사 그룹이 구축되고 1997년 설립자 장마르크 보렐로가 전일제 대표로서 경영에 전념하게 된 후 그룹SOS는 사업다각화에 박차를 가한다. 스케일임팩트를 위한 사업다각화는 두 가지 방향으로 전개되었다. 한편에선 조직 자체적으로 사회적 수요가 있는 분야를 중심으로 새로운 프로그램이나 사업을 개발했다. 또 한편, 외부 프로그램을 채용하거나 회사 자체를 인수합병 하는 방식으로 다각화가 이루어졌다. 가령 은퇴를 했거나 경영상의 어려움으로 회사를 정리하고 싶어하거나 반대로 더 성장을 원하는 사회적기업가라든지, 아니면 아예 영리기업가에게서 새로운 사업기회를 찾아냈다. 이들은 자신들이 추구하던 가치를 계속 지켜줄 수 있는 곳에 회사를 팔고 싶어했다. 그룹SOS는 이들 자선단체, 사회적기업, 영리기업을 대상으로 그룹SOS의 경영방식을 적용할 경우 재정적으로 회생이 가능할지, 그러면서도 사회적 임팩트 창출이 가능할지를 판단해 인수 여부를 결정했다.

그룹SOS의 사업다각화는 매우 기민하게 펼쳐진다. 2001년 그룹SOS는 실직자와 장애인, 별다른 기술을 갖고 있지 못한 청년을 위해 직업훈련 및 일자리를 제공하는 '고용(employment)' 분야로 우선 진출한다. 이 분야에서 경험을 쌓고 발판을 다져 이후 소매업, 이벤트, 호텔과 레스토랑, 컨설팅서비스, 건설, 주택 등 15개의 직업군으로 사업분야를 확대해 현재는 총 1만여 명을 고용하고 있다.

그리고 2005년에는 보육사업에 나서 그것이 현재는 단순한 보육시설을 넘어 스포츠프로그램, 멘토링, 보호시설을 제공하는 한편, 어려움에 처한 아동이나 청소년에 대한 각종 지원사업을 펼칠 정도로 확대된 상태다. 총 173개 시설에서 해마다 2만여 명의 아동·청소년에게 서비스를 제공할 만큼 큰 시설로 성장한 것이다. 한편 이해에는 그룹SOS가 그동안 쌓은 지식과 노하우를 바탕으로 '지속가능 개발 컨설팅' 사업에도 진출했다.

2008년에는 운영상의 어려움을 겪던 장조레스병원(Jean Jaurès hospital)을 인수하며 보건분야에도 뛰어든다. 장조레스병원은 프랑스 파리의 빈민지역에 위치한 병원으로 나날이 심화되는 재정적자에 시달리고 있었다. 그룹SOS는 이 병원을 인수해 비영리로 운영하면서 저소득층과 노인을 위한 지역밀착형 병원, 환자 맞춤형 병원으로 거듭나게 했다. 장조레스병원은 이후 그룹SOS의 보건의료사업 분야로 발전해 현재는 9개 병원과 가정방문간호사업, 응급센터, 간호조무사 양성센터 등을 산하에 두고 있다.

사업다각화를 통한 그룹SOS의 스케일임팩트 프로세스는 여기서 멈추지 않는다. 2010년에는 임팩트투자를 위한 자회사 CDI(Le Comptoir de L'Innovation)를 설립하여 사회적기업의 성장을 위한 투자, 기술적 지원, 임팩트 평가, 컨설팅 등을 제공한다. CDI 설립은 당시 사회적기업들의 재정적 어려움을 인식한 그룹SOS가 자신들이 구축한 비즈니스 전문성, 재정, 경험, 네트워크를 연계하여 소셜벤처를 육성하고자 하는 의도였다. 현재 CDI는 총 4,800억 원가량을 운용하며 사회적기업에 투자하는 사회적기업 창업투자사로 성장했다. 전 세계 사회적기업의 인큐베이터 네트워크로서 사회적기업 분야를 강화하는 역할을 해왔으며 2018년부터는 SOS퓔세그룹(SOS Pulse Group)으로 사명을 변경했다.

2011년과 2012년에는 노인(senior)분야로 사업을 확장했는데, 2012년에는 재정적 위기에 처한 알파상테(Alpha Santé)를 인수했다. 알파상테는 병원 및 노인 시설 열다섯 곳을 운영하던 기업으로 당시 직원만 2만 1,000명에 이를 정도로 조직 규모가 컸다. 알파상테를 인수하면서 그룹SOS는 1만여 명을 고용하는 거대조직으로 발돋움하게 된다. 현재 노인분야 사업은 69개의 노인주택과 100여 개의 시설을 운영하는 수준으로 더욱 확대되었으며 입주민도 5,800명에 달할 정도로 규모가 커졌다. 이 시설에서는 식사, 가정간호, 가사도우미, 노인 간 유대 등 다양한 서비스를 제공하고 있다.

이와 같이 그룹SOS가 2010년부터 2013년까지 부단한 사업다각화를 펼친 결과, 2013년에는 아동청소년, 고용, 연대, 보건, 노인 등 다섯 개 분야로 사업영역을 넓히고 그룹 내로 45개 자회사와 기관이 편입되었으며 직원은 1만 1,000명에 이르렀고, 이 시기 연간 성장률은 30% 이상이었다.[5]

지치지 않는 혁신, 끝없는 성장

그룹SOS는 새로운 이슈가 있을 때마다 그에 대응해 새로운 사업기회를 찾아내며 혁신을 이어나간다. 2020년에는 이미 진출한 다섯 개의 사업분야에 문화, 국제행동, 생태전환, 지역개발 등 네 개 분야를 더해 총 아홉 개 사업분야를 구축해 명실상부한 강자가 되었다. 그룹의 규모는 물론이고, 사회부문에서 쌓은 신뢰와 인정 그리고 그들이 제공하는 서비스의 품질과 임팩트로 인해 정부만이 아니라 다른 기업까지, 심지어 금융시장마저 그룹SOS와 파트너가 되고 싶어했다. 그만큼 그룹SOS는 유리한 위치에서 사업협상을 할 수 있었다.

2017년 한 해만 놓고 봐도 그룹SOS의 성장속도를 가늠할 수 있다. 그룹SOS는 몇 가지 사업을 정부나 시당국으로부터 위탁받았으며 다른 조직을 인수하기도 했다. 오트잘프에 소재한 라소스메디컬센터를 인수해 병원 한 곳을 더 개설했다. 또한 마르세유시로부터 17세기에 군사지역이었고 수년간 폐쇄되어 있던 앙트르카스토항구를 그룹SOS가 리뉴얼해 사용할 수 있도록 허가받았다. 그룹SOS는 이 지역을 문화공간으로 탈바꿈시켜 여러 어려움을 겪는 청년들을 위한 수백 개 일자리를 창출했다. 또한 시리아에서 들어온 급진주의자 난민들이 프랑스 사회에 재통합되도록 지원하는 센터 설립을 프랑스 정부로부터 위탁받았다. 그룹SOS는 병원을 회생시키고 역사적 유적지를 재건하고 이슬람 극단주의자를 사회로 복귀시키는 등 혁신적 프로그램을 완수하며 성장을 거듭했다.

2017년 그룹SOS는 기존의 다섯 개 사업분야에 더해 문화('SOS Group Culture')와 생태전환('SOS Group Ecological transition') 사업영역을 추가하고, 기존의 국제적 활동을 하나의 사업영역('SOS Group International action')으로 통합한다. 문화 사업영역은 문화창작소, 영화관, 역사 유적지 재생, 미디어 등의 사업을 운영하는 12개 조직으로 구성된다. 생태전환 사업영역은 지속가능한 생태농업 연구 및 운영, 음식물쓰레기 문제 해결을 위한 사업, 어린이 요리 워크숍, 할머니 손맛의 케터링 사업 등을 운영하는데, 총 22개 조직에서 840명을 고용할 정도로 규모가 제법 큰 사업이다.

이 가운데 생태전환 사업영역에서 주목할 만한 것으로 2019년 안데스(ANDES) 연대식료품점 네트워크 인수를 들 수 있다. 안데스 연대식료품점은 도매시장에서 판매되지 않은 과일이나 채소를 수거한 뒤 재분류하여 저렴한 가격으로 다시 판매하는 매장이다. 그룹SOS는 이 매장 운영을 통해 취약계층에게 일자리를 제공하는 동시에 음식물쓰레기 퇴치를 위한 구체적 노력을 하고 있다. 또한 그룹SOS는 같은 해에 산림 유지, 녹지관리, 가지치기 등 환경사업을 통해 취약계층의 자활을 돕는 비영리단체 '레 브리가데 베어(Les Brigades vertes)'를 인수했다. 현재 이 단체는 하천과 자연공간 보호, 조경, 수목관리, 소규모 유적지 복원 등의 활동을 통해 지속가능한 환경을 만들기 위해 노력하고 있다.

2019년에는 그룹SOS의 아홉 번째 사업영역이 만들어지는데 'SOS 그룹테리토리알악시옹(SOS GROUP Territorial action)'이 그것이다. 그룹 SOS는 이 사업영역을 통해 지역개발 및 통합촉진 활동에 집중하는데, 주요 프로젝트로 '1,000카페(Cafés)'가 있다. 2020년부터 시작된 '1,000 카페' 프로젝트는 주민인구 3,500명 이하 마을에서 사회적 유대를 강화하고 주민참여를 높여 농촌지역에 활력을 불어넣겠다는 목적으로 다목적 카페를 여는 것이다. 프랑스인 중 절반 이상이 농촌지역에 살면서 소외감을 느끼고 종종 필수 서비스 및 사교 공간의 상실 등을 느낀다는 문제의식에서 기획된 프로젝트다. 격차와 소외감을 느끼는 지역주민들에게 결속과 친밀감을 주는 공간을 마련해주고자 한 것이다. '1,000카페' 개설은 주민들의 참여로 이루어지고 각 지역의 카페 명칭도 지역주민이 정한다. 커피와 빵을 파는 카페는 기본이고 식료품점이나 우편서비스, 택배, 디지털거점 등의 형태로도 운영된다. 지역별 니즈에 맞게 다양한 서비스를 추가할 수 있다.

매장 운영은 파트너들의 협조로 이루어진다. 지방정부는 카페를 열수 있는 공간을 제공하고 여러 회사가 파트너로 참여하는데, 예를 들어코카콜라는 시설 지원을 하고 세계적 주류업체 페르노리카는 바리스타들을 지원해주거나 훈련시킨다. 카페의 매니저들은 그룹SOS의 직원들로 이뤄지는데 정부가 매니저들 일부의 인건비를 지원하기도 한다. 상대적으로 외진 시골이나 마을에 카페 매장을 여는 것이어서 1,000카페는 경제적 성공을 꿈꾸지는 않는다. 보렐로는 이렇게 말한다. "나는 경제란 그해의 수지타산만으로는 따질 수 없다고 생각한다. 만약 장기적으로 2,000개 마을에서 2,000명의 일자리가 만들어진다면 그 또한 성공이다."

1984년 약물중독자를 위한 작은 클리닉에서 시작된 그룹SOS는 35년 동안 성장을 거듭한 결과, 세계에서 가장 큰 규모의 사회적기업 지주회사가 되었다. 2002년을 기점으로 그룹SOS는 사업다각화와 성장을 촉진해온 이후 25% 이상의 평균 연간 성장률을 기록해왔다. 그룹SOS는 자체 조직을 확대하는 전략으로 스케일임팩트를 했으며, 이때 스케일업은 세 가지 유형으로 이루어졌다. 첫째, 조직 내의 새로운 사업에 투자함으로써 조직 내 스타트업을 통해 성장했다. 둘째, 자선기관이나 사회적기업 그리고 영리기업들을 인수합병함으로써 성장했다. 재무적 어려움을 겪는 사회적기업, 지분참여를 통해 성장하길 원하는 사회적기업, 그리고 자신의 조직을 사회적 가치를 추구하는 조직에 넘기고 은퇴하기를 원하는 사회적기업들이 인수합병의 대상이었다. 인수합병은 외부의 제안이나 그룹의 적극적 인수 계획에 따라 이루어졌는데, 이때 운영 방향을 바꿔 사회부문 조직으로 변화할 가능성이 있는 상업적 회사도 인수 대상이 되었다. 셋째, 여러 사회적 이슈의 혁신대안을 창조하는 방식의 사업다각화를 통해 성장했다.

주주도 없고
배당도 없는
비영리 거대조직

그룹SOS는 '비영리협회'로서 주주나 배당이 없는 비영리조직이다. 프랑스에서 비영리협회는 '비영리부문' 지위를 유지하면서 영리사업을 펼칠 수 있지만, 모든 수익은 사회적 목적을 위해 재투자되어야 한다. 사실 그룹SOS는 조직의 사회적 사명과 자선적 지위 덕분에 더 큰 성공을 거둘 수 있었다. 예를 들어, 큰 규모의 사회서비스 입찰에 들어간다고 해보자. 이때 정부는 재정적 역량이 있지만 영리를 추구하는 기업이 입찰을 따내기보다는 비영리협회인 그룹SOS가 입찰에 성공하는 쪽을 선호했다. 그룹SOS는 주주도 없고 배당도 없는 비영리 구조이기에 이 기업이 제공하는 사회서비스가 더 많은 구매자에게 혜택을 줄 것이기 때문이다. 이는 인수합병에도 유리하게 작용했다. 가령 어느 사회적기업가가 은퇴를 고려하고 있다고 해보자. 이때 그는 자신이 영위하던 사업을 영리기업에 팔기보다는 사회적 사명을 가진 비영리조직에 넘기기를 원할 것이다.

'따로 또 같이', 재무적으로 연대하는 조직들

그룹SOS 안에는 많은 조직과 시설이 존재한다. 따라서 효율적 관리가 매우 중요한 과제일 것이다. 장마르크 보렐로는 이러한 거대조직을 피라미드 방식으로 관리하는 것은 상상도 할 수 없는 일이라고 말한다. 실제로 그룹SOS는 사업부문이 아홉 개나 될 정도로 크고 복잡한 조직이지만, 신속한 의사결정과 경영기술의 전사적 공유 등을 통해 선구적 조직을 구축해왔다.

그룹SOS의 경영 관련 의사결정이나 통제는 참여와 책임, 투명성과 윤리와 협의가 핵심원칙이다. 그룹SOS는 공동의 경영집행 기관인 '경영이사회(Directoire)'를 만들어 이를 통해 모든 사업부문이 조화를 이루도록 하고 있다. 경영이사회는 협의체적 집행기관으로서 사업부문을 대표하는 책임자들로 구성되며, 주요 역할은 구성조직들의 이사회가 제시한 의제나 전략방향을 구현하는 것이다. 각 경영이사는 협회의 총회를 통해 임명된다. 경영이사회 의장은 그룹SOS의 설립자인 장마르크 보렐로가 맡고 있다.

한편 경영이사회를 감독하는 기구로서 이사회가 있으며, 경영이사회의 전략기능을 지원하는 실행위원회(comex)가 운영된다. 각 기관들은

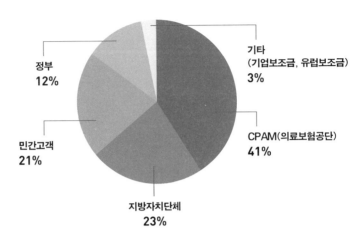

도표 20. 그룹SOS의 고객 구성

기타
(기업보조금, 유럽보조금)
3%

정부
12%

CPAM(의료보험공단)
41%

민간고객
21%

지방자치단체
23%

독립적으로 운영되고 상당한 자율성이 주어진다. 각 조직은 자산을 독자적으로 보유하고 자금조달 또한 자율적으로 하면서 전문성을 발전시켜왔지만, 모두가 그룹SOS의 경영철학과 시스템을 따르며 브랜드를 공유하고 있다. 그룹SOS 산하에 있는 각 조직은 이렇듯 독자적으로 활동하지만, 그룹 전체의 경제적 균형을 유지하기 위한 노력을 해야 하며, 중요한 결정을 내릴 때 반드시 본사와 협의해야 한다는 의무도 진다. 그룹SOS의 구성조직들은 지원서비스를 함께하고 재무적으로 연대하며 규모의 경제와 네트워크의 이점을 극대화하고 있다.

그룹SOS의 사업유형

그룹SOS가 운영하는 사업에는 두 가지 유형이 있다. 하나는 공공서비스 사업(public service mission)이다. 장애인이나 약물중독자 돌봄, 하우징이나 아동보호 관련 활동이 여기에 속한다. 공공서비스 사업은 공공기관이 위임한 것이기 때문에 위탁업무에 대해 공공기관의 통제와 평가를 받을 의무가 있다. 또 이 사업유형에서는 어떤 이익도 창출할 수 없다.

다른 하나는 공익활동(activities of general interest) 사업이다. 이 활동은 공공기관의 통제 없이 그룹이 자율적으로 운영하는 것으로, 어떤 경우에는 정부나 공공기관의 강한 규제를 받기도 하고 또 어떤 경우에는 시장에서 경쟁의 규칙에 따르기도 한다. 이러한 공익활동 사업으로는 개인돌봄 서비스, 소매점, 이벤트, 훈련활동, 교육 및 유아 활동, 푸드 지원, 녹지나 유적지 유지보수, 제조업, 문화활동, 연대활동 등이 있다. 그룹SOS 산하의 구성조직이 보유한 자원은 공공과 민간 모두에서 창출된다. 공공은 정부, 지방자치단체, 의료보험공단(CPAM) 등이고 민간은 기업이나 개인이 고객이다.

그룹SOS가 보여준
이기는 전략

작은 클리닉에서 시작한 그룹SOS가 사회서비스 영역에서 새로운 활동을 창출하고 이를 더 발전시켜 지주회사로서 규모의 경제를 이루어낸 비결은 무엇일까. 이제 그 성공요인을 보다 구체적으로 살펴보자.

프랑스 언론 〈레제코(LesEchos)〉와의 인터뷰에서 보렐로는 그룹SOS의 성공 비결이 무엇이었는지 묻는 기자의 질문에 이렇게 대답했다. "(우리의 성공 비결은) 전략도 비전도 아니었다(no strategy or vision)."[6] 그의 절친한 동료 니콜라 아자르(Nicolas Hazard)*도 〈리베라시옹(Liberation)〉에서 "보렐로는 아마도 수십 년간 그룹을 세워나가는 데 있어 전략이라고

● 현재 그룹SOS의 자회사 CID(le Comptoir de l'Innovation)의 대표다.

는 사용하지 않았을 것이다. 그는 단지 기회를 포착하는 통찰력과 노하우를 가지고 있었던 것 같다"라고 말한 바 있다. 보렐로의 말대로 그룹 SOS를 설립하고 발전시킨 것은 전략이 아니었다. 그는 새로운 니즈를 만들기보다는 사회적으로 배제된 사람들의 기본적 니즈에 충실히 대응하고자 했고, 그 해결을 위해 종합적 접근이 필요하다는 것이 뿌리 깊은 생각이었다. 이런 바탕 위에서 보렐로는 사회의 이른바 '약한 고리'를 찾아내 여기에 속한 이들의 니즈가 각각 별개의 것이 아닌, 매우 밀접하게 연결되어 있음을 명확히 인식했다. 이러한 인식에 따라 니즈를 해결할 방법 및 사업실행 기회를 포착하며 사업을 다각화했다.

통찰력에 기반한 사업다각화

그룹SOS의 사업다각화는, 우선 취약계층의 니즈를 해결하기 위해 작은 발걸음 하나를 내딛는 데서 시작하고, 그런 다음 모든 사회적 배제 계층을 향해 날개를 펼쳐나가는 식으로 자연스럽게 이어진다. 1984년 약물 중독자를 치료할 곳이 마땅치 않았던 상황인 것을 보고는 이들을 지원할 단체 'SOS드로그인테르나시오날'을 설립하고, 약물중독자들이 에이즈와도 관련이 많다는 점을 파악해 임시방편이나마 에이즈케어 활동을 펼친다. 이때 만든 기관, '아비타 에 수앙'이 나중에 돌봄센터로 발전한다. 아울러 약물중독자나 에이즈 환자는 문제의 시작은 '건강'이지만 결국 직업과 집을 잃어버리는 상황이 되어 나중에 건강이 좋아진다 해도 거리로 내몰릴 수밖에 없음을 간파한다. 그리하여 그룹SOS는 이들이 머물 곳이 필요하다는 것, 그리고 이들에게 직업훈련 및 고용을 통한 사회재통합이 필요하다는 것을 인식했다. 이에 따라 그룹SOS의 사업분야는 쉼터나 직업재활을 통한 사회재통합 사업영역 '앙세르시옹 에 알테르나티브'로까지 확대되었다.

한편 보건서비스, 하우징과 고용이 결합된 방식의 통합 서비스를 제공하기 위해 초기에 설립된 세 조직, 'SOS드로그인테르나시오날', '아비타 에 수앙', '앙세르시옹 에 알테르나티브'를 하나의 조직으로 결합하여 구조화했다. 또한 경영에 필요한 지원기능을 한데 모아 경영 얼라이언스를 구축함으로써 규모의 경제와 경영전문성의 기초를 마련했다. 이것이 그룹SOS가 향후 내부적으로는 혁신을 촉진하고 외부적으로는 인수합병 등을 통한 사업다각화 방식으로 신속히 스케일임팩트를 해나가는 데 토대가 되었다.

사회적 임팩트에 효율성을 더하기

그룹SOS는 2002년 이후로 연평균 25%의 성장을 구가했다. 더욱이 현재 그룹SOS가 진행하는 사업의 4분의 3 정도는 영리 대기업과 경쟁한다. 경영난을 겪는 병원 인수나 사회서비스 분야 입찰에서 재정이 탄탄하고 노하우를 쌓은 영리기업과 경쟁하는 경우가 허다한 것이다. 그럼에도 그룹SOS가 놀라운 경쟁력을 갖추며 성장할 수 있었던 것은 사회문제를 해결하겠다는 생각에서 거침없는 혁신을 추구해왔기 때문이다.

취약계층을 고용하고 서비스를 제공하는 사회적기업은 아무래도 고

비용의 사업구조를 가질 수밖에 없다. 사회적 가치를 창출하면서도 기업으로서 지속가능한 성장을 이어나가기 어려운 이유다. 그렇다면 사회적 임팩트에 효율성을 결합해야 지속가능할 수 있다. 그룹SOS가 높은 성장률을 보인 것도 산하기관과 조직에 불필요한 비용을 줄이는 솔루션을 제시하면서 효율화를 기한 덕분이다. 그룹SOS는 이러한 혁신으로 부를 창출하고 이를 다시 사회에 재투자하는 방법을 썼다. '규모의 경제'의 이점 중 하나로서 이러한 비용관리 및 효율성의 원칙이 빛을 발했다.

통상 사회서비스 분야에서는 서비스 비용이 높을수록 서비스 질이 높다고 생각한다. 그러나 보렐로가 보기에, 기존의 사회서비스 분야에는 고비용이지만 제대로 된 성과를 내지 못하는 정책이 허다했다. 그는 고비용으로 운영되는 몇몇 비효율적 서비스보다 더 낮은 가격으로도 얼마든지 높은 성과를 낼 수 있다고 확신했다. 이와 관련해 보렐로는 월세를 내지 못해 임대주택에서 나와야 하는 한 가족의 이야기를 들려준다. 여섯 자녀를 둔 가족이었는데 이들을 정부가 돌볼 때 드는 비용에 대해 보렐로는 이렇게 말한다.[7]

"우선 정부는 학령기의 아이 네 명에 대해 매일 600유로, 엄마와 두 명의 어린 자녀는 엄마와 함께 거주하게 되는데 매일 80유로, 아버지는 1인 거주 남성용 주택에서 매일 800유로. 이것만 해도 한 달에 2,400유로의 비용이 소요된다. 300유로의 월세를 내지 못해 주거지에서 나와야 하는 한 가족을 돌보기 위해 훨씬 더 많은 정부예산이 들어가는 것이다. 그리고 가장 큰 사회적 비용은 가족들이 헤어져야 한다는 점이다."

보렐로는 이런 식의 정부 시스템은 더는 지속가능하지 않다고 보았다. 보건 및 사회서비스 관련 사업을 하고자 할 경우에는 통상 사회사업부에 가서 승인을 받는 것에서 시작하지만, 보렐로는 달랐다. 그는 곧장 재무부로 향했으며, 비용을 절감할 수 있는 더 경제적이고 더 효율적인 사업을 제안했다. 정부 입장에서도 기존보다 낮은 비용으로 질 좋은 서비스를 제공하겠다는 그의 제안을 마다할 리 없었다.

'비용절감'과 '효율'의 원칙은 그룹SOS의 모든 영역에 적용되고 있다. 그룹SOS가 운영하는 LHSS(Lits Halte Soins Sante)는 프랑스 노숙인 관리에 소요되는 의료비를 획기적으로 낮춰주었다. LHSS는 노숙인 의료돌봄센터로 임시주거지와 의료를 동시에 제공한다. 그룹SOS는 40명의 수용규모를 갖는 LHSS를 네 곳 운영하고 있다.

프랑스는 정책상 노숙인이 감기에 걸리면 병원에 입원시키는데 응급실로 실려간 노숙인이 치료를 받은 후 계속 병원에 머물 경우 상당한 비용이 든다. 하루에 1,000유로 이상의 비용이 소요되고, 퇴원하더라도 주거가 불안정한 탓에 재입원을 해야 하는 경우도 많다. LHSS에서는 임시주거지와 기초의료를 동시에 제공하고 있어, 여기서 노숙인은 2개월 정도 머물며 숙식과 건강관리를 할 수 있다. 만약 건강문제가 심각하다면 당연히 전문병원으로 연계된다. LHSS에서 노숙인이 머물며 서비스를 받는 비용은 하루 100유로 정도다. 파리 시내 일반병원의 하루 입원 비용보다 50~75%나 저렴하고 전문병원의 10분의 1에도 못 미치는 액수다.

이렇게 LHSS는 비용을 최소화하기 위해 기본적인 건강검진과 치료 기능만 갖추되 부족한 건 전문병원 및 알코올·약물 치료센터 등과 연계함으로써 해결했다. 2012년 〈매킨지 보고서〉에 따르면, 그룹SOS는 네 개의 LHSS(160개 병상) 모델 덕분에 연간 500만~1,500만 유로를 절약하고 있다. 비용 대비 수익이 높다는 평가를 받으면서 이 방식이 프랑스 전역으로 확대되었다.[8] 그룹SOS가 정부나 지방자치단체와의 협력을 확대할 수 있었던 것은 '사회적 임팩트'에 '효율성'을 결합한 혁신으로 부를 창출하고 다시 사회에 재투자하는 방식을 입증해 보였기 때문이다.

사회혁신의 인큐베이터이자 실험실

'혁신'은 그룹SOS의 경쟁력이다. 설립자 장마르크 보렐로는 새로운 사회서비스 실험을 계속하는 한편, 기존의 프로그램과 시스템을 개선하도록 조직구성원들을 독려했다. 혁신적 프로그램을 설계하고 테스트하고 평가하고 체계화함으로써 프랑스 정부가 이를 채택해 더 많은 지역으로 좋은 프로그램을 확산시킬 수 있도록 하기 위함이었다.

그룹SOS의 새로운 활동은 상당히 명료한 사이클을 지킨다. 첫째, 워크 그룹을 만들고 프로젝트 리더를 둔다. 이들은 시장을 분석하고 해결이 필요한 사회적 니즈를 파악한다. 둘째, 그룹 내에서 실험과 개선을 진행하는데 이때 기존 프로그램의 임팩트를 더 높이거나 새로운 것을 만들기도 한다. 셋째, 첫째와 둘째 과정을 거치며 도출된 방법론과 결과를 정부관계자를 포함한 핵심 이해관계자들과 공유한다. 그룹SOS가 제시한 방법론은 사회적 임팩트를 확대하는 것만이 아닌, 비용을 줄여 경제적이고 효율적이 되는 것이었다. 이점이 많아 정부 입장에서도 그룹SOS의 제안을 받아들이는 경우가 많았다. 실제로 그룹SOS가 운영 중인 여러 정부 프로그램은 그룹SOS 자체 조직의 혁신과정이 이뤄낸 성과물인 경우가 많다.

그룹SOS는 R&D를 매우 중시하기에 그룹 내 조직이나 시설이 R&D 생산 능력을 잘 갖추도록 한다. 그룹의 모든 직원은 혁신 프로젝트를 생각해내야 하는 의무가 있다. 보렐로는 직원들에게 단지 책상에 앉아 있지만 말고 서비스 이용자들을 직접 만나보고 그들의 욕구를 반영한 R&D를 하라고 강조한다.

이렇듯 그룹SOS는 '사회혁신의 실험실' 혹은 '인큐베이터'로서의 역할을 톡톡히 하고 있는데, 이것이 비단 그룹 차원에 머물지 않는다. 그룹SOS는 유럽이나 아프리카 등 전 세계 사회적경제 조직들의 사회혁신 노력을 지원하고 있다. 2010년에는 사회적기업가들을 지원하고자 CDI를 만들어 미래의 사회혁신기업을 위한 기반을 마련했다. 또한 그룹이 보유한 인큐베이터나 액셀러레이터 네트워크를 통해 전 세계 2,000여 명 프로젝트 리더를 지원해왔다. 2018년에는 SOS퓔세그룹으로 사명을 변경해 자신이 보유한 네트워크의 전문가들을 결합해 세계적 차원에서 사회혁신을 창출하고자 노력했다. SOS퓔세그룹의 활동은 새로운 프로젝트의 인큐베이팅, 기존 사회적기업의 성장 및 스케일임팩트 지원, 업무공간 제공, 그리고 펀딩 지원 등의 영역에서 이루어지고 있다.

또한 2020년에는 네 개 대학과 협력해 유럽의 첫 번째 싱크 앤드 두 탱크(Think and Do Tank)로서 '렁파크트탕크(L'Impact Tank: Impact Tank)'를 발족했다. 여기서는 긍정적 효과를 내는 사회혁신에 대한 가치측정과 규모화 작업을 돕는다. '싱크 앤드 두 탱크'는 싱크탱크에서 발전한 개념으로서 전략이나 종교, 이데올로기가 아닌 실질적 효과와 증거 (evidence)에 기초한 싱크탱크 역할을 하는 것을 가리킨다. 많은 사회혁신이 지역에서 가치를 증명하지만 큰 규모로 성장하지 못하는 것은 신뢰할 만한 임팩트 연구가 부족할뿐더러 정책결정자들의 눈에 띄지도 못하기 때문이다. '렁파크트탱크'는 실제 현장에서 전망 있는 활동을 찾아내고 이들 활동에 대한 객관적 가치측정을 하는 한편 구체적 데이터까지 제공해 대규모의 사회혁신을 촉진하는 역할을 한다.

사회적 임팩트와 사업모델을 하나의 무기로 장착

그룹SOS는 스스로를 영리기업 경쟁자들과 겨루는 기업으로 인식하고 있으며, 이에 따라 영리기업에 준하는 '사업모델'을 채택하고 있다. 이는 어떤 종류든 '사회적 배제'와 싸우는 사회적기업이 되려면 정부정책에만 의존해선 안 된다는 생각에 바탕을 두고 있다. 새로운 비즈니스를 시작할 때도 그룹SOS는 외부 보조금에 기대기보다는 지속가능한 자립구조를 갖춘 모델을 찾아 나섰으며, 실제로 정부의 보조금이나 지원금은 전체 매출에서 1% 이하로 유지한 채 시장에서 기회를 포착하고자 노력하고 있다.

그 누구보다도 설립자 장마르크 보렐로가 수익모델을 가진 사회서비스 영역에서 틈새 찾기를 위한 선봉에 서 있다. 경영방식은 물론, 성과측정에서도 보렐로와 그룹SOS는 영리기업의 방법을 기준으로 삼고 있다. 특히 보렐로가 심혈을 기울이는 부분은 능력 있는 전문가를 채용하고 영리기업에 뒤지지 않는 근무환경을 마련하는 것, 그리고 모든 직원이 자기주도권을 가지고 일하도록 격려하는 것이다. 직원들의 이직률을 낮추며 인재를 유지하는 일은 사회부문에서 달성하기에 쉬운 과제는 아니다. 그런데 사실 이것은 사회부문 서비스의 품질을 유지하는 핵심이기도 하다. 보렐로는 평소 직원들의 경력개발을 장려하고 지원하는 한편, 사회부문 조직의 평균급여 이상, 심지어 영리기업의 급여수준까지 지급함으로써 이 과제를 달성하고자 노력했다.

조직이 급격히 커짐에 따라 조직 내부에서 다양한 도전에도 직면하게 되었는데, 이를 관리하기 위해 보렐로는 조직 내에 새로운 경영구조를 연구할 전략부서를 만들었다. 아울러 그룹 내에서 성과평가 및 보고 문화를 촉진하기도 했는데, 이것이 종종 사회복지사 직원들에게 '통제'로 인식되기도 했고, 그래서 거절을 당하기도 했다. 하지만 보렐로는 사업의 효과성과 효율성을 측정해 잘못 진행된 업무에 수정을 기하려면 꼭 필요하고 중요한 절차라는 점을 직원들에게 꾸준히 이해시켰다.

그러나 아무리 기업문화를 강조하고 효율성을 중시한다 하더라도 사회적 가치, 특히 사회서비스 공급자로서 서비스 공급의 '평등'만큼 강조되는 것은 없다. 즉, 그룹SOS의 서비스는 가난하거나 취약한 사람들에게만 제공되지 않는다. 물론 그렇게 하라고 요구하는 사람들도 있지만 보렐로는 가난하고 취약한 사람을 분리하는 것은 '함께' 살아가는 방법이 아니라는 확고한 생각을 갖고 있었다. 그는 그룹SOS가 제공하는 서비스는 모든 사람을 위한 것임을 강조한다. 가령 그룹SOS의 데이케어센터들은 일정 부분 취약계층에 할당하고 있으나 서비스의 내용에 있어서는 일반 환자와 전혀 차별하지 않는다. 사실 병원이나 영리시설에서는 수익을 높이기 위해 1인실에 대해서는 부가요금을 내도록 한다. 아니면 취약계층 환자들에 대해서는 병실을 분리해서 운영하기도 한다. 하지만 그룹SOS가 운영하는 병원이나 시설에서는 이런 예외가 없이 모든 환자를 똑같이 대한다. 그리고 환자가 퇴원하면 이들을 다른 사회 서비스 기관에 연계해 그들이 해당 지역에서 필요한 서비스를 제공받을 수 있게 프로그램을 개발해나가고 있다.

그룹SOS의 장조레스병원 또한 앞서 언급한 "누구나 와서 치료받을 수 있다"라는 원칙에 따라 운영된다. 단, 이 병원에서는 돈이 있는 환자는 치료비를 내고 돈이 없으면 내지 않아도 된다. 즉, 돈이 있는 사람의 돈으로 돈이 없는 사람을 치료한다. 실제 환자 중 55%가 돈을 내고, 45%가 돈을 내지 못하는 상황이지만 돈이 없다는 이유로 의료서비스에서 차별을 받지 않는다.[9]

요컨대 그룹SOS는 '성장'이란 '사회적 임팩트의 향상'이라고 생각한다. 이들은 사회적 임팩트를 수익활동과 별개의 것으로 관리하지 않는다. 보렐로는 한 토론회에서 이렇게 말한다.[10] "우리는 때때로 영리기업들은 원치 않는 시설을 인수하기도 해요. 이들이 인수를 꺼리는 이유는 수익률이 매우 낮기 때문이죠. 예를 들어 센생드니의 어느 클리닉은 매년 2,000여 건의 분만서비스를 제공하고 외과수술을 하던 곳인데 마진이 5%에 불과할 정도로 수익성이 낮아 재정적 어려움을 겪고 있었죠. 당시 연기금이 마진을 12%로 요구하고 있었어요. 만약 인수자가 없어이 시설이 닫히면 환자들은 80킬로미터나 되는 먼 거리의 다른 시설로 다녀야 했죠. 이런 시설은 이미 너무 많은 사람으로 북적이는 산부인과나 외과병원이에요. 우리는 5%의 마진도 수용할 만했어요. 중요한 것은 이

클리닉이 공익을 위해 존재해야 한다는 것이죠."

그룹SOS가 시장에서 경쟁해야 하는 상황임에도 낮은 수익성을 감수할 수 있었던 것은 그룹SOS는 소유주도 없고 주주도 없으며, 그래서 당연히 배당도 없는 조직이기 때문이다. 장조레스병원이 병원비를 낼 수 없는 환자들에게 동등한 서비스를 제공할 수 있는 것도 같은 이유다. 그룹SOS는 주주들에게 수익 배당을 해야 하는 상업적 회사와 달리 버는 수익을 모두 또 다른 사업이나 사회적 목적에 재투자할 수 있다. 또한 요금이 똑같더라도 그룹SOS 산하의 시설은 더 많은 이용자에게 더 많은 혜택을 제공할 수 있다.

한편 그룹SOS는 직원과 임원 간에 급여 차이가 커지지 않도록 일정 범위 내에서 규제하고 있다. 일반회사에서는 최소 연봉자와 최고 연봉자 간 임금 차이가 수백 배에 달하지만 그룹SOS는 그 차이를 열두 배 이내로 유지하고 있다. 이에 대해 보렐로는 "수백 배 임금 차이는 우리 같은 조직에서는 정당하지 못하다. 그룹이 제대로 기능하기 위해서는 설립 가치 앞에서 진실해야 하고 사람들이 와서 일하고 싶어하는 곳이 되어야 한다"라고 말한다. 사회적 임팩트는 그룹SOS의 조직 성격과 사업모델 안에 배태되어 있다. 즉 사회적 임팩트가 분리된 활동으로 존재하는 게 아니라 기업을 운영하는 방식에 이미 장착되어 있는 것이다. 사회적 임팩트와 사업모델의 통합은 기업의 사회적 가치와 지속가능성을 높이는 핵심열쇠다. 그룹SOS의 사회적 사명과 비영리적 지위는 비즈니스의 방해물이기는커녕 그룹을 더 성장시키는 동력이다.

도표 21. 그룹SOS의 발전과정

1984~1995

그룹SOS 출범
이전

1984
- 'SOS드로그인테르나시오날' 설립
- 아비타 에 수앙 설립 → 연대 사업분야로 발전
- 장애인 주거 및 서비스센터, 노숙인쉼터, 취약계층을 위한 임시주거 시설, 이주민 수용 시설 등 운영

1994
'앙세르시옹 에 알테르나티브' 설립

1995
- 3개 조직 통합, 그룹SOS 출범
- 지원기능을 EIG(경제이익그룹)로 통합

2000~2012

사업다각화
- 5개 사업부문의
  45개 조직
- 16,000명 고용

2001
고용: 노동과 직업훈련을 통한 사회통합. 개인적 지원, 경력개발, 소매업, 이벤트, 레스토랑, 건축, 하우징 사업 등 운영

2005
아동·청소년: 장애인이나 위기아동 및 청소년에 대한 돌봄센터, 스포츠 프로그램 운영, 멘토링, 임시보호 등 다양한 시설과 서비스 제공

2010
보건: 9개 병원 운영, 간호사 양성 센터, 가정간호서비스 등 운영. 응급서비스, 외과수술, 산부인과, 수술 회복 치료, 정신과 치료, 건강진단, 고통완화 치료 등

2011 ~ 2012
노인: 69개의 요양원 등 100여 개 노인시설 운영. 노인들의 독립적 생활이 가능하도록 식사 제공 및 건강 케어, 오락활동, 세탁 등의 서비스 제공, 간병서비스 제공 등

2017~현재

- 9개 사업부문
  구축
- 산하 600개
  조직
- 21,500명 고용

2017
- 문화: 문화예술 창작소, 창작자 지원, 영화관, 역사유산 재생, 미디어, 디지털문맹 퇴치 사업 등 12개 조직 운영
- 생태전환: 친환경 생태 농장 운영, 친환경 농업 연구 및 개발, 음식물 쓰레기 퇴치 사업, 전환생태 금융사업 등 22개 조직 운영
- 국제행동: 기존의 국제활동과 사업을 통합. 현재 40여 개국에서 활동

2019
지역행동: 지역의 니즈에 대한 맞춤형 사업 진행. 대표적 사업으로 1,000카페 운영

자료: 그룹SOS 홈페이지.

CHAPTER 6

협력네트워크로 완성해낸
제휴모델의 모범

| 유스빌드 |

3

미국 덴버에 사는 자비에르 제닝스는 심장병을 앓고 있는 할머니와 공공주택에서 살고 있었다. 할머니는 몸이 아픈 탓에 꼼짝도 할 수가 없어 푸드 스탬프*조차 갱신하지 못한 상태였다. 마약을 팔아 돈을 벌 수 있는 유혹이 많은 환경에서 제닝스는 거리생활에 들어갔지만, 결국 경찰에 붙잡혀 학교에서도 퇴학을 당했다. 도와줄 사람이 아무도 없었다.

그러던 차에 친구가 유스빌드(Youth Build) 프로그램을 소개했다. 유스빌드에서는 졸업장을 받고 대학을 준비하면서 이웃의 주택을 짓는 일이나 복구공사 등에 참여해 돈을 벌 수 있다는 것을 알게 되었고, 그는 새로운 길을 걷기 시작했다. 제닝스는 유스빌드 학생들과 함께 혼자 사는 노인의 뒷마당을 개조하는 프로젝트에 참여했다. 처음에 노인은 학생들을 따뜻하게 대해주지 않았다. 그들이 입은 헐렁한 바지가 아이들을 불량해 보이게 했기 때문이다. 하지만 아이들 덕분에 마당을 새단장한 뒤 노인은 눈물까지 흘리며 손수 만든 과자 한 쟁반을 들고 가 감사 인사를 전했다. 제닝스도 자기가 한 일에 대한 뿌듯함을 느끼며 눈물을 흘렸다. 제닝스에게 그 순간은 다른 사람을 돕는 사람이 되기로 결심하는 계기가 되었다.[1] 다른 사람을 위해 좋은 변화를 만드는 것은 이른

● 미국에서 저소득층에게 식품 구입용 바우처나 전자카드를 매달 제공하는 식비지원 제도다.

바 '문제아'로 여겨져온 청소년들에게도 기적과 같은 변화를 일으킨다. "예전에 나는 불량배였지만 이제 나는 영웅이다"라고 그들은 말한다.

유스빌드는 16~24세의 학교도 다니지 않고 직장도 없는 청(소)년*들에게 학업을 통해 검정고시의 기회 또는 학교 졸업장을 취득할 수 있게 해주는 동시에 저소득층이나 노숙인을 위한 주택을 개조하거나 짓는 일에 참여해 지역사회를 개선하는 일에 일조하도록 한다. 따라서 유스빌드 참여자들은 절반의 시간은 교실에서 보내고 나머지 절반은 주택 짓는 일을 하며 보낸다. 참여 기간 동안 참가자들은 훈련수당(stipend)를 받고, 지역봉사 시간을 쌓아 대학 진학 시 아메리콥 교육 장학금(AmeriCorps Education Award) 혜택을 받을 수도 있다. 이와 함께 직업 기술훈련, 상담, 리더십 기회도 제공된다.

이들 가운데 절반가량이 빈곤가정에서 자라나며, 이들은 만성적 빈곤에 시달리다 위험한 범죄행동에까지 가담하는 경우가 많다. 어떤 연구에 따르면, 이 집단에 속하는 청년들이 평생 1.3조 달러의 세금 부담을 직접적으로 야기할 수 있고, 추가로 4.7조 달러의 사회적 부담을 안길 수도 있다고 한다. 이 현실이 보여주는 것은 사회시스템이 잘 작동하지 않고 있다는 것이다. 다시 말해, 이러한 청소년 문제에 대한 새로운 답이 제출될 필요가 있고 문제의 규모에 걸맞은 해결 노력이 필요하다는 의미였다.

---

* NEET(Not in Education, Employment, or Training) 청소년으로 알려져 있다. 통계에 따르면 미국에는 이들 숫자가 600만 명 이상이다.

고장 난 시스템을
메워준
'네트워크'의 힘

유스빌드는 1978년 미국의 고장 난 시스템 사이의 빈 공간에서 시작되었다. 대학 졸업 후 인권운동에 뛰어든 도로시 스톤맨(Dorothy Stoneman)은 할렘 지역에서 교사로 지내며 많은 저소득층 아이들이 학교를 중퇴하고 거리에서 시간을 보내다가 범죄자로 전락하는 악순환에 빠지는 것을 보았다. 스톤맨은 이 아이들을 그 악순환으로부터 구하고 싶었으며, 그녀가 찾아낸 솔루션은 청소년들이 스스로 삶을 책임지고 지역사회를 변화시키는 일에 참여하도록 돕는 것이었다.

스톤맨이 처음 결성한 단체는 '유스 액션 리스토레이션 크루(Youth Action Restoration Crew)'였다. 그녀는 당시를 이렇게 회고한다. "아이들은 가난을 끝내고 싶은 열망이 누구보다 강했어요. 우리는 망가진 시스템을 바꿀 힘이 없었지만 실험할 힘은 있었습니다. 초기 몇 년 동안은 복제를 가능케 할 원칙과 시스템이 있는 모델을 만들어나갔습니다." 청소년들이 주도하여 이웃의 주택을 개조하거나 건축하는 작은 프로젝트를 운영하던 이 작은 단체가 수십 년에 걸쳐 변화를 거듭하다가 극적으로 확장되었다. 그리하여 현재 유스빌드는 미국 46개 주에 220여 개 그리고 20여 개국에서 56개 프로그램이 운영되고 있으며, 매년 1만여 명 청소년이 활동하고 있다.

지금까지 유스빌드 프로그램에 참여한 청소년을 모두 합하면 대략 18만 명에 이르고 이들이 지은 주택도 3만 5,000개에 달한다. 이토록 빨리 전국적 규모로 스케일임팩트를 해낼 수 있었던 것은 유스빌드의 남다른 전략과 끈기 있는 노력 덕분이다. 유스빌드는 자신들의 혁신 프로그램이 정당이나 연방정부의 지지를 얻어낼 방법을 고민했고, 마침내 1992년 재정지원을 위한 연방법안을 통과시켰다. 이에 따라 이후 유스빌드 프로그램 관련 예산이 책정되었다. 수십 년에 걸친 작은 단체의 고군분투가 전국적 사업으로 확대하는 스케일임팩트를 가능케 한 것이다.

더 큰 자원을 끌어내려면 더 큰 협력이 필요하다

유스빌드의 스케일임팩트 전략은 '복제를 위한 제휴모델' 방식이었다. 유스빌드가 연방정부를 움직일 수 있었던 것은 기본적으로 프로그램이 우수한 데다 정당 지도자나 연방정부에 적극적으로 로비 활동을 한 덕분이기도 하지만, 성공의 핵심은 나날이 심각해지는 청소년 문제에 깊이 공감하고 어떻게든 그 문제를 해결해보고자 유관기관이 협력한 덕분이었다. 한마디로 '네트워크의 힘'이었다.

스톤맨은 청소년 문제 해결이 시급한데, 이를 위해서는 더 큰 자원이 필요하고 이를 끌어내려면 더 큰 협력이 필요하다고 판단했다. 청소년 문제를 해결하는 것이 목적이라면 어떤 다른 조직이든 그들을 결코 경쟁자로 보지 않고 해결하기 어려운 문제를 함께 풀어나갈 파트너로 생각했다. 이런 생각이 바탕이 되었기 때문에 유스빌드를 다른 지역으로 적극 복제할 수가 있었던 것이다. 아울러 복제를 위한 자원을 확보하는 여정에서 다른 조직들과의 협력적 네트워크가 한몫을 했다. 이런 점에서, 유스빌드가 복제를 위해 택한 '제휴모델'은 성공을 위한 계산된 전략이라기보다는 설립자 스톤맨을 비롯한 동료들의 확고한 신념과 원칙에서 자연스럽게 빚어진 결과라고 할 수 있다.

복제 전략과 스케일임팩트 전략에서 종종 채용하는 '제휴모델'은 앞서 설명한 바 있듯이, 같은 목표를 가진 조직들의 느슨한 연합체나 네트워크에서 비즈니스 프랜차이즈와 유사하게 운영되는 강도 있는 시스템까지 그 형태가 다양하다. 유스빌드는 이 가운데 라이선스 방식을 채택했다. 라이선스 방식을 통해 제휴단체들은 유스빌드의 지적재산권(브랜드, 프로그램, 트레이드마크 등)을 사용하고 훈련·평가·매뉴얼·자문 등의 라이선스 패키지를 제공받는다. 한편 유스빌드는 지역 제휴단체에 독립성과 자율성, 오너십을 보장했다. 다만 품질에 대한 통제는 유스빌드 제휴 네트워크(Youth Build Affiliated Network)를 통해 이루어진다. 유스빌드가 '소셜프랜차이즈' 방식이 아닌, 보다 느슨한 형태의 라이선스 방식을 택한 것은 각 지역 제휴단체들의 입장에선 그것이 비교적 안심하고 접근할 수 있는 모델이었기 때문이다.

미국에서는 해마다 5,000명의 학생이 유스빌드 프로그램을 이수하고 79%가 고등학교 졸업장 또는 기타 자격증을 취득하며, 50%가 중등교육을 마치고 교육을 이어가거나 취업한다. 최근 몇 년간 연방보조금을 통해 자금을 지원받은 140개 이상의 지역 유스빌드 프로그램 데이터에 따르면, 유스빌드 프로그램 등록 후 1년 이내 재범률이 11% 미만인 것으로 나타난다. 이는 25% 재범률을 보이는 비교집단과 큰 차이를 보이는 수치다. 유스빌드가 청소년 범죄자의 재수감 가능성을 11% 이하로 크게 낮춤으로써 국가 지원금 제공 대비 큰 성과를 내고 있는 것이라고 말할 수 있다.

유스빌드는 자신들의 프로그램 복제 및 스케일임팩트에 관한 분명한 교본을 제시했으며, 이를 바탕으로 수많은 연구가 이뤄졌다. 많은 연구자가 사회조직으로서 유스빌드의 스케일임팩트 모델이 미국 전역으로 확대될 만큼 그 규모가 큰 편이라는 것, 그리고 정부재정을 이끌어내면서 거대조직을 관리해나가는 스케일업 과정이 전략적 측면에서 시사하는 바가 많음을 인정하고 있다.

"어른들이 지지해준다면, 너희들은 무엇을 바꿀 거야?"

1964년 하버드대학을 졸업한 도로시 스톤맨은 곧바로 인권운동 현장으로 뛰어들었다. 할렘 지역의 풀뿌리그룹에 일원으로 참여해 저소득층 아이들을 위한 하계 유치원을 만드는 활동에 자원봉사자로 함께했다. 1966년에는 할렘 지역 자그마한 공립학교에서 교사로 일하기 시작했지만 이내 그만두고 부모들의 주도적 참여로 운영되는 지역 기반 대안학교로 옮겼다. 이때의 경험이 훗날 유스빌드를 설립하는 데 자양분이 된다. 즉, 스톤맨은 저소득층 부모들과 함께 일하는 전문교육가이자 행정가로서 정보공유 및 의사결정 과정에서 어떻게 관계를 맺어나갈 수 있을지를 터득하게 된다. 그녀는 부모들과 동등한 파트너십을 형성하며 이 대안학교를 성공적으로 이끌어, 나중에는 학교 교장으로 추대되기도 했다.

교사 생활을 할 때 스톤맨은 할렘의 저소득층 아이들이 학교를 그만 두고 거리에서 배회하며 무기력하게 시간을 보내다 범죄의 길로 빠져 드는 경우를 많이 목격했다. 이러한 현실이 사회의 귀중한 자원 낭비라는 생각을 했던 그녀는 이들 청소년을 돌아오게 할 방법이 없을지 고민했다. 그리고 이 청소년들을 움직일 최선의 방법은 그들이 스스로 계획한 어떤 활동에 참여해 성취의 기쁨을 얻게 하는 것이라는 결론을 얻었다. 그리하여 지역사회 개선 프로젝트를 만들어 여기에 청소년들을 참여시킴으로써 지역사회가 변화하는 것을 청소년들이 직접 목격하고 이를 통해 민주적 과정을 체험하도록 해야겠다는 생각을 하게 되었다. 이런 구상을 해오던 차에 1978년 그녀의 제자가 거리에서 폭력에 의해 사망한 사건을 겪게 되고 더는 이 계획을 미룰 수 없다는 절박한 마음에 즉각 행동으로 옮기게 된다.

유스빌드의 씨앗, '유스 액션 리스토레이션 크루'

스톤맨이 가장 먼저 한 일은 할렘의 청소년들을 만나 직접 이야기를 나눈 것이다. 그녀는 지역사회를 개선하려면 무엇을 어떻게 하면 좋을지 물었다. "우리가 자원을 가져오고, 너희들에 대한 존중과 어른들의 지지를 가져온다면, 너희들은 무엇을 바꿀 거야?" 이전에는 그 누구도 이들 청소년에게 해본 적 없는 질문이었다.

청소년들 사이에서 여러 아이디어가 나왔고, 그중 하나가 할렘의 버려진 건물을 개조하는 것이었다. 당시 할렘 지역의 버려진 건물들은 마약 거래가 이루어지는 등 범죄의 온상이 되곤 했다. "우리는 이 건물들을 다시 지어 노숙인들을 위한 집을 만들고 싶어요. 왜냐하면 버려진 건물들은 무서워 보이고, 주변에 노숙인이 많기 때문이에요. 그리고 이 일을 하면서 집을 짓는 방법도 배우고 싶어요." 너무나도 훌륭한 아이디어였다. 스톤맨은 곧바로 프로젝트에 착수했으며 이것이 바로 유스빌드의 씨앗이 된 지역개선 프로젝트 '유스 액션 리스토레이션 크루(Youth Action Restoration Crew)'였다.

스톤맨은 재건축 공사를 할 건물을 청소년들 스스로 고르도록 했다. 할렘에는 버려진 건물이 많았기에 그중 하나를 고르기는 어렵지 않았다. 그런 다음, 이웃의 허락을 받고 건축업을 하는 학부모의 도움을 받아 계획을 실행으로 옮겼다. 그런데 당시에는 아무런 재정적 지원도 없는 상태였다. 스톤맨은 청소년들과 함께 시작한 이 프로젝트의 첫날을 이렇게 회상한다. "밤이었는데 14개 벽돌을 쌓는데 다섯 시간이 걸렸죠. 두 블록 떨어진 곳까지 가서 양동이로 물을 길어 왔어요. 이 일이 과연 언제 끝날까 싶었죠. 하지만 우리는 진정으로 배우고 있었어요."[2]

재정지원을 받자!: '1,000만 달러를 위한 연합'

프로젝트를 계속 이어나가고 소기의 성과를 달성하려면 재정지원을 받아내야만 했다. 스톤맨은 끈질긴 노력 끝에 연방정부의 'CACP (Community Anti-Crime Program: 지역사회 반범죄 프로그램)' 지원금 22만 달러를 확보한다. 그리하여 스톤맨은 청소년 주도의 지역개선 프로젝트를 일곱 개로 확대할 수 있었고 이 일에 필요한 인력으로 일곱 명의 지역조직가도 채용할 수 있었다. 이때 만든 일곱 개의 프로젝트는 주택개조 프로젝트를 포함하여 마을공원, 리더십 대안고등학교, 가출 미혼모 및 아기들을 위한 쉼터, 범죄예방순찰단, 청소년을 위한 비상핫라인, 이스트할렘 청소년의회 등이었다. 이 일곱 개 프로젝트를 운영하는 그룹이 바로 유스빌드의 전신이라 할 'YAP(Youth Action Program)'이다.

이 중에서 주택개조 프로젝트 '유스 액션 리스토레이션 크루'가 가장 야심 찬 활동을 펼쳐나갔고 실제로 이웃들에게 가장 강력하게 체감되는 프로젝트였다. 모든 프로젝트 운영에 대한 의사결정 과정에 청소년들이 직접 참여했는데, 그래서 청소년의회가 또 하나의 프로젝트로 결성된 것이었다. 이는 할렘의 청소년들을 위한 정책적 목소리를 내고 리더십을 키우기 위한 중요한 프로젝트였다.

1983년 스톤맨과 YAP는 뉴욕시장이 취약계층 주택개조 프로그램을 시작한다는 소식을 알게 된다. 스톤맨과 YAP는 이것이야말로 그동안 YAP가 추진해온 주택개조 프로젝트를 다른 지역에 복제하고 청소년들에게도 일자리를 제공할 절호의 기회라고 생각했고 뉴욕시에 지원신청을 냈다. 하지만 뉴욕시는 새로운 프로젝트에 청소년은 포함시키지 않겠다며 거절했다.

스톤맨과 YAP의 청소년 리더들은 이에 굴하지 않았다. 1984년 뉴욕시의 지원을 받고자 뉴욕시에 소재한 70여 개 조직의 연합을 형성하는 방식으로 압력을 행사했다. 이때 그들이 뉴욕시에 주택개조 프로젝트 복제를 포함해 청소년들에게 일자리와 직업훈련을 제공할 수 있도록 1,000만 달러의 지원을 제안했기 때문에, 이 활동은 이른바 '1,000만 달러를 위한 연합(coalition for 10million)'이라 불렸다.

바로 이것이 이스트할렘을 처음으로 벗어나서 진행한 첫 번째 운동이었다. 또한 전국적 범위로 펼쳐나갈 스케일임팩트 프로세스에서 가장 중요한 전략으로 작용한 '제휴네트워크'의 시작이기도 했다. 스톤맨은 청소년 리더들과 '1,000만 달러를 위한 연합'의 힘으로 청소년들의 직업훈련 프로그램을 위한 예산 책정이 가능하도록 적극적으로 시와 접촉하고 로비를 벌였으며, 그 결과 475만 달러가 최종적으로 책정되었고, 이 중 100만 달러가 첫해에 YAP의 주택개조 프로젝트에 지원되었다.

그러나 스톤맨과 '1,000만 달러를 위한 연합'은 이러한 예산규모에 만족하지 않았다. 겨우 그 정도는 청소년들이 겪는 문제의 규모에 걸맞은 재정이 아니라고 생각했기 때문이다. 스톤맨과 '1,000만 달러를 위한 연합'은 더 큰 압력수단으로서, 더 규모 있는 네트워크를 조직하기로 한다. 그리하여 기존의 연합조직을 '2,000만 달러를 위한 연합(coalition for 20million)'으로 명칭을 바꾸고 실제로 규모도 이전의 두 배 이상인 150개 조직이 참여하는 네트워크로 확장한다.

1986년 드디어 뉴욕시로부터 청소년들의 직업훈련과 일자리를 위한 예산으로 1,208만 달러 예산이 통과된다. 그렇게 해서 뉴욕시의 지원제도 '시티워크스(City Works)'가 탄생해, 교육과 직업훈련 그리고 뉴욕시 환경개선이 결합된 프로그램으로 운영되기 시작했다. 1984년부터 1990년까지 총 8,000만 달러의 자금이 이 프로그램에 지원되었고 약 2만 명 청소년이 지원을 받았다.

이 과정에서 스톤맨과 YAP가 견지하는 핵심철학과 운영방식이 세간에 알려지는데, 청소년의 리더십과 임파워먼트가 그것이다. 뉴욕시의 업무 담당자들과 만났을 때 유스빌드 청소년의회의 청소년 리더들은 아주 적극적인 목소리를 낸다. 청소년 리더들이 모든 회의와 기획 과정에 참여해 어른 조직가나 로비스트와 함께 일하고 예산 청문회에서 청소년 직업훈련의 필요성을 증언하기도 했다. 수백 명의 청소년이 예산 청문회에 청중으로 참여하기도 하고 예산 결정이 임박한 밤에는 철야 농성을 벌이기도 했다.

YAP의 하우징 모델, 지역의 울타리를 넘어 더 멀리 나아가다

YAP가 제안한 하우징 모델은 뉴욕시의 고용 관계부처로부터 'HREWE (Housing Related Enhanced Work Experience)' 프로그램이라는 명칭으로 지원을 받았다. 그리고 1986년에는 아홉 개의 지역 기반 단체가 뉴욕시로부터 이 프로그램명으로, 즉 유스빌드의 하우징 프로그램을 복제 운영해 지원을 받았다. 그런데 1989년까지만 해도 '유스빌드'라는 브랜드는 쓰이지 않았다. 이때는 유스빌드의 프로그램 복제 초창기였기 때문에 아직 모델에 대한 명확한 정의가 이루어지지 못했으며, 핸드북이나 프로토타입이라든지 훈련이나 기술적 지원도 없었다. 그만큼 유스빌드 입장에서는 프로그램을 복제하는 과정에서 꽤 애를 먹어야 했다.

이런 상황에서 시당국은 지원받은 프로그램의 절반 정도는 2년 내에 실패하리라 내다봤고, 그래서 프로그램에 대한 재정지원을 중단했다. 스톤맨을 비롯해 유스빌드의 직원들은 큰 충격을 받았다. 스톤맨은 당시 자신이 너무 순진했었다면서 이렇게 말한다. "정말 천진난만하게도 지역단체들 손에 프로그램 운영이 가능하도록 재정만 쥐어주면 되리라 생각했어요." 시 담당자를 포함해 몇몇 사람은 YAP가 이미 성공을 증명했으니 시당국으로부터 지원받은 재정을 다른 단체와 나누지 말고 유스빌드에서 다 받아서 운영하라고 조언했다. 하지만 스톤맨은 자신과 동료들이 일군 YAP의 콘셉트와 활동을 널리 확산하고 싶은 열망이 강했기 때문에 그런 선택은 하지 않았다. 스톤맨은 자기 조직이 중심이 되어 스케일임팩트를 하기보다는 여러 조직과 협력하고 제휴하는 방식으로 혁신 프로젝트를 더 널리 확산하고자 했다. 조직 설립자의 원칙과 강력한 의지가 유스빌드의 스케일임팩트 전략에서 확실히 드러난다.

원활한 복제를 위한 표준모델 구축

유스빌드는 1988년부터 초기 복제 방식에서 나타난 문제점을 개선하고자 노력했다. 우선 프로그램의 대상과 구조를 재설계했는데, 이는 예산 확보를 위한 근거로서, 공적 자금이 제공되지 않은 충족되지 않은 니즈가 무엇인지를 구체화할 필요가 있었을 뿐 아니라 복제를 위해 모델을 더 명확히 정의해야 할 필요가 있었기 때문이다. 우선, 프로그램 참가 대상은 중학교 졸업학년인 8학년 수준 이하의 청소년으로서 고등학교 진학을 하지 않은 경우로 한정했다. 이 연령대는 당시 연방정부의 청소년지원 프로그램인 JTPA(Job Training Partnership Act: 직업훈련협력법)의 수혜대상이 아니라 사각지대에 놓여 있었다. 즉 틈새니즈였다.

많은 아이가 고교 진학을 하지 않은 채 거리에서 시간을 보내고 있었다. 그래서 유스빌드는 프로그램의 구조도 변경했다. 그동안 YAP는 자원봉사 활동 위주로 운영되었으며, 방과 후 할 일을 만들고 리더십을 개발하는 프로그램이 중심이었다. 그러나 새로운 프로그램에서는 학습에 대한 학생들의 강한 니즈를 반영하여 프로그램의 50%를 학습 프로그램으로 채웠고 이를 위한 학교도 설립했다. 이 학교에서 프로그램 참가자들은 검정고시(GEDs)나 고등학교 졸업학력 증명서를 획득할 수 있다. 이렇게 해서 새로운 프로그램은 일과의 절반은 학습을, 나머지 절반은 직업훈련 프로그램에 참여하는 전일제 방식으로 그 구조가 변경되었다. 리더십 개발은 원래 YAP의 핵심요소이기 때문에 당연히 새로운 모델에도 포함되었다. 이외에도 상담과 멘토링 등이 새로운 모델을 구성하는 중요한 요소로 들어갔다. 전반적으로 사랑과 존경, 책임과 지역사회, 변화를 만들 기회 등의 기조가 흐르는 프로그램이었다.

이로써 유스빌드의 표준모델이 만들어졌다. 이 표준모델은 교육, 직업훈련(건축 분야), 지역봉사(집 짓기), 상담 및 기타 서비스, 리더십 개발이라는 여러 요소가 결합된 복합 구조의 프로그램이었다. 나중에는 졸업생에 대한 서비스도 강조되어, 이 표준모델은 교육, 건축 및 기타 경력 개발, 지원서비스, 리더십 개발, 졸업생 서비스 등 다섯 가지 핵심요소로 완성되었다.

한편 스톤맨과 동료들은 이 표준모델을 성공적으로 복제하기 위해 각자의 역할과 위치도 다시 조정해야 할 필요를 느꼈다. 그 첫 작업으로

도표 22. 유스빌드의 밸류체인

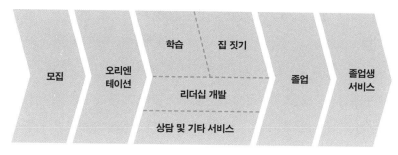

자료: "The Growth of YouthBuild: A Case Study", The Center for the Advancement of Social Entrepreneurship(2004. 2), <https://youthbuild.org>.

도표 23. 유스빌드 모델의 핵심 구성요소

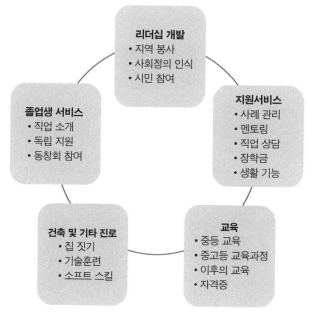

자료: 유스빌드 홈페이지.

서 다른 조직들을 가이드하기 위한 방안으로 핸드북(handbook)을 만들기로 했고 관련 작업을 담당할 팀을 조직했다. 이윽고 1988년, 스톤맨과 동료들은 250쪽 분량의 1차 핸드북을 완성하여 복제 안정화를 위한 기초를 닦는다. 핸드북 발행과 함께 이들은 훈련 및 기술적 지원을 제공해야 한다는 것으로 자신들의 역할을 조정했다. 이후 수정을 거듭한 이 핸드북은 이듬해인 1989년 유스빌드 브랜드가 공식 출범하면서 유스빌드 매뉴얼로 진화했다.

YAP 모델이 언론에 보도되면서 다른 지역에서 문의가 쇄도했다. 1988년 무렵만 해도 연방정부에서 저소득층 청소년에 대한 관심이나 지원이 매우 부족한 실정이었는데, 전국에서 복제 요청이 밀려들자, YAP는 자신들의 모델을 새롭게 정립하고 핸드북도 발간함으로써 드디어 뉴욕시라는 울타리를 벗어나 전국적 프로그램이 되고자 발돋움을 하게 된다.

'유스빌드' 브랜드의 탄생과 '유스빌드USA' 설립

YAP의 하우징 모델을 전국으로 확산하고자 하는 계획이 실행에 옮겨진 것은 1988년 6월이었다. 지역단체 열 곳의 리더들이 모여 하우징 모델의 전국적 확산에 관해 논의했고 여기서 취약한 청소년들에게 교육과 직업훈련, 고용을 제공하는 하우징 모델의 전국적 복제를 위해 '2억 달러를 위한 연합(coalition for $200 million)' 결성이 결정되었다. 이는 1984년 뉴욕시를 상대로 벌인 캠페인 '2,000만 달러를 위한 전국연합'

을 본뜬 것이었다.

유스빌드의 전국적 복제 노력에 기업 재단들도 동참했는데, 찰스스튜어트모트재단(모트재단, Mott Foundationz)과 포드재단도 관심을 보였다. 우선, 모트재단으로부터는 전국적 복제 준비 자금으로 매년 10만 달러씩 3년간의 지원을 약속받는다. 이 지원 덕분에 YAP의 전국적 복제 프로젝트는 역량 있는 인재를 채용해 새 과업에 박차를 가하게 된다.

또한 포드재단은 5만 달러 지원을 약속했는데, 이 기금은 다섯 개 시범지역을 우선 선정해 파일럿 프로그램을 운영해보고 이에 대한 외부평가를 통해 복제 가능성을 판단하는 데 필요한 비용으로 쓰기로 했다. 사실 스케일임팩트 프로세스를 시작하는 단계에서 복제가능성 (replicability) 판단은 매우 중요한 일이다. '복제가능성 판단'이란 혁신모델이 다른 지역이나 대상에도 적용될 수 있을지, 만약 가능하다면 복제되는 구조와 과정은 어떠하면 좋을지를 파악하는 것이다. 그리고 이를 위한 가장 좋은 방법은 시범사업(파일럿 프로그램)을 해보는 것이다. 시범사업을 통해 '나의 혁신 프로젝트가 과연 복제 가능할지, 부족한 건 무엇이고, 어떤 장애물이 있는지 그리고 성공요소는 무엇인지'를 잘 살피는 것이 좋다. 포드재단의 지원금은 유스빌드에 바로 이 일을 가능하게 해주었다.

처음에 다섯 개였던 시범사업 지역이 1993년에는 15개 지역으로 확대되었다. 시범사업과 더불어 진행된 외부평가는 1991년 시작되어 1994년에 완료되었는데, 유스빌드의 운영 및 프로그램 설계와 실행상의 개선점과 복제가능성 여부를 파악하는 데 집중되었다. 이 외부평가[3]에서 조사된 바에 따르면, 유스빌드 하우징 프로그램의 참가자는 주로 고등학교 미진학자나 중퇴자, 소수자이거나 실업자이면서 고위험 지역에 거주하는 청소년이었다. 그리고 과반수 이상이 범죄에 가담한 경험이 있는 남학생으로서 이 중 69%가 프로그램을 마치고 취업을 하거나 학교에 진학한 것으로 나타났고 평균 출석률도 85%에 이르며 그 가운데 20%는 프로그램 종료 이전에 졸업학력인증서(GEDs)를 취득한 것으로 조사되었다.

시범사업에 대한 외부평가 결과, 다른 청소년 관련 프로그램과 비교해 대부분의 영역에서 더 나은 프로그램인 것으로 나타났고, 이에 따라 전국적 복제가능성이 인정되었다. 이 조사에서는 유스빌드 프로그램이 건축 관련 직업훈련, 교육(졸업학력 인증), 상담, 리더십 개발 등 취약청소년들에게 필요한 여러 요소가 유기적으로 잘 통합되어 있다는 점, 청소년에 대한 존중과 긍정적 동료그룹을 형성할 수 있다는 점에서 우수성을 갖추고 있으므로 향후 복제에서도 바로 이러한 실질적 요소들과 본질적 지향점을 잘 유지하는 것이 더 효과적일 것이라고 진단했다.

꼼꼼한 연구를 기반으로 이뤄진 이러한 외부평가 결과 보고서가 있었기에, 유스빌드는 이를 연방정부에 예산을 요청할 입증 자료로 활용할 수 있었다. 앞서 스케일임팩트 이론을 설명할 때도 거듭 강조했듯, 복제하고자 하는 모델의 우수성을 객관적 근거자료로 증명하는 것은 스케일임팩트 시행의 전제조건이다.

1978년 이스트할렘에서 풀뿌리운동으로 시작된 유스빌드의 청소년 프로그램은 그 10년 만인 1988년, 전국적 복제 프로젝트로 나아가게 되고, 1989년부터는 '유스빌드'라는 브랜드로 프로젝트가 소개되기 시작한다. 또한 스톤맨은 이제 전국적 중간지원기관 설립도 필요하다고 생각했고, 1990년에는 동료들과 함께 유스빌드의 전국적 복제를 운영하고 관리할 전담조직으로서 '유스빌드USA'를 설립하고 법인화한다. 이 무렵 유스빌드 본부도 뉴욕에서 보스턴으로 옮겨 가게 된다. 당시는 포드재단과 모트재단(Mott Foundationz)의 지원으로 15개 시범사업도 운영 중이었다. 요컨대 이 무렵 유스빌드는 모델 정립, 핸드북과 훈련 프로그램 마련, 브랜드 구축, 전국적 복제를 위한 본부 및 제휴 네트워크 구축, 시범사업 운영이라는 일련의 과정을 차근차근 밟아나가고 있었다. 바야흐로 유스빌드의 전국적 복제 프로젝트가 공식적으로 닻을 올린 것이다.

연합하고,
로비하라!

유스빌드는 스케일임팩트의 전제조건인 '증명된 모델'과 강력한 '변화이론'을 보유하고 있었다. 그렇기에 전국적 차원의 스케일임팩트가 시도될 수 있었다. 하지만 그게 전부는 아니었다. 스케일임팩트는 시간과 자원이 많이 소요되는 어려운 과업인 만큼 성공적 스케일임팩트를 위해서는 다양한 요소가 필요하다.

　듀크대학 교수 블룸과 채터지는 사회적기업의 성공적 스케일임팩트를 위한 개념모델로서 스케일러스 모델을 제시한 바 있다.[4] 스케일러스 모델에 입각해서 볼 때 과연 유스빌드는 어떤 요인이 성공에 가장 큰 영향을 미쳤을까? 단연 '협력구축'과 '로비'가 돋보인다. '협력구축'은 스케일임팩트를 하고자 하는 조직이 바람직한 사회변화를 수행하기 위해 파트너십, 협의체, 조인트벤처나 여타 외부와의 연계를 만드는 능력이나 효과성을 가리킨다. 사회부문 조직이 개별적으로 스케일임팩트를 하는 게 아닌, '협력과 연대'로 스케일임팩트 프로세스를 이끄는 것이다. 더욱이 최근의 연구들은 협력구축이라는 동인이 스케일임팩트의 핵심요소임을 강조하고 있다. 스케일임팩트 프로세스를 성공적으로 수행한 사회적기업가들은 다른 그룹과의 협력을 잘 이끌어낸 사람들로서, 조직이 보유한 것(예컨대 지적재산권)에 집착하지 않고 다양한 사람이나 조직과 개방적 관계를 맺는다.

"그들은 경쟁자가 아니라 파트너"

유스빌드가 스케일임팩트에 임할 때의 기본자세는 조직 자체의 성장을 추구하기보다는 시급한 사회문제를 그 수준에 걸맞게 해결하기 위해 자원을 조달하고 협력적 체계를 구축하는 것이었다. 사회부문의 조직들은 종종 자원경쟁이 심해지는 상황에서 유사 서비스를 제공하는 단체들끼리 경쟁자가 되기도 하는데, 스톤맨은 유스빌드와 유사한 사업을 하는 조직을 경쟁자로 보지 않았다. 오히려 그녀는 이들과 연대했다.

　1970년대에 YAP가 다른 조직과 뉴욕시의 지원금을 나눈 경험을 회고하며 스톤맨은 활동가 운동을 지향하는 유스빌드 모델과 비즈니스를 지향하는 다른 모델의 차이를 언급한다.[5] "1979년에 한 컨설턴트가 YAP에 와서 이야기한 것이 기억나요. 비즈니스라고 생각하라. 당신들이 돕는 청소년들은 시장이다. 그리고 다른 비영리기관은 한정된 자원을 가지고 경쟁하는 경쟁자다. 하지만 나는 아니라고 했어요. 다른 비영리단체들은 우리의 파트너이고 우리의 일은 더 많은 자원을 얻어내기 위해 그들과 협력하는 것이고, 그래야 더 많은 청소년의 니즈를 해결할 수 있다고 말했죠."

그녀는 전국적 복제를 위해서는 더 많은 자원이 필요하고 이를 위해서는 뉴욕시에서 시도했던 규모보다 더 큰 규모의 협력이 필요하다고 생각했다. 전국에 걸친 사회문제는 연방정부 차원의 문제해결이 필요하고 연방정부의 관심을 끌어내는 강력한 방법은 전국적 연대에 토대한 지속적 노력이라 믿었다. 이러한 신념으로 1988년에 만들어진 것이 바로 '2억 달러를 위한 유스빌드연합'이며, 이는 1989년 이후 '유스빌드연합(YouthBuild Coalition)'이라 불렸다.

'유스빌드연합'이 함께한 로비활동

또한 유스빌드는 '로비'라는 요인을 잘 활용한 덕분에 스케일임팩트에 성공했다. 우리나라에서 '로비'는 여전히 부정적 의미로 인식되는 경우가 많지만, 사실 사회부문 조직이 공공기관이나 입법기관, 정부각료, 법원 등으로 하여금 자신의 대의를 지지하고 정책이나 법을 제정하거나 예산을 할당하도록 하는 것은 정당한 행위이며, 스케일임팩트에 유리한 정책환경을 만드는 유의미한 활동이다. '로비'는 매우 큰 노력이 뒷받침되어야 하는 행위로서 정부를 비롯해 주요 이해관계자들과의 상호작용이 필요하며, 정책입안자들을 움직일 만한 유인도 가능해야 한다. 즉 자신들의 조직활동이 유권자에게 상당한 혜택을 줄 수 있다는 증거를 내놓을 수 있어야 한다.

앞서 언급한 '2억 달러를 위한 유스빌드연합'은 유스빌드USA와 함께 유관단체에 홍보물을 보내 2억 달러 모금이라는 목표를 함께 달성하자고 했다. 또 각자의 지역에 유스빌드의 하우징 모델을 운영하고자 한다면 연락해달라며 열정적으로 알렸다. 세미나도 개최해 관심을 보이는 단체의 리더들을 초청해 유스빌드의 철학과 운영방식을 설명했다. 이 세미나는 유스빌드가 탄생한 지역인 뉴욕에서 열렸으며, 특별히 이스트할렘 프로그램 견학도 병행되었다.

이러한 노력을 쏟은 결과 전국의 250여 기관이 '유스빌드연합'에 참가했고 그중 25개 단체가 유스빌드 프로그램을 시작했다. 이때 유스빌드연합은 유스빌드가 정부예산을 지원받도록 하는 데 필요한 활동에 집중했다. 즉 유스빌드 프로그램에 대한 정당이나 의회의 정치적 지지를 끌어오고 연방정부 기관과의 강한 파트너십을 구축했으며, 연방법안을 통과시켜 예산이 책정되도록 하는 활동을 했다.

유스빌드USA와 유스빌드연합의 지칠 줄 모르는 로비활동은 뉴욕시의 하원의원 메이저 오웬스와 매사추세츠 상원의원 존 케리의 도움에 힘입은 바 컸다. 1991년 보스턴으로 옮겨 간 유스빌드 본부를 방문한 존 케리 상원의원은 유스빌드 프로그램을 견학하며 청소년들을 만났고 큰 감명을 받아 프로그램 복제 사업의 강력한 지지자가 되었다. 존 케리 의원은 다른 의원이나 정부관계자, 재단 관계자 들이 유스빌드를 방문할 수 있도록 알선하거나 정책관계자들을 소개해주었다. 이러한 일련의 과정을 밟아나가며 유스빌드는 정책입안자들 사이에서 신뢰성과 가시성을 높여나갔다.

이미 YAP를 알고 있던 뉴욕시의 메이저 오웬스 의원도 유스빌드가 연방정부 예산을 지원받을 수 있도록 도왔다. 그리하여 1990년에 법안은 통과되었으나 실제로 예산이 유스빌드에 할당되지는 못했다. 그럼에도 스톤맨과 유스빌드연합은 포기하지 않고 다시 로비스트를 고용했다. 이번에는 빈곤을 줄이는 데 관심이 있으며 지역사회에 대한 이해가 있는 기관인 HUD(US Department of Housing and Urban Development: 주택과 도시개발부)를 주무부처로 삼아 연방예산 확보 노력을 펼친다. 이때도 존 케리 상원의원의 지원사격을 받았다. 그리고 1992년 마침내 유스빌드 프로그램은 HUD의 '주택과 커뮤니티 개발 법령(Housing and Community Development Act of 1992)'에 포함되어 최저 1,700만 달러 최대 4,000만 달러의 예산이 책정될 수 있었다. 그러자 유스빌드연합에 속한 조직들이 HUD에 최고 수준의 예산을 편성하라는 편지를 보냈고, 마침내 최고 수준의 예산인 4,000만 달러가 편성되어 유스빌드 프로그램의 전국적 복제가 가능하게 되었다.

이러한 로비 성공이 유스빌드 프로그램 자체의 우수성 때문만은 아니었다. 유스빌드의 대의를 지지하는 각 지역의 풀뿌리기관들이나 프로그램에 참가한 청소년들과의 협력네트워크가 성공적 로비를 가능하게 한 것이다.

강력한 네트워크로 부작용을 극복하다

HUD의 연방 보조금은 1994년부터 유스빌드의 하우징 프로그램을 복제하는 지역기관에 제공되었다. HUD는 공모로 지역을 선정해 예산을 배분했다. 첫해에는 31개의 실행보조금(각각의 선정기관에 100만 달러)과 105개의 기획보조금(6만~10만 달러)이 할당되었다. 그리하여 1996년까지 총 108개의 유스빌드 프로그램이 전국적으로 운영되었다. 15개에 불과했던 2년 전과 비교하면 굉장히 많아진 숫자로, 연방정부의 예산이 투입되면서 유스빌드의 프로그램이 매우 빠르게 전국에 복제되고 있다는 의미였다. 한편 전국적 복제의 센터 역할을 했던 유스빌드USA도 공모 과정을 거쳐 전국적 유스빌드 프로그램의 훈련과 기술지원 서비스를 공급할 중간지원기관으로 선정되어 HUD로부터 운영예산을 지원받았다.

시범사업에 참여했던 15개 기관의 대표들은 유스빌드의 스케일임팩트 프로세스가 지나치게 빠른 속도로 진행되는 것에 우려를 표명했다. HUD의 자금이 유입된 덕분에 복제작업이 빠르게 이루어지기는 하겠으나 부작용도 예상된다는 것이었다. 즉 복제를 희망하는 지역기관들이 유스빌드의 본원적 가치와 철학을 잘 복제하려는 의지를 갖기보다는 연방정부의 보조금을 받기 위해 참여할 수 있고, 이것이 결국 브랜드 훼손이라는 위험을 초래하리라는 우려였다.

　그래서 이들은 유스빌드가 내건 기치와 철학적 비전을 견고히 지킬 수 있도록 방안을 마련하기로 하는데, 바로 더 강력한 네트워크 구축 및 이를 통한 품질·브랜드에 대한 통제권 행사였다. 이들은 유스빌드 브랜드를 보호하지 않으면 평판이나 기금모금, 더 나아가 지속가능성에 위협이 될 수 있다고 생각했다. 이에 따라 브랜드 보호를 위한 통제권 행사가 가능하도록 좀 더 강도 높은 제휴모델 구축을 해야 한다고 스톤맨을 설득했다. 또 연방정부의 지원은 정치적 상황에 따라 언제든지 사라질 수 있기에 향후 유스빌드의 지속성을 위해서는 유스빌드 제휴단체 간 네트워크가 공고해야 한다고 주장했다.

　사실 유스빌드 프로그램 복제 초기에 스톤맨은 가능한 한 많은 청소년에게 이 서비스를 제공해주고 싶었기 때문에 더 많은 단체가 유스빌드 모델을 복제할 수 있도록 진입장벽을 매우 낮춰두었다. 그녀의 목표는 유스빌드 프로그램을 마치 데이케어센터나 도서관 프로그램처럼 만드는 것이었다. 이런 철학에 따라 중앙센터인 '유스빌드USA'에 지역기관에 대한 소유권이나 통제권을 전혀 부여하지 않았다. 지적재산권이나 브랜드를 보호해야 한다는 생각도 별로 하지 않았다. 심지어 제휴단체와 브랜드 사용에 따른 라이선싱 계약조차 하지 않았다.

그러나 연방정부 예산의 유입에 힘입어 빠른 복제작업이 진행됨에 따라 복잡성이 더해지면서 브랜드나 평판을 보호해야 할 필요성과 더 강력한 네트워크가 필요하다는 의견이 제기된 것이었다. 스톤맨도 이 제안을 받아들여 1992년, 유스빌드USA 이사회에서는 좀 더 강력한 제휴네트워크로서 AffNet(The Affiliated Network)을 출범시켰다. AffNet은 유스빌드USA 내에 속하면서 제휴단체에 대한 통제와 관리 역할을 맡는 조직이다.

스케일임팩트 과정에 있는 조직은 외부자금 유입, 이해관계자 확대, 관리의 복잡성 등으로 인해 다양한 변화를 겪게 된다. 어떤 조직이든 외부에서 대규모 자금이 유입되면 기존의 통제권을 잃거나 약화될 위험에 노출되게 마련이다. 유스빌드USA도 그러한 역할 변화를 겪게 되었고, 전국 각지로 복제되는 유스빌드 프로그램의 유형도 더 다양해지고 복잡해졌다. HUD의 예산이 들어오면서 유스빌드USA가 더는 프로그램이나 운영지침에서 주요 의사결정자가 아니게 된 것이다.

HUD는 공모를 통해 유스빌드 프로그램을 운영할 기관을 선정했고 그 결과에 따라 지원금을 제공했다. 지침상 이들 기관이 유스빌드의 AffNet에 가입할 의무는 없었고, 그저 권장사항일 뿐이었다. 이에 따라 세 가지 유형의 유스빌드 복제기관이 생겨나게 된다. 첫째는 AffNet에 가입하지 않고 HUD의 예산을 지원받아 오직 HUD에 대해서만 책임성(accoun-tability)을 갖는 유형이다. 둘째는 HUD의 예산지원 없이 오로지 유스빌드USA에만 책임성을 갖는 유형이다. 셋째는 이중의 책임성을 갖는 유형으로, HUD의 예산을 받으면서 AffNet에도 가입한 유형이다.

그렇다면 역으로, 유스빌드 프로그램을 시작하고자 하는 지역기관의 입장에서는 두 가지 방법이 가능했다. 첫째는 유스빌드USA에서 라이선스를 받는 방법이고, 둘째는 HUD의 공모에 참여해 직접 보조금을 받는 방법이다. 그런데 HUD 펀딩을 받게 된 기관은 피어그룹(peer group)을 가질 수 있다는 이점 덕분에 3분의 2 정도는 다시 AffNet에 가입했다. 2002년 200개의 지역 프로그램 중 107개가 AffNet에 가입해 있었다. 1996년 예산삭감으로 닫게 된 50개 프로그램은 거의 AffNet에 가입하지 않은 기관이었다.

　　유스빌드 입장에서도 프로그램 관리와 책임소재 문제가 복잡해짐에 따라 프로그램의 전국적 통합과 더불어 서비스 품질 및 브랜드 보호를 위한 명확한 규정을 마련할 필요가 있었다. AffNet 가입 기관의 경우에는 그나마 관리기제가 작동했지만 미가입 기관의 경우에는 별도의 품질관리 안내와 훈련 프로그램 제공이 필요했다.

　　1992년부터 1994년까지 유스빌드USA는 전체적인 관리시스템 정비를 위해 우선 88개의 프로그램 설계요소 및 성과에 대한 규정을 정립했다. 유스빌드와 복제하는 기관 각각의 의무사항과 권고사항을 구분해 명시했고, 프로그램 성과지표를 설정했다. 즉 월별 평균 출석률과 유지율 또는 학교 진학, 급여, 학업성취도, 건설 관련 기술 습득, 개인적 리더십, 지역사회 리더십 개발 등의 성과표준 및 평가방법 등을 성과지표로 포함시켰다. 지역기관들은 최상, 우수, 만족, 주의 요망, 수용 불가능 등으로 평가점수가 매겨지도록 했다. 이와 함께 유스빌드USA의 직원들은 훈련을 위한 행사를 마련하거나 직접 현장으로 가서 유스빌드 프로그램이 각 지역에서 잘 복제되고 정착될 수 있도록 열정적으로 지원했다.

유스빌드USA의
라이선싱 전략

유스빌드 프로그램 복제의 중요한 경로 중 하나는 유스빌드USA를 통한 라이선싱 방식이었다. 앞서 설명한 바 있듯이, 라이선싱은 스케일임팩트의 모델 가운데 제휴모델에 속하는 방식이다. 라이선싱 방식이란 혁신사례 자체가 지적재산권(IP)으로 등록, 전환되어 일정 기간 동안 다른 사람이나 조직에 사용허가 취득 후 이전되는 것이며 사용대가로 수수료를 받는 것을 말한다.

지적재산권은 트레이드마크, 디자인, 사업모델이나 제품 등 타인이 사용하도록 허가해줄 수 있는 것들을 포함하는데, 지적재산권을 보유한 조직은 보통 라이선싱 패키지 형태로 제휴업체에 제공한다. 이 패키지에는 지적재산권의 사용뿐 아니라 훈련, 평가, 운영매뉴얼, 설립자문 등이 담긴다. 라이선싱은 계약에 의해 규정되고 보통 품질에 대한 일정 수준의 규제와 표준을 담보해야 한다. 라이선싱은 프랜차이징보다는 낮은 수준의 계약이기 때문에 라이선스를 구매한 조직은 자율성과 오너십이 보장된다. 또한 거대 업체의 중앙집권적 통제나 관리에 따른 시장 영향력을 두려워하는 지역의 여타 조직을 안심시킨다는 점에서도 장점이 있다. 다만 라이선스를 제공받은 기관들에 대한 본부의 관리가 매우 중요하다. 유스빌드에서 이 역할을 주로 담당한 것은 AffNet이었다. AffNet에서는 회원을 3단계로 차등화했으며 각 단계마다 회원 요건과 혜택이 다르다. 높은 단계로 올라갈수록 더 많은 인센티브를 주는 방식으로 운영되었다.

유스빌드 AffNet의 제휴 3단계

첫 단계는 '예비제휴(provisional affiliates)' 단계로, 유스빌드의 프로그램을 시작하려 하거나 아직 프로그램 사이클을 한 번도 완료하지 않은 곳이 대상이다. 그다음 단계는 '제휴(affiliate)' 단계로서 프로그램 사이클을 완료하고 프로그램 디자인이나 설정된 성과기준을 충족하는 기관이다. 이들은 매달 월별 성과보고서를 유스빌드USA에 제출해야 하고 성과기준표에 따라 활동해야 하며 연회비를 납부해야 한다. 마지막 단계는 '인증된 제휴(accredited affiliate)' 단계이다. 2년 정도의 제휴 단계를 거쳐 오리엔테이션에 참가한 뒤 AffNet의 가입승인 과정을 통해 정식 가입이 되는 단계다. 이 단계에 진입한 회원은 가장 높은 단계의 제휴회원이 되는데 최고 단계의 프로그램을 운영하고 성과기준을 달성할 수 있도록 인센티브가 주어진다. 유스빌드USA에서 제공하는 보조금에 대한 우선권이 주어지고 기관 리더들이 피어 컨설턴트로 임명되어 타 기관에 기술적 지원을 제공할 수 있으며, 외부 언론매체 등에 대한 홍보 우선권을 부여받는다.

1단계부터 3단계까지 모든 제휴회원 기관이 '유스빌드 프로그램'이라는 명칭을 사용할 수 있고 로고를 인쇄물에 찍을 수 있는 권한이 주어진다. 하지만 2단계 이상의 제휴회원 기관에만 유스빌드가 정부나 민간기관 등에서 받은 보조금이나 대출을 받을 자격이 주어진다. 그중에서도 특히 3단계 인증을 획득한 제휴회원 기관에 최우선권을 준다. 그렇지만 네트워크의 모든 회원이 리더십 기회, 인턴십, 훈련수당, 교환 프로그램, 전국 컨퍼런스 등에 참여할 수 있다.

이러한 권리와 함께, 네트워크의 모든 회원은 네트워크의 규정이나 방향을 설정하기 위한 민주적 의사결정 과정에 참여할 의무가 있다. 우선, 네트워크 제휴회원들은 회비를 내야 한다. 하지만 2002년까지 제휴회원 기관에 부과된 회비는 1년에 300달러 정도로, 매우 적은 금액이었다. 이렇게 적게 책정한 것은 유스빌드가 자신들의 역할은 취약지역에 자원을 지원할 수 있도록 하는 것이지 제휴회원으로부터 자원을 취하는 것이 아니라는 확고한 신념 때문이었다. 하지만 점차 제휴회원 기관 수가 증가해 관리기능이 더 많이 요구됨에 따라 민간재단 보조금만으로는 네트워크를 유지하기 어려워 2002년에 수수료 구조가 재설계되었다. 유스빌드USA는 '슬라이딩 스케일 시스템(sliding scale system)'을 채택해 지역기관의 규모와 예산에 따라 최대 수수료 1,000달러까지

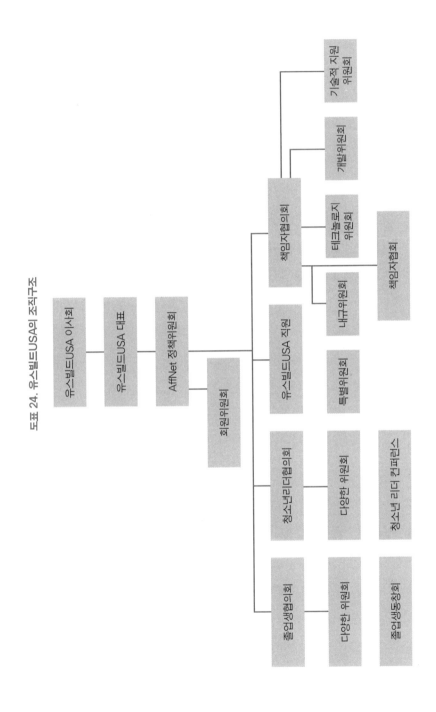

도표 24. 유스빌드USA의 조직구조

- 유스빌드USA 이사회
- 유스빌드USA 대표
- AffNet 정책위원회
  - 회원위원회
- 유스빌드USA 직원
  - 책임자협의회
    - 테크놀로지 위원회
    - 내규위원회
    - 개발위원회
    - 기술적 지원 위원회
  - 책임자협의회
  - 특별위원회
  - 청소년리더협의회
    - 다양한 위원회
    - 청소년 리더 컨퍼런스
  - 졸업생협의회
    - 다양한 위원회
    - 졸업생동창회

로 책정했다.

한편 프로그램의 전국적 복제 이후 유스빌드는 한 차례 예산삭감을 겪기도 했다. 1996년 하원의 다수 의석을 공화당이 차지하면서 유스빌드에 대한 HUD 예산지원이 5,000만 달러에서 2,000만 달러로 줄어든다. 그 여파로 몇 년 동안 유스빌드 프로그램을 복제했던 곳 중 50곳이 문을 닫아야 했다. 그러나 유스빌드USA 제휴 네트워크는 그 상황을 극복하고자, 예산배분에 영향력이 있는 양당 정치인들과의 관계를 더욱 강화해 결국 예산삭감 이전의 상태로 지원 조건을 되돌릴 수 있었다.

그러나 유스빌드는 이런 일을 겪으면서 재정을 정부에 의존해야 하는 상황에 대해 다시 숙고하게 되었으며, 이에 대한 대응으로 주(state) 단위 연합체를 만들어 주의 예산을 끌어내기 위한 노력을 기울이고 아메리콥(AmeriCorp: 미국청년국가봉사단) 프로그램 개발을 위한 펀드, 기업 사회공헌, 기업재단 등으로 재원을 다각화해나갔다.

중앙의 통제와 지역의 자율 사이에서 균형 잡기

스케일임팩트 프로세스를 실행할 때 본부 역할을 하는 조직은 대상이 되는 지역의 단체나 기관을 어느 수준으로 관리하는 것이 맞을까? 통제의 정도와 재량권의 범위를 설정하는 문제는 제휴모델의 스케일임팩트 프로세스에서 가장 중요한 이슈다. 스케일임팩트를 추진하는 본부에서는 중앙통제에 따른 이점과 위험성, 그리고 지역기관에 재량권을 줄 때의 이점과 위험성 양쪽 측면을 면밀히 따져본 뒤 통제(control)와 유연성(flexibility)의 정도를 결정해야 한다. 스케일임팩트 모델 중 제휴모델을 선택했다면 이 문제는 더더욱 중요하다. 하지만 다양한 제휴모델 중 어떤 방식을 택하든 간에 제휴단체에 대한 통제와 유연성 사이에는 항상 긴장이 존재할 수밖에 없다.

스케일임팩트 전략 중 제휴모델의 교본과도 같은 유스빌드에도 제휴단체에 대한 통제와 자율성 사이의 균형 잡기는 중요한 도전과제였다. 한편으로는 프로그램을 꾸준히 확산하고 품질을 균질하게 유지하면서 브랜드를 보호해야 했고, 다른 한편 지역에서 활동하는 제휴단체들이 자율적이고 창의적으로 운영되도록 독려해야 했는데, 이는 결코 쉽지 않은 과제였다. 유스빌드의 설립자 스톤맨은 이에 대해 "중앙에서 통제하면서도 지역의 자율적 참여와 창의성을 어떻게 가능하게 할 것인가가 긴장감을 주었다"라고 말한다. 유스빌드의 초기 전략은 지역의 제휴단체들이 자율적 네트워크를 조직하여 매뉴얼이나 세미나, 기술적 지원 등의 자원을 제공받도록 함으로써 이들을 돕는 것이었다. 그러나 정부의 보조금 지원을 받게 되고 제휴회원으로 참여하는 단체나 기관이 늘어나면서는 좀 더 엄격한 형태의 제휴모델을 설정할 필요성을 느끼게 된다.

지역의 혁신이 곧 유스빌드의 혁신

스톤맨은 중앙본부의 통제와 관리가 자칫 지역의 자율성을 침해해 제휴단체의 리더에게 위협을 주거나 저항을 불러올 수 있다는 점을 우려했다. "나는 원래 지역에서 최대의 에너지와 창의성을 발휘하는 것에 관심이 있기 때문에 제휴단체에 권한을 분산해주어야 한다고 생각해요. 절대 지역의 제휴단체 리더들을 밟고 서고 싶지 않아요. 하지만 전국에 산재한 조직들의 통합을 위해서는 중앙의 통제를 어느 정도 유지하는 데도 신경을 써야 했어요."

유스빌드USA는 품질과 브랜드에 대한 엄격한 관리와 통제를 직접 행사하기보다는 제휴단체들의 전국적 네트워크인 AffNet이 그 상호작용을 맡게끔 했다. 이와 함께, 각 제휴단체의 보고 및 성과평가 관련 기준과 지표를 만들어, 하향식 지시체계보다는 성과에 따른 인센티브체계로 운영되도록 관리했다. 무엇보다도 유스빌드USA가 지역적 관점을 견지하며, 제휴단체의 다양한 플레이어들과 더 깊은 관계를 맺고자 한다는 점을 지역의 리더들에게 각인했다. 즉 유스빌드의 성공이 각 지역 리더들의 헌신과 창의성에 의존한다는 신념을 그들에게 심어주고자 노력했다.

따라서 지역에서 새로운 아이디어를 실험하고자 할 때나 지역 실정에 맞게 프로그램을 조정하고자 할 때 지역 리더들은 중앙으로부터 허락을 받아야 한다는 식의 강박을 전혀 느끼지 않았다. 예컨대 어떤 제휴단체는 훈련수당을 지급하는 방식을 획기적으로 바꾸었는데, 출석률과 일의 성과에 따른 포인트 제도를 도입한 것이었다. 또 어떤 단체는 프로그램 참가 학생들이 자기 지역에서 취업이나 대학 진학 준비를 더 잘할 수 있도록 프로그램 기간을 2년으로 연장하기도 했다. 유스빌드USA는 이러한 다양성을 독려했다. 유스빌드는 각 지역에서 그 나름으로 혁신이 이뤄지도록 촉진할 책임을 인식했으며, 그러한 실험들이야말로 유스빌드의 프로그램을 더 효과적으로 만들어줄 것이라고 믿었다.

유스빌드 브랜드와 품질 제고를 위한 노력

유스빌드USA는 혁신 프로그램의 품질과 브랜드를 보호하기 위한 노력도 게을리하지 않았다. 이를 위해 제휴단체에 대한 훈련과 기술적 지원, 데이터 보고 및 관리 시스템 구축에 집중했다. 트레이닝앤드러닝센터(Training and Learning Center)를 설치해 여기서 각종 회의와 워크숍을 개최하는 등 제휴단체에 대한 가이드·훈련 역량을 강화했다.

또한 기술적 지원을 담당하는 부서를 마련해 지원 프로그램 운영과 함께 제휴단체의 리더십 개발 관련 지원서비스를 지속적으로 제공하고 있다. 이 지원서비스는 주로 전화나 기관 직접방문을 통해 이루어지는데 1년에 최소 세 번은 지역기관을 방문하는 것을 원칙으로 하고 있다. 필요 시에는 전문컨설턴트와 계약을 맺어 전문서비스를 제공하기도 한다. HUD와 전국적 유스빌드 프로그램에 대한 훈련 및 지원기관의 역할을 계약하면서 전체 예산의 5%를 기술적 지원예산으로 제공받고 있는데, 제휴단체에 더 많은 지원을 제공하고자 드윗 월러스 리더스 다이제스트 펀드(DeWitt Wallace Reader's Digest Fund) 등 민간재단의 펀딩 또한 개발하고 있다.

지역 제휴단체의 데이터 보고 및 관리 시스템을 상시 구축하는 것도 유스빌드의 품질관리와 브랜드 보호, 펀딩 유지 활동을 위한 매우 중요한 요소다. 유스빌드는 간헐적으로 이루어지는 고가의 외부평가는 초창기부터 지양해왔다. 대신 데이터 관리 능력을 지속적으로 구축함으로써 HUD가 보유하지 못한 데이터를 확보할 수 있었고, 의회나 예산관리국에서 요청하는 데이터를 그때그때 제공할 수 있었다.

유스빌드 프로그램, 지역 복제에서 해외 복제로!

2000년부터 유스빌드의 프로그램은 남아프리카공화국을 필두로 해외까지 복제되었다. 2007년에는 점증하는 해외 복제 요청에 부응하여 유스빌드인터내셔널(YouthBuild International)이 출범했다. 10년 뒤인 2017년에는 리더십에도 변화가 생겨, 1990년부터 유스빌드 운동을 이끌고 유스빌드USA 설립자이자 CEO로 재직해온 도로시 스톤맨이 사임하고 존 밸버드(John Valverde)가 새로운 CEO로 부임했다.

한편 2006년에는 유스빌드 프로그램의 주무부처가 HUD에서 미국 연방정부 노동부(US Department Of Labor) 산하 고용훈련청(Employment and Training Administration)으로 이관되었다. 노동부는 공모 과정을 통해 매년 70개 프로그램에 대한 지원금을 제공하고 있다. 이로써 유스빌

도표 25. 유스빌드의 발전과정

1978~1988

유스빌드의
시작과
뉴욕시의 복제

1978	YAP(Youth Action Program) 설립
1984	뉴욕시에서 처음으로 복제를 위한 연합 구축: '1,000만 달러를 위한 연합', '2,000만 달러를 위한 연합'
1986	뉴욕시로부터 예산지원: HREWE(Housing Related Enhanced Work Experience)라는 이름으로 지원받음
1988	– 표준 프로그램을 포함한 최초의 핸드북 마련 – 전국 복제를 위한 프로젝트 시작

1988~1993

유스빌드
프로그램의
전국 복제와
전국 네트워크
구축

1988	전국 복제를 위한 '2억 달러를 위한 연합(Coalition for $200million)' 출범
1989	연방정부의 HUD(US Department of Housing and Urban Development) 예산 확보
1990	– '유스빌드' 브랜드 탄생과 유스빌드USA 출범 – 1990~1993년에 15개의 시범사업과 복제가능성 및 사업의 효과성에 대한 외부 평가
1993	유스빌드 Affiliated Network(AffNet) 출범
1994 ~ 1996	– HUD 예산 집행과 15개 시범사업에서 전국 108개 사업으로 확대 – 아메리콥의 펀드 지원

1996~현재

미국과 해외에
275개 유스빌드
프로그램 운영

1996	HUD 예산삭감
1997 ~ 2001	HUD 예산 이전 수준으로 회복, 전국 200개로 확대, AffNet 가입 확대, 재원의 다각화 노력
2006	HUD에서 연방정부 노동부의 고용훈련청으로 주무부처 이전
2007	해외에서의 복제를 위한 유스빌드인터내셔널 설립
2016	설립자인 도로시 스톤맨 대표의 사임과 리더십 변화
현재	미국 46개 주와 해외 20여 개국에서 275개의 유스빌드 프로그램이 운영

자료: 유스빌드 홈페이지.

드는 미국 46개 주와 해외 20여 개국에서 275개의 혁신 프로그램을 복제해 운영하고 있다. 지금까지 18만 명가량의 청소년이 유스빌드 프로그램과 함께 3만 5,000여 채에 달하는 주택을 지었고 약 5,000만 시간의 지역봉사를 했다. 유스빌드 프로그램 참가자들의 79%가 고등학교 졸업장이나 학력인증서를 받고 있으며 그중 43%는 대학 진학 또는 취업에 성공했다. 또한 유스빌드 프로그램 이수자의 재수감률은 8%로 매우 낮게 나타나 스케일임팩트의 효과를 입증해주고 있다.

유스빌드 프로그램은 전국으로, 또 전 세계로 복제되었으나 각 지역의 자율성을 충분히 보장하기에 프로그램의 구조나 규모는 매우 다양하다. 각 지역의 제휴단체들은 대개 30~40명 단위로 운영되지만, 작게는 8~10명 단위로 또 크게는 60~70명 단위로 운영되는 곳도 있다. 유스빌드 프로그램은 연방정부 노동부에서 제공하는 지원금을 주요 재원삼아 운영되지만, 유스빌드USA를 통해 아메리콥 주 예산, 교육지원금, 재단지원금 등 각 지역의 재원도 들어온다.

유스빌드의 뿌리가 된 풀뿌리조직 YAP 또한 여전히 이스트할렘에서 운영되고 있다. 지금도 그곳에선 수천 명 청소년이 수백 채의 주택을 지으며 자신의 삶을 변화시키고 있다.

CHAPTER 7

'협동조합'에서
'소셜프랜차이즈' 그리고
'합병회사'로의 변신

| CASA |

CASA(Care And Share Associates)는 영국에서 가장 선구적인 '직원소유 회사'로서 2004년에 설립되었다. 노인과 장애인 등에 대한 재가돌봄 및 사회서비스를 제공했으며, 이 일에 취약계층 여성을 고용하는 사회적기업이다. 북잉글랜드 지역을 중심으로 노인이나 장애인들이 자신의 집 또는 시설에서 독립적으로 생활할 수 있도록 돕는 간병 및 지원서비스를 주로 제공하며, 그 외에도 말기환자 간병, 학습장애나 행동장애를 겪는 사람들을 위한 지원서비스를 제공한다.

CASA가 당시 영국에서 주목을 받은 것은, 첫째 고령화 및 가족해체에 따라 사회서비스 수요는 늘어나는데 돌봄사들의 낮은 임금과 그로 인한 잦은 이직으로 사회서비스 품질이 계속 저하하는 사태를 고민하던 영국 정부에 '직원소유회사'라는 하나의 해법을 제공했다는 점에서다. 둘째로는 영국에서 스케일임팩트에 대한 사회적 논의와 관심이 증가하던 시기에 소셜프랜차이징의 모범사례를 제공했다는 점일 것이다.

그러나 현재는 'CASA'라는 브랜드가 없을 뿐 아니라 소셜프랜차이즈 회사도 아니다. 2010년 모든 가맹회사가 하나로 통합해 '합병회사'가 되었고 2019년부터는 사명도 바뀌어 '비케어링(Be Caring)'이라는 브랜드를 쓰고 있다. 그럼에도 이 책에서 CASA의 사례를 살펴보고자 하는 것은 작은 협동조합으로 시작해 소셜프랜차이즈 회사를 거쳐 합병회사로 성장하고 변신해나간 여정, 가맹회사들과의 관계와 시스템을 어떻게 구축했는지 등을 살펴보면 소셜프랜차이징 방식의 스케일임팩트 모델을 이해하는 데 큰 도움이 되리라 보기 때문이다.

애초 CASA는 사회서비스를 직접적으로 제공할 목적이 아닌, 혁신 프로그램을 다른 지역에 복제하는 일을 맡을 우산조직이 되고자 설립된 조직이었다. 그런데 '복제'를 하려면 한 지역에서 이미 증명된 혁신모델이 있어야 한다. 당시 CASA가 다른 지역으로 복제하고자 했던 '증명된 모델'은 SHCA(Sunderland Home Care Associates)였다. SHCA는 1994년 마거릿 엘리엇(Margaret Elliott)이 자그마한 노동자협동조합으로 설립하여 노인이나 장애인에게 가정 또는 가정과 유사한 환경에서 돌봄서비스를 제공하는 사회적기업이었다.

SHCA는 이른바 '직원소유회사' 시스템을 구축하고 이익이 나면 직원훈련이나 회사의 성장에 재투자를 하는 방식으로 운영되었다. 또한 내부적으로는 '고객 최우선'이라는 기업문화를 만듦으로써 성장, 고객 만족, 경쟁력, 투자유치를 견인했다. SHCA의 이 방식은 지방정부에도 비용절감 효과를 가져다주어 궁극적으로는 더 많은 시장기회를 창출했고, SHCA는 1995년부터 2007년까지 꾸준히 성장세를 구가한다.

CASA는 바로 이 SHCA 모델을 복제하고자 설립된 회사였고 복제 방식으로는 '소셜프랜차이징'을 택했던 것이다. 이 장에서는 '소셜프랜차이즈 기업'으로서 CASA, 그리고 CASA의 전신이라 할 SHCA가 어떤 과정을 밟아 성공에 이르렀는지 확인해볼 것이다. 이를 통해 스케일임팩트 전략으로서 '소셜프랜차이즈' 모델이 어떤 방식으로 운영될 수 있는지도 들여다본다.

CASA의 시작점, SHCA 이야기

협동조합 'SHCA'는 그 명칭에서도 나타나듯 잉글랜드 북동부에 위치한 도시 선덜랜드에서 출발했다. 현재의 선덜랜드는 자동차 제조, 과학기술, 서비스 산업 등의 발전으로 상업 중심지로 자리 잡고 있으나 과거에는 탄광업과 함께 석탄 운반 항구가 발달해 조선업으로 명성을 떨쳤던 지역이다. 하지만 1970~1980년대에 석탄 수요가 줄어들며 많은 광산이 문을 닫았고 영국의 조선업이 경쟁력을 잃으면서 선덜랜드의 조선업 수요 또한 내리막길을 걷게 되었다.

이에 따라 대량실업이 발생하면서 지역사회는 급격히 피폐해진다. 실제로 2000년 영국의 남성 평균 실업률이 5%였던 반면 선덜랜드는 10%에 달했다. 여기에 지역 노인인구까지 증가하면서 도시경제에 변화가 절실한 상황이었다. 실제로 지역재건을 위한 노력도 시작되어, 영국 정부 혹은 유럽 차원에서 지원되는 보조금이 선덜랜드로 유입되었다. 그러한 지원에 힘입어 활동가들의 지역운동이 활발해지면서 어느덧 선 덜랜드는 사회적기업과 노동자협동조합의 기반 지역이 되었다.[1]

마을가게를 연 '리틀우먼'들

협동조합 'SHCA'의 설립자 마거릿 엘리엇은 건설 노동자였던 남편이 '선더란디아'라는 건설협동조합을 만드는 것을 보면서 자신 또한 협동 조합에 관심을 갖게 되었다. 엘리엇은 모든 구성원이 지위와 상관없이 동일하게 회사 운영 및 결정에 목소리를 낼 수 있다는 점에서 협동조합 에 큰 매력을 느꼈다. 그리하여 자신의 처지와 비슷하게 육아로 인해 직 장을 얻기 어려웠던 일곱 명의 지역 여성을 모으고 활동가의 조언을 받 아 노동자협동조합 형태의 마을가게를 연다. 바로 이것이 1976년에 설 립된 '리틀우먼(Little Women Ltd.)'이다.

'리틀우먼'의 직원은 모두 자녀가 있는 엄마들이었고 공식교육을 받 지 못했으며 직업을 가져본 적도 비즈니스 경험도 없는 여성들이었다. 오로지 아이디어와 에너지만 있을 뿐이었다. 가게를 사고 내부를 개조 할 돈 8만 5,000파운드도 2년 동안 모은 것이었다. 그렇게 연 '리틀우 먼' 마을가게의 1층은 하루하루 빠듯하게 살아가는 연금수급자들에게 생필품을 파는 곳과 지역 여성들이 모이는 공간으로 꾸며졌다. 그리고 2층에는 아이들 놀이방이 마련되었다.

마을가게 '리틀우먼'은 민주적으로 운영되었으며 모든 책임과 의무를 분담했다. 가게를 운영해나가면서 이들은 점차 비즈니스 경험을 쌓아나갔다. 하지만 1980년 시장 상황이 어려워져 가게를 청산하게 되었으며, 마거릿 엘리엇을 비롯한 회원들도 이 무렵 대학에 진학하거나 직장을 얻어 나갔다.

그러던 중 협동조합을 꾸려나가던 시절을 그리워하던 이들에게 새로운 기회가 찾아왔다. 지역활동가가 마거릿 엘리엇에게 가정을 기반으로 돌봄서비스를 제공하는 재가돌봄 협동조합 설립을 제안한 것이다. 이에 그녀는 이전에 리틀우먼을 함께 열었던 여성들을 다시 모았고, 1982년 LWHS(Little Women Household Services: 리틀우먼 가사서비스 협동조합)를 설립한다. 이로써 마을가게에서 재가돌봄서비스로 이들의 협동조합 사업이 전환되었다. LWHS의 고객은 가정에 홀로 있으면서 도움이 필요하지만 사회서비스의 사각지대에 놓여 있던 사람들로서, 서비스 비용은 사회보장부(Department of Social Security, DSS)가 지불했다. 하지만 LWHS의 앞날이 마냥 평탄하지만은 않았다. 시장의 변화와 해당 서비스에 대한 정부 프로그램이 폐지되면서 1986년 LWHS는 또 한 차례 폐업을 하지 않을 수 없게 된다.

SHCA의 탄생, 제도변화에서 기회를 포착하다

1979년에 등장한 대처 정부의 신자유주의적 정책은 사회복지 영역에 큰 변화를 가져온다. 대처 정부는 국가의 역할을 축소하고 시장질서를 적극 도입하는데 이것이 지역의 돌봄정책에도 큰 변화를 가져오게 된다. 즉 공공부문 축소와 함께 민간영역의 확대가 추진되었다.

그리고 1988년, 정부의 돌봄 및 사회 서비스 제도가 변화함에 따라 마거릿 엘리엇도 새로운 노동자협동조합을 설립할 기회를 포착한다. 1988년 대처 정부의 의뢰로 그리피스 보고서(The Griffiths Report) 〈커뮤니티케어(Care in Community)〉가 작성되었는데, 이는 지방정부가 커뮤니티케어에서 가장 큰 책임을 지니며 정부는 사회서비스의 직접제공자 역할보다는 계획·조정·구매자 역할을 수행하는 전달자로서 기능해야 한다는 내용을 담고 있었다. 또한 국가 및 지방정부에 의해 운영되던 서비스를 줄이고, 대신 개인이나 민간기업이 운영하는 서비스의 비율을 늘려나가야 하며 이를 위해 민간 공급자가 성장할 수 있도록 해야 하고 서로 경쟁할 조건을 형성해야 한다는 내용이었다.

그리피스 보고서를 토대로 1990년 '국민보건서비스와 커뮤니티케어법(National Health Service and Community Care Act, NHSCCA)'이 제정되었다. 이 법은 사회서비스 제공방식에 큰 변화를 가져온다. 이 법령 아래에서 지방정부는 서비스 니즈를 조사하고 서비스 공급자로부터 필요한 서비스를 구매할 의무가 있었고 서비스 공급자는 NHS트러스트*가 되어 서로 경쟁해야 했다. 이들 민간 공급자의 참여를 독려하기 위해 특별전환보조금(special transitional grants)도 제공되었다. 또한 커뮤니티케어는 장기간 돌봄이 필요한 사람들이 자신의 집이나 그와 유사한 환경에서 적절한 지원을 받도록 보장했다.

● 일반적으로 지리적 영역 또는 전문 기능의 서비스를 제공하는 NHS(국립보건서비스) 내의 조직 단위를 가리킨다.

이러한 사회적 변화에 따라 선덜랜드 의회도 재가돌봄 사업에 관심을 갖게 되고 유관조직 설립을 독려했다. 특히 당시 선덜랜드 의회는 중도좌파 성향을 띠었기에 모든 사회서비스 위탁 자격을 사회적 목적성(not-for-profit)을 지닌 조직에 한정하는 것으로 결정했다.

명민한 사회적기업가 마거릿 엘리엇은 이 기회를 놓치지 않았다. 엘리엇은 '재가돌봄협동조합'이라는 아이디어를 가지고 선덜랜드 사회서비스국과 접촉했다. 그녀가 이전에 쌓은 LWHS(리틀우먼 가사서비스 협동조합)의 경험과 비영리공급자를 촉진하는 선덜랜드의 정책이 잘 들어맞아 지원을 약속받을 수 있었다. 초기 자본으로 민간지원기관과 재단 등으로부터 1만 2,000파운드를 지원받았고, 선덜랜드 사회서비스국으로부터는 특별전환보조금(transitional grant)으로 1만 파운드를 받았다. 이를 바탕으로 재가돌봄협동조합을 세웠고, 마침내 450시간 돌봄(시간당 6파운드)에 대한 계약을 맺었으며, 이에 따라 필요 인력 20여 명을 직원으로 고용하게 된다. 수차례에 걸친 협동조합운동의 성공과 실패가 1994년 SHCA(Sunderland Home Care Associates) 설립으로 이어진 것이다.

SHCA는 법적 조직형태로는 보증유한책임회사(company limited by guarantee, CLG)로서 설립되었다. 보증유한책임회사는 비영리조직에 흔히 활용되는 회사형태로 주주로부터 자본을 모으지 않는 대신 회원들이 회사 신용의 보증인 역할을 하는 조직을 말한다. 그래서 대체로 조직의 규모가 작다. 각각의 회원은 회사의 파산이나 확장이 이루어질 때 규약이나 정관에 특정된 금액만큼 기여할 책임이 있다. 회원들에게 배당은 가능하지만 자선적 지위에 주어지는 세제혜택은 없다.

SHCA는 재가돌봄서비스를 제공하는 업체로서 환자들의 배변과 목욕, 옷 갈아입히기, 식사 만들어주기, 세탁해주기 등 모든 재가돌봄서비스를 포함했다. SHCA는 매년 급속도로 성장했다. 1994년부터 2007년까지의 성장세를 보면 직원은 20명에서 210명으로, 작업량은 주당 450시간에서 주당 4,600시간으로, 매출은 14만 파운드에서 170만 파운드로 증가했다.

'직원소유회사'로 전환하다

1998년, 노동자협동조합이었던 SHCA는 모든 직원이 자신의 근속연수나 근로시간에 따라 지분을 갖는 직원소유회사(employee-owned company)로 전환한다. 법적 조직형태도 '보증유한책임회사'에서 지분기반의 회사형태인 '유한책임회사(company limited by shares, CLS)'로 바뀐다.

이러한 전환은 마거릿 엘리엇의 기업철학에 근거한 결정인 동시에, 잉여금의 효율적 사용에 대한 고민에서 기인한 것이었다. 해마다 급성장을 이어가던 SHCA로서는 잉여금 처리 문제가 매우 중요한 이슈였다. 잉여금이 계속 쌓였으나 사회서비스업이라 큰 자본이 들어갈 일은 많지 않아 은행에 예치되어 있는 상황이었다. 그런 한편 조합의 회원들은 회사가 성장한 데 따른 추가 보상을 원했고 경영진도 비싼 교육 프로그램으로 훈련된 높은 숙련도를 가진 직원들을 다른 회사에서 데려가는 문제의 심각성을 인식하게 되었다. 이에 따라 회사는 세제혜택을 받으면서 잉여금을 사용해야 할 필요성이 커졌다.

모든 직원이 회사의 운영과 결정에 참여해야 한다는 소신을 가진 마거릿 엘리엇은 단순히 직원들이 협동조합의 자본 1파운드를 소유하기보다는 직원들이 해마다 자신의 지분을 늘릴 기회를 얻는 것이 헌신성을 높일 방법이자, 이직률을 낮추고 서비스 질을 높이는 길이 되리라 판단했다. 그래서 SHCA는 다음과 같은 원칙을 세운다. 첫째, 직원들만 지분을 소유할 수 있고 퇴사 시 자신의 지분을 회사의 직원복지신탁(employee benefit trust)에 팔아야 한다. 둘째, '다수 지분(적어도 전체 주식의 51% 이상을 가리킨다)'은 협동조합의 이상에 따라 공동으로 소유한다. 셋째, 모든 직원은 총 지분의 2% 이상은 소유할 수 없다.

일정 주식을 직원들에게 이전시키는 제도를 국세청으로부터 인가받으려면 운영회사로서 역할을 할 수 있도록 지분 기반의 회사를 설립하고 두 개의 신탁을 설치해야 했다.

그중 첫 번째 신탁은 '직원복지신탁(employee benefit trust, EBT)'이었다. 이 신탁에서는 SHCA의 '다수 지분'을 보유하게 되는데 이는 협동조합에 대한 공동소유의 역할을 하게 된다. 그리고 이제 모든 직원이 한 표씩 행사할 수 있게 되어, 이전에 협동조합 조합원에게만 투표권이 주어지던 것보다 더 민주적으로 운영되는 방식으로 변화한 것이었다. 한편 SHCA의 대주주 역할을 하게 되는 EBT는 회사 운영에 대한 감사 역할을 맡았다. 예산, 회사 매입, 신주 발행 관련 이슈에 대해서도 EBT의 동의를 얻도록 했다. EBT는 경영진에서 한 명, 직원 중에서 선출된 다섯 명, 외부 위원 세 명으로 구성되었다.

두 번째 신탁은 '이익공유신탁(Profit Share Trust, PST)'으로, 직원들의 근속기간 동안 보유된 주식의 지주신탁 역할을 한다. 지분 할당은 근속

연수와 근로시간을 바탕으로 이루어졌다. 회사의 주인인 직원들의 지위를 강화하는 것은 적어도 세 명의 직원위원들이 신탁에서 제시한 결의안을 지지해야 통과될 수 있었는데, 이는 전문경영진이 회사 발전을 위해 필수적이라는 점을 인정하는 것인 동시에 회사의 최종적 통제권을 직원에게 준다는 의미이기도 했다.[2] 2007년까지 직원들이 보유한 지분은 17.4%에 달했다.

고객기반 다각화와 잠재시장 개척

직원소유회사로 내부 시스템을 새로이 구축한 SHCA는 2000년부터는 사업의 더 큰 성장을 위한 전략적 접근방식을 채택하게 된다. 고객기반을 다각화하고 잠재시장을 개척하기로 한 것이다. 기존에 주된 사업영역이던 '고령자를 위한 재가돌봄'에 그치지 않고, 선덜랜드대학에서 진행하는 취약학생 지원서비스, 단기보호, 장애어린이 돌봄, 자폐아 일대일 서비스, 민간시장에서의 재가서비스 등으로 사업영역을 다각화해나갔다.

먼저, 정부위탁이 아닌 민간시장에서 재가돌봄 고객을 더 확보하고자 노력했다. 이 분야는 애초 SHCA의 전체 업무량에서 가장 작은 부분을 차지했으나 기존 서비스를 다른 고객에 맞게 재구축하면 되기 때문에 성장가능성이 높다고 판단했다. 시장조사 결과 가사도움을 필요로 하는 이들이 많다는 것이 파악되어 '가사돌봄 코디네이터' 사업을 구상하여 돌봄패키지도 구축했다. 가사돌봄 코디네이터가 제공하는 서비스는 일반적 가사일과 장보기, 세탁 등이었다.

또한 SHCA는 장애인 대학생 지원서비스도 시작했다. 서포터를 두어 독서, 작문, 도서검색, 길안내 등의 학습지원서비스를 제공했는데, 이는 특수과업으로서 전문적 훈련이 필요했기에 그만큼 서비스 비용도 높아 회사의 수익창출과 매출증대에 기여했다. 나아가 SHCA는 학습장애, 자폐, 간질, 주의력결핍, 정신건강 등의 문제를 가진 사람들도 이 서비스를 받는 대상으로 확대했다. 이들의 독립적 생활을 지원할 목적으로 설립된 인디펜던트퓨처센터(Center for Independent Futures)와의 협력을 통해 쇼핑, 약 먹기, 정서적 지원과 사회통합 지원 등의 영역에서 SHCA가 한시적 서비스부터 24시간 돌봄까지 맞춤형 서비스를 제공했다.

'입증된 모델'로서
SHCA 사업모델의
성공요인

스케일임팩트의 최우선적 전제조건은 생존가능하고 성장가능한 비즈니스 운영모델을 가지고 있는지, 그리고 그것을 증명할 수 있느냐 하는 점이다. 다시 말해, 그 운영모델이 사회적 임팩트를 성취하는 데 효과적이면서도 재정적으로도 지속가능한지를 입증할 수 있어야 한다. 아울러, 입증된 모델이 다른 지역으로 이전이 가능한지, 확산할 가치가 있는지, 핵심요소가 다른 환경에서도 효과적일지, 핵심요소가 쉽게 소통될지 등도 스케일임팩트를 시도할 때 매우 중요하다.

그렇다면 SHCA는 어떻게 성공 가능한 모델로 입증받을 수 있었을까. 우선 첫 번째 핵심열쇠로는 직원참여를 회사의 사업모델에 장착했다는 점을 들 수 있다. 실제로 마거릿 엘리엇은 2013년 〈가디언

(Guardian)〉과의 인터뷰[3]에서 "우리 성공의 핵심은 직원에 있어요. 회사가 직원들에게 지분을 주고 직원 모두의 가치를 인정해주고 그들의 목소리에 귀를 기울여주면 높은 고객품질이라는 결과가 나오죠"라고 말한다.

성공의 핵심은 '직원참여'

돌봄서비스 제공에서는 서비스 품질이 곧 직원의 역량에 달려 있다고 해도 과언이 아니다. 그런데 당시 영국에서는 사회서비스 예산은 줄어든 반면 고령화에 따른 돌봄 수요는 폭발적으로 증가하는 상황이었다. 그렇지만 돌봄서비스를 제공하는 인력에 대한 처우는 매우 낮아 이직률이 높았으며 당연히 서비스 품질도 떨어져 예산 투입 대비 효과성과 효율성이 떨어졌다. 이에 SHCA는 최상급 품질의 고객돌봄과 함께 직원들에 대한 높은 수준의 계발을 중요한 목표로 정립했는데, 사실 이 두 가지 목표는 서로 강력하게 연결될 수밖에 없는 것이었다.

SHCA는 직원들을 회사 운영 및 주요 결정에 참여시킴으로써 직원들의 삶을 바꾼 것은 물론 직원들의 자기계발 활동을 회사의 핵심활동으로 삼음으로써 고객에 대한 최상의 서비스 제공이라는 성과까지 낼 수 있었다. 결국 SHCA가 스케일임팩트에 성공하고 지속가능한 성장을 해낼 수 있었던 것은 한마디로 '직원참여'라는 가치를 사업모델에 체계적으로 장착함으로써 돌봄서비스의 경쟁력을 높인 데 있다.

사실 사회적기업들에게 '직원참여'라는 가치는 새로울 게 없다. 하지만 이전까지는 대개 이것이 명시적 선언에 그치는 경우가 많아 사회적 기업이라 할지라도 조직 구석구석에서 이러한 신념을 뿌리내리기란 쉽지 않았다. '직원소유회사'인 만큼 SHCA에서 모든 직원은 지분을 소유한 회사의 주인으로서 존중받고 목소리를 내고 학습하고 회사를 이끌고 회사에 기여하고 경영하도록 격려된다. 이는 직원들이 회사의 임원으로 출마할 수 있고 각종 특별위원회에 참여해 지분할당, 학습개선, 재무계획이나 새로운 서비스에 대한 테스트 또는 파일럿 프로그램 등의 의제를 다룰 수도 있다. 앞서도 언급했듯, 회사의 거버넌스 구조에서 핵심이 되는 EBT에도 직원대표 다섯 명이 참여해 회사 전반에 대한 감시감독의 권한을 행사하도록 했다. 또한 최소 세 명의 직원위원이 EBT에서 제시된 결의안을 지지해야 통과될 수 있도록 제도화했다. 위원회에 참석한 어느 직원은 이렇게 말한다. "우리는 여기서 우리가 원하는 훈련을 제안할 수도 있고 회사 운영과 관련한 새로운 아이디어를 제시할 수도 있어요. 우리의 의견이 존중되고 매우 중요하게 받아들여지고 있다고 느낍니다. 내가 지금까지 일했던 곳과는 전혀 달라요. 그리고 모든 이익은 더 나은 고객서비스와 직원보상에 쓰이죠."

두 번째 핵심요소는 여느 기업과 달리 직원훈련에 투자를 많이 한다는 점이다. 2011년 자료에 따르면, 어떤 직원이든 입사 후 회사의 훈련 프로그램을 거치게 되는데 이 코스를 마친 직원들 가운데 82% 이상은 돌봄서비스 영역에서 NVQ(National Vocational Qualifications: 국가 직업 자격증) 레벨 2, 3을 획득하고, 시니어 직원들은 모두가 레벨 4를 획득했다고 한다.[4] NVQ는 이 분야의 경쟁력 기준으로 인식되는 자격증으로 레벨이 1에서 5까지 있다.

도표 26. SHCA의 서비스 프로세스

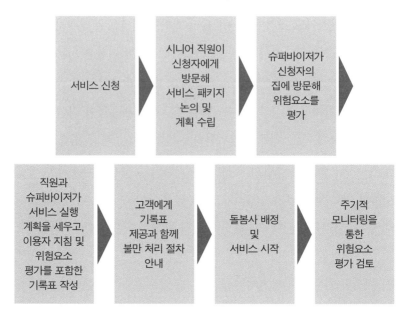

서비스 신청

→

시니어 직원이 신청자에게 방문해 서비스 패키지 논의 및 계획 수립

→

슈퍼바이저가 신청자의 집에 방문해 위험요소를 평가

→

직원과 슈퍼바이저가 서비스 실행 계획을 세우고, 이용자 지침 및 위험요소 평가를 포함한 기록표 작성

→

고객에게 기록표 제공과 함께 불만 처리 절차 안내

→

돌봄사 배정 및 서비스 시작

→

주기적 모니터링을 통한 위험요소 평가 검토

SHCA의 직원들 대부분은 소외지역에서 거주했거나 일자리가 없었던 이들로, 입사 전에는 아무런 자격증도 갖추고 있지 않았다. SHCA는 외부에 별도 주주가 없는 회사였기에 매출에 따른 수익은 회사 성장과 직원계발, 훈련에 전액 재투자되었다. 또한 회사는 직원들에게 돌봄서비스 훈련 이외에도 장애학생지원, 식품위생, 응급처치, 보건안전, 학대인지 등 특수교육 관련 훈련도 제공했다. 직원훈련에 대한 이 같은 노력은 SHCA의 비즈니스에서 많은 효과를 냈다. 직원들 사이에 주인의식, 자부심, 지지와 신뢰의 문화를 형성했고 고객을 중심에 두는 기업가 정신이 자리 잡았으며 높은 품질의 서비스와 부가가치를 창출함으로써 SHCA의 성장과 수익성, 고객만족, 경쟁력, 그리고 회사의 평판을 높여

투자유치를 견인했다.

이 성과는 사회적 회계, 내외부 서비스 품질 평가, 사회적 돌봄 조사 위원회 평가 등에서 매출증대, 주당 서비스시간 증가, 업무량 증가, 직원 증가 등으로 입증되었다. 2011년 자료에 의하면, 일반 민간 돌봄 제공 회사들의 직원이직률이 35%였던 반면, SHCA는 3%로 낮았다. 이는 매우 경이로운 결과로, 영국 위탁기관의 경쟁력을 제대로 보여준 크나큰 성과라 할 수 있다. 왜냐하면 돌봄의 특성상, 한 고객이 오랫동안 돌봄사의 돌봄을 받기 때문에 서비스의 연속성이 곧 서비스의 품질과 연관되기 때문이다.

시장기회 포착과 사회적 임팩트에 대한 평가 작업

세 번째 핵심열쇠는 시장기회를 포착하고 틈새시장 공략을 통한 사업다각화에 있다. SHCA의 수익창출은 지방정부와 위탁계약을 맺는 방식과 함께 고객에게 직접 서비스를 판매하는 방식으로도 이루어진다. 설립 초기에는 노인과 장애인에 대한 재가돌봄서비스가 주를 이루었으나 2000년 성장 계획을 의결한 이후 사업다각화에 성공해 영역 분화가 이루어졌다. 즉 60%는 기존과 마찬가지로 재가돌봄서비스였고, 나머지 40%는 대학지원서비스, 일시적 위탁간호, 장애아동 돌봄, 자폐인을 위한 일대일 지원, 학습장애인 지원, 개인 부담 돌봄, 가사노동, 세탁, 쇼핑, 식사준비 등의 좀 더 다양한 서비스로 구성되었다.

이러한 사업다각화는 SHCA가 정부의 정책과 니즈를 빌빠르게 파악하고 틈새시장을 잘 공략한 덕분이었다. 또한 예산절감, 질 좋은 서비스 제공, 새로운 사회서비스 공급자 육성 등 정부기관의 니즈를 정확히 파악하고 이에 대한 솔루션을 제공했기 때문이다. SHCA의 사업모델은 정부의 예산감축과 서비스 가격에 대한 인하 압박, 돌봄사들의 낮은 임금과 잦은 이직률 등에 대한 혁신적 대응이었다.

SHCA 성공의 네 번째 핵심요소는 회사 활동의 임팩트를 평가하는 데 투자함으로써 고객들에게 자신의 효과를 입증하기 위해 적극 노력했다는 점이다. 가치평가는 '사회투자수익률(Social Return On Investment, SROI)' 평가를 통해 진행되었는데 이는 조직 및 조직 활동으로 창출되는 총편익을, 그것을 창출하기 위해 소요된 비용으로 나눈 값을 측정하는 것이다. 2009~2010년에 이루어진 SHCA에 대한 사회투자수익률 평가 자료를 보면, 1파운드 투자마다 4파운드의 사회적 성과를 낸다는 것이 드러나고 있다. 이 평가는 SHCA의 주요고객인 정부기관과의 관계에서 매우 중요한 마케팅 수단으로 활용되었으며, 이를 바탕으로 SHCA는 더 많은 계약을 획득하게 된다.

사회적 가치를 창출하고 이를 금액으로 환산해 평가하는 것은 비영리 사회부문의 비즈니스에서 곧잘 간과되지만 사실 매우 중요한 전략적 활동이라 할 수 있다. 물론 이것은 결코 쉬운 일이 아니다. 왜냐하면 사회부문에서 '성과'란 정의하기도 힘들고, 사회적 임팩트를 완전히 체감하는 데는 길게는 몇 년까지 걸리기 때문이다. 그럼에도 불구하고 스케일임팩트 프로세스를 진행해나가려면 자신들이 그 사업을 운영함으로써 어떤 결과를 보여줄 수 있는지를 논의해야 하며, 이에 따라 프로그램에 대한 평가능력이 복제 여부를 논하기 전에 반드시 전제되어야 한다. 직접평가든 대용물을 통해서든 스케일임팩트를 위한 핵심전제가 되기 때문이다.

SHCA가 자신의 임팩트를 평가할 수 있었던 것은 중간지원기관인 SES(Sustainable Enterprise Strategies)의 도움이 컸다. SHCA는 SROI와 사회적 회계를 통해 차별화된 셀링포인트(selling point), 즉 새로운 기회와 시장을 찾는 데 적극 활용했다.

CASA의 설립과
복제 성공의 3요인

SHCA의 성공은 국내외에서 큰 관심을 받았고 그에 따라 복제 요청도 밀려들었다. 마거릿 엘리엇을 비롯한 SHCA 이사들도 이에 부응하고자 혁신 프로그램을 전수할 방법을 모색한다. 하지만 선덜랜드 지역을 벗어난 확장이나 새로운 지역에 지점을 개설하는 것은 반대했다. 그 대신 잉글랜드 북부에 토대를 두는 독립회사들을 창업시키거나 멘토링하는 전략을 선택했다. 그리하여 2004년, 마거릿 엘리엇과 SHCA는 혁신 모델을 복제할 우산조직으로서 CASA(Care & Share Associates)의 설립을 지원하는 한편, 마거릿 엘리엇이 숀 잭슨(Shaun Jackson)과 함께 CASA의 초대 책임자를 맡는다.

이때부터 CASA는 SHCA 모델의 스케일임팩트 프로세스를 실행하는 중앙본부가 된다. CASA가 택한 복제 방식은 소셜프랜차이징이었다. 소셜프랜차이징은 제휴모델 중 하나로, 각각의 가맹점이 독립적으로 운영되지만 사업모델, 마케팅, 브랜드네임 등 비즈니스 구성방식이 명확히 통합되어 있어 하나의 브랜드 아래서 원래의 혁신모델과 유사하게 운영되도록 설계되는 것을 말한다. 지점모델과는 다르게 소셜프랜차이징 방식에서 가맹점들은 독립된 회사들이다. 가맹본부는 서비스의 표준화된 품질을 유지하기 위해 각 가맹점에 교육과 지원을 제공할 의무가 있고 가맹점들은 중앙본부로부터 비즈니스 시스템과 지원을 받는 대신 프랜차이즈 수수료와 로열티를 지불한다. 소셜프랜차이징 방식은 라이선싱 방식에 비해 중앙의 통제가 강한 편이다. CASA는 지역 제휴단체들의 자율성과 오너십을 보장해주면서도 취약계층에게 제공되는 자사 사회서비스의 품질에 대한 중앙의 통제와 관리를 강화하는 모델로서 소셜프랜차이징 방식을 택한 것이다.

노스 타인사이드(North Tyneside) 지역에 첫 번째 복제회사 NTHCA(North Tyneside Home Care Associates)가 설립되었고 뒤이어 뉴캐슬과 맨체스터 지역에, 또 그 후에는 노슬리, 리즈, 칼더데일 지역으로 확장되어 2017년에는 9개 지역에서 CASA의 제휴회사가 비즈니스 활동을 하게 되었다. CASA가 어떻게 SHCA 모델을 다른 지역으로 잘 이전, 복제해 성공적으로 수행할 수 있었는지, 그 중심요소들을 좀 더 자세히 알아보자.

복제가능성: 다른 지역에서도 재생산이 가능한 모델인가?

복제 성공의 3요인 가운데 첫 번째인 '복제가능성'은 혁신모델이 다른 지역에서도 재생산이 가능한가 여부를 말한다. 사실 다른 지역에서 재생산이 이루어질 수 없다면 복제를 통한 스케일임팩트는 불가능하며, 만약 중간에 어떤 이유로든 복제가 불가능해졌다면 스케일임팩트 프로세스 역시 종료되어야만 한다. 복제가능성을 높이는 데 무엇보다 중요한 것은 '다른 사람들도 따라할 수 있도록 운영의 복잡성을 줄이는 일'이다. 복잡성을 줄이는 가장 좋은 방법은 운영모델의 핵심요소에 집중하는 것, 핵심요소가 표준화되고 메커니즘화되는 것이다.

SHCA 모델은 앞서 살펴본 대로 재가돌봄 중심의 사회서비스 제공업으로서 비즈니스의 구조와 비용체계가 비교적 단순했다. 사회서비스는 보통 사람, 지식, 돌봄기술 등 무형의 자산으로 운영된다. 그러므로 복제해야 할 것들로 조직의 운영원칙과 철학 외에도 서비스 매뉴얼, 표준화된 직원 교육 및 훈련, 품질 관리 등이 포함될 것이다. SHCA 모델은 바로 이런 것이 이미 표준화되어 있었으며, 그 성과 또한 증명되어 있어 다른 지역으로의 이전가능성이 매우 높았다. 흔히 혁신 프로그램을 복제하는 과정에서 겪는 가장 큰 어려움은 직원의 참여와 호혜성, 기업문화 같은 원칙을 복제하는 것이다. 그런데 SHCA 모델은 직원소유기업이라는 탄탄한 구조에 토대를 둔 잘 구축된 운영시스템을 보유하고 있어 그러한 철학이나 원칙의 복제도 수월한 편이었다. 그럼에도 CASA는 혹시라도 지역의 가맹회사들이 이 원칙이나 철학에서 벗어나지 않도록 그 위험성을 미연에 방지하고자 소셜프랜차이즈 시스템에 별도 장치를 마련했으니, 중앙본부가 가맹회사에 대한 초기투자를 통해 의결저지 지분(blocking share)을 확보한 일이었다. 이에 대해서는 CASA의 소셜프랜차이징 시스템을 다루는 다음 절에서 자세히 논의하도록 한다.

지속가능성: 다른 지역에서도 계속 생존할 수 있는가?

다음으로 중요한 요소는 다른 지역에 복제해도 생존이 가능하며 지속 가능한지 여부다. 이는 복제될 사회프로그램, 솔루션, 운영체계가 해당 지역에서도 지속적으로 생존 및 성장이 가능한지는 물론이고 재정적으로도 지속가능한지를 묻는 일이기도 하다. 이를 위해서는 우선 이 문제에 대한 CASA의 정책이 무엇이었고, CASA의 사업과 관련해 어떤 정책기회가 있었는지, 아울러 시장수요가 갖춰져 있었는지를 두루 살펴볼 필요가 있다.

우선 CASA가 설계한 정책을 살펴보자. CASA는 가맹회사들의 생존가능성을 높이고자 가맹 자격조건을 제시했다. 즉 가맹회사가 되고자 하는 기관이나 회사는 반드시 지역 후원자나 투자자를 개발해 17만 5,000파운드의 초기투자가 가능해야 하고, 가맹회사가 소재한 지역의 지방정부로부터 특정 시간의 돌봄서비스를 위탁받아야 하며, 이전에 돌봄분야에서 사업운영을 해본 경험이 있어야 한다는 조건을 충족하도록 했다. 이는 가맹회사가 출범과 동시에 사업운영을 통한 수익을 창출함으로써 현금유동성을 가능케 하려는 조치였다.

다음으로 시장환경과 사회적 수요라는 측면에서 CASA가 어떻게 대응했는지 보자. 결론부터 말하면, 당시 CASA의 미션과 철학은 영국 사회가 풀어야 할 문제와 잘 조응하고 있었고, 따라서 상당한 시장기회가 있었다. 당시 영국은 고령인구 증가로 사회서비스 수요가 폭증하는 추세였으나 NHS(국민보건서비스) 예산은 줄어들고 있었다. 서비스 공급자 입장에서는 더 적은 예산으로 질 좋은 서비스를 제공해야 한다는, 효율성에 대한 압박을 받고 있는 실정이었다. 하지만 정작 현실에서는 직원들의 이직이 잦아 좋은 품질의 서비스를 제공하기가 어려웠다. CASA의 SHCA 모델은 이러한 어려움을 '직원소유회사' 모델로 돌파한다.

실제로 CASA의 돌봄서비스는 근무경력이나 직업능력의 수준이 높은 직원들에 의해 제공되고 있으며, 직원이직률도 영리회사의 평균 이직률의 3분의 1 수준으로 매우 낮다. 이러한 성과로 인해 주요 고객인 보건 관련 당국은 CASA를 재가돌봄서비스의 선구적 사업모델로 인정해주며 신뢰했고, 영리섹터를 대신할 규모화된 대안으로서 CASA의 성공을 물심양면으로 지원했다. 당연히 CASA의 가맹회사에도 좋은 시장기회가 열렸다.

2012년 제정된 영국의 '사회적가치법'은 CASA에 더 큰 사업기회를 제공했다. 사회적가치법은 공공서비스 위탁사업을 할 때 사회적·경제적·환경적 편익을 고려해 업체를 선정하도록 한 법이다. CASA의 가맹회사들은 지역 상황과 요구에 신속하고 유연하게 대응할 수 있을 뿐 아니라 사회적 가치를 추구하고 지역 중심 서비스를 제공하는 파트너로서 스스로를 포지셔닝 함으로써 지방정부로부터 새로운 계약을 많이 따낼 수 있었다. 실제로 2011년 이후 전 지역에 산재한 CASA 프랜차이즈 모델 덕분에 매출이 250% 상승했고, 각 가맹회사들도 자립하여 이윤을 내기 시작했다.

재원조달 능력: 필요한 재원을 끌어올 수 있는가?

재원조달 능력은 스케일임팩트를 성공시키는 데 가장 중요한 요소인 동시에, 실상 사회부문 조직들이 가장 어려움을 겪는 요소이기도 하다. CASA의 경우 혁신모델과 함께 우호적 정책환경에 따른 강력한 시장기회가 외부투자를 견인할 수 있었다. 물론 CASA도 초창기에는 몇몇 가맹점이 재정적 자립에 어려움을 겪은 탓에 재단이나 자선단체가 지원을 제공해야 했다. 이 시기 CASA의 주요 투자자는 유럽연합의 지원 프로젝트 인스파이어(INSPIRE)였다.

그러나 CASA의 비즈니스가 발전함에 따라 점차 자립구조를 갖추어 이윤창출이 가능하게 되었으며, 2011년에는 임팩트 투자기관 브리지스벤처스가 스케일임팩트 자금으로 40만 파운드를 투자한다. 이때의 투자형태는 유사주식(quasi-equity)이라는 혁신적인 사회적 금융으로, 프로젝트가 잘 성장해 임팩트 목표에 도달해야만 투자회사가 자신들의 투자금과 이자를 회수할 수 있는 방식으로 운용되었다. 또한 브리지스벤처스 또한 비상임이사(Non-Executive director)를 맡아 투자 기간 동안 CASA가 목표를 달성할 수 있도록 재무적·운영적 지원을 펼쳤다. CASA의 성공에 힘입어 브리지스벤처스는 4년 만에 투자금을 회수하며 투자를 종결 지었다. 브리지스벤처스가 투자한 4년 동안의 변화는 놀라웠다. 초기에는 주당 4,400시간의 돌봄서비스를 제공했는데 이

것이 4년 뒤에는 1만 6,000시간으로 늘어났다. 매출도 250% 증가했다. 브리지스벤처스의 임팩트투자가 CASA가 장족의 발전을 이뤄낼 수 있도록 해준 결정적 투자였다는 의미다. 이 투자를 발판 삼아 CASA는 그다음 단계로서 빅이슈인베스트(Big Issue Invest)가 운영하는 두 번째 사회투자를 받을 수 있었다.

CASA의
소셜프랜차이즈 시스템,
목표달성을 향한
상생의 선택

CASA는 2004년부터 한 회사로 합병된 2010년까지 소셜프랜차이즈 시스템을 운영했다. CASA는 SHCA 모델을 운영할 때 세운 가치와 원칙을 기반으로 직원소유의 프랜차이즈 회사 방식으로 다른 지역에 가맹회사를 늘려나갔다. 이를 통해 궁극적으로는 영국의 선두적 사회서비스 공급자가 되겠다는 것이 목표였다. 여기서는 CASA가 궁극적 목표달성을 위해 초기 프랜차이즈 시스템을 어떻게 구축했는지를 가맹회사 자격조건, 계약의 주요 내용, 가맹본부와 가맹회사 간 관계라는 측면에서 살펴본다.

우선 CASA가 설정한 '가맹회사 자격조건'을 보면, 그 기준이 다소 엄격했다. CASA는 SHCA의 모델을 기반으로 했기에 '직원소유회사'로서 직원의 운영참여를 중시했고, 강도 높은 직원훈련 및 그에 대한 투자와 서비스 품질도 매우 중시했다. 이 같은 가치와 원칙이 CASA라는 브랜드를 떠받치고 있었다. 그러므로 이를 잘 유지, 발전시키는 것이 시스템 구축에 핵심사항이었다.

CASA는 소셜프랜차이징 방식의 제휴모델을 채택했고 이에 따라 가맹회사에 독립성과 자율성이 보장되었다. 앞서 설명한 바 있듯이 제휴모델은 독립적 조직과의 제휴를 통해 혁신모델을 복제하는 것이기 때문에 전액출자모델(지점모델)에 비해 비용이 적게 들고 지역의 자율성과 오너십을 보장할 수 있다는 것이 장점이다. 반면에 모기업의 가치와 원칙 또는 서비스 품질이나 브랜드를 훼손할 위험도 상존한다. 따라서 복제의 성공을 위해서는 그런 위험성이 낮은 업체를 파트너로 선정하는 일이 매우 중요할 것이다. 또한 제휴단체의 생존과 지속가능성이 담보되는지도 잘 따져보아야 할 것이다.

이에 CASA는 직원소유회사인지(또는 직원소유회사가 될 것인지) 여부와 본부가 정한 서비스표준을 잘 이행할 수 있는지를 기준으로 가맹회사를 선택했으며, 구체적으로 다음 네 가지 조건을 가지고 적합성을 판단했다. 첫째, 직원소유회사이거나 그런 형태로 설립할 것. 둘째, 지역에서 재원조달을 통해 17만 5,000파운드의 초기투자가 가능할 것. 셋째, 해당 지방정부로부터 특정 시간의 돌봄서비스 위탁을 받은 업체일 것. 넷째, 이전에 돌봄서비스 분야에서 사업운영 경험이 있을 것.

이렇게 가맹회사를 선정하면, CASA는 상호성(mutuality)을 원칙으로 자원을 그들과 같이 나누고 학습을 함께하며 어려울 때 지지하는 문화를 만들어나갔다. 이러한 상호성은 그저 명목에 불과한 것이 아니라 프랜차이즈 계약서에 명확한 내용이 담겨 있어야 했다. CASA는 지역의 가맹회사들과 계약을 맺을 때 통제수준을 명확히 하고 본부가 제공하는 서비스 제공 사항도 구체적으로 명시했다. 계약서는 가맹본부와 가맹회사 간 관계에 관한 두 가지 핵심사항을 담았다.[5]

첫째, 본부의 통제수준을 명확히 하는 것이다. CASA는 자사의 당면 목표인 '성장'에 맞추어 시스템과 서비스에 투자하기 때문에 지역의 가맹회사가 CASA의 가치와 원칙을 훼손하거나 서비스 품질 및 브랜드에 해를 끼치거나 지속가능성을 상실할 경우 본부에서 개입할 권리를 갖는다. CASA는 각 지역의 가맹회사가 설립될 때마다 약 15만 파운드를 투자했다. CASA는 이 투자를 보호해야 했고 평판이 훼손될 위험을 방지해야 했다. 특히 평판은 서비스 품질의 유지와 매우 밀접하며 이는 CASA의 가족 브랜드와 관련된 문제이기도 하다. 서비스 품질 및 평판 관리가 절대적으로 중요한 이유다.

CASA의 계약은 '최소한 관여(light touch)' 원칙에 의거하여 설계되어 있다. 지역의 가맹회사들이 애초 설정한 목표에 따라 잘 운영하면 그 직원들이 더 보상받고 더 성장할 수 있도록 격려되지만, 만약 CASA의 원칙이나 철학에 위배되면 본부가 문제해결을 위해 개입할 권한을 갖는다는 것이다. 이를 위한 장치로서 CASA는 지역의 가맹회사에 대해 최소한의 지분(의결저지 지분)을 보유한다. 지분 보유의 목적은 가맹회사들이 CASA 규약에 큰 변화를 줄 수 없도록 보장하는 데 있다. 특히 가맹회사들이 사유화될 수 없다는 점을 명확히 하기 위한 것으로, 가맹회사의 이사회에 참여함으로써 정해진 통제와 지원을 행사한다.

둘째, CASA의 성장을 위해 중앙본부가 제공하는 프랜차이즈 서비

도표 27. 가맹회사에 대한 지원서비스

초기의 설립지원	재무적 지원	품질지원	사업개발지원
사업계획서 준비/ 재무 모델링	재무적 절차 시행	최신 품질 매뉴얼 유지	제품연구와 개발
시장진입 및 입찰과 정부기관과의 관계	예산 준비와 회계 모니터링	품질 모니터링과 감사	시장조사
회사 설립	급여, 인보이스, 청구서 지급	멘토링, 지원과 슈퍼비전	관리자를 위한 비즈니스 훈련
서비스의 질 평가 사정위원회(CQC) 등록	현금흐름 관리, 가격 책정, 채무 관리 등	CASA 내의 전문가 연계	위탁 의뢰 기관과의 관계 개발 및 유지
인력 계획 및 개발	공동구매 할인	훈련 제공	비즈니스 툴 구축
장비와 사무실 마련	재무책임자 역할		비즈니스 운영의 어려움 개선
CASA 비즈니스 매뉴얼과 브랜드 공급			
운영자금 확보			

스 사항들이 계약서에 담긴다. CASA는 가맹점의 지속가능성을 위해 초기 지분투자와 함께, 상당 수준의 지원서비스를 제공한다는 내용이다. CASA 중앙본부는 각각의 고객군에 맞는 교육훈련을 가맹회사 직원들에게 제공하고 HR, 정부기관과의 입찰계약 정책 및 관련 절차, 비즈니스 매뉴얼 등을 지원한다. 이를 제공받는 대가로 가맹회사들은 손익분기점을 넘긴 다음부터는 매년 매출의 4.2%를 로열티/라이선스 수수료로 본부에 내야 한다.[6] 이 수수료는 본부에서 쓰는 프랜차이징 비용과 CASA 가족 모두의 성장과 발전에 사용된다.

또 하나의 도약,
'CASA 원'으로
하나 되기

2010년 CASA는 가맹회사들이 모두 독립조직으로 운영되는 소셜프랜차이즈 기업에서 하나의 직원소유기업 'CASA 원(CASA ONE)'이 되었다. 그리고 2014년에 전체 운영시스템을 다시 구축해, 2015년 1월에는 단일한 직원소유기업으로 공식 전환했다. 커다란 변화를 시도한 데는 여러 이유가 작용한 것으로 보인다.

당시 CASA의 비즈니스 책임자 가이 턴불(Guy Turnbull) 박사는 2013년 〈가디언〉과 가진 인터뷰에서 이렇게 밝혔다. "우리의 가맹회사들은 독립적으로 운영된다. 그러나 우리는 지역의 오너십 또는 자율성과 규모의 경제 사이에서 균형을 찾으려 노력해왔다. 정부의 사회서비스 위탁가격이 인하되면서 수익이 점점 줄어드는 상황에서 영리기업과 경쟁하려면 서비스 제공시간을 늘려야 한다. 그래서 우리는 급여체계, 사업 개발 및 전략적 비즈니스 기능을 중앙으로 통합함으로써 비용을 최대한 줄이고자 했다. 이처럼 기존의 프랜차이즈를 하나의 회사에 결합함으로써 훨씬 강력한 대차대조표를 갖게 되었으며 이는 더 큰 계약에 입찰할 수 있게 되었다는 의미다."[7]

또한 한 논문에서는 CASA가 기존의 소셜프랜차이즈 모델에서 합병된 직원소유기업으로 전환한 이유에 대해 돌봄서비스 위탁기관에 요구되는 최소한의 자산요건을 충족하기 위함이었을 것으로 분석하고 있다.[8] 실제로 가맹회사들은 반독립적으로 운영되는 조합(semi-autonomous mutuals)의 형태를 띠고 있으나 법적으로는 직원소유기업의 하부 지부가 된다.

요컨대 CASA가 전국적 규모의 직원소유기업으로서 프랜차이즈 가맹회사들을 합병한 것은 갈수록 치열해지는 사회서비스 영역에서 예산 압박 및 영리업체와의 경쟁에서 이기기 위한 전략이었을지 모른다. 규모의 경제를 발휘하며 더 효율성 높은 조직형태를 필요로 했을 것이라고 판단되는 것이다. 그러나 독립적으로 운영되던 회사들을 하나로 합병하는 것이 결코 쉬운 일은 아니다. 시장 상황에 대응하기 위해 하나의 회사로 합병이 가능할 수 있었던 내적 요소도 살펴볼 필요는 있다.

앞서도 살펴보았다시피 CASA는 직원소유기업으로서의 정체성과 서비스 품질에 대한 강력한 원칙, 브랜드 보호의 필요성으로 인해 가맹을 원하는 기관이나 회사에 다소 까다로운 자격요건을 요구했다. 특히 직원의 기업운영과 거버넌스 참여, 직원들에 대한 지분 및 훈련 제공 등은 CASA가 소셜프랜차이즈 시스템을 일찌감치 성공시키는 데 핵심요소

도표 28. CASA의 발전과정

1976~1986
CASA의 시작점

- 1976 — 마거릿 엘리엇에 의해 리틀우먼(Little Women Ltd) 설립
- 1980 — 리틀우먼 청산
- 1982 — LWHS(Little Women Household Services: 리틀우먼 가사서비스 협동조합) 설립
- 1986 — LWHS 폐업

1990~2004
SHCA 설립과 성공을 기반으로 CASA 설립

- 1990 — 영국 정부 '국민보건서비스와 커뮤니티 케어법(NHSCCA)' 제정
- 1994 — CASA의 복제 원형이 된 모델 SHCA(Sunderland Home Care Associates) 설립: 노동자협동조합으로 설립
- 1998 — SHCA가 노동자협동조합에서 직원소유회사로 전환
- 2000 — 사업다각화를 위한 새로운 전략 채택
- 2004 — – SHCA 모델 복제를 위한 우산조직 CASA 설립(소셜프랜차이즈 모델 채택)
  – 유럽연합의 지원펀드(INSPIRE) 자금 유입
  – 첫 복제회사인 NTHCA(North Tyneside Home Care Associates) 설립
- 2004 ~ 2006 — Enterprising Solutions Award 등 각종 상을 수상

2007~현재
CASA의 성장과 하나의 회사로 합병, 사명 변경

- 2007 — 9개 지역으로 복제 확장(소셜프랜차이즈 모델)
- 2008 — 설립자 마거릿 엘리엇 대영제국훈장 OBE 수상
- 2010 — 'CASA 원'으로 하나의 직원소유기업으로 합병
- 2011 — 임팩트투자기관 브리지스벤처스의 40만 파운드 투자
- 2012 — 영국 정부에서 '사회적가치법(Social Value Act)' 제정
- 2015 — 재정비와 함께 단일회사 전환 공식화
- 2019 — '비케어링'으로 사명 변경

자료: CASA 홈페이지.

가 되었다. 하지만 자격요건이 까다롭다는 것은 그만큼 가맹의 진입장 벽이 높다는 뜻이고 복제가 빠르고 광범위하게 진행되기가 쉽지 않다 는 말일 것이다. 따라서 스케일임팩트에 상당한 한계로 작용했을 가능 성이 있다. 즉 규모의 경제를 이룰 만큼 조직을 확대하고 성장의 속도를 높이는 데는 한계가 있지 않았을까 짐작된다.

또한 소셜프랜차이징 방식이라 해도 중앙본부의 통제수준은 경우 에 따라 천차만별일 수 있는데 CASA의 경우 가맹회사에 대한 의결저 지 지분 보유와 이사회 참여 등 여느 소셜프랜차이즈 기업들에 비해 통 제수준이 확실히 높은 편이었다. 그리고 가맹회사들은 CASA의 지원을 받아 설립한 곳들이 대부분이다. 아마도 이런 점이 모든 제휴단체를 하 나의 조직에 통합하는 합병회사로의 전환을 가능케 한 내적 배경이 아 니었을까 추측된다. 가이 턴불의 말처럼 "지역의 오너십 또는 자율성과 규모의 경제 사이에서 균형을 찾으려 노력"한 결과가 하나의 합병된 직 원소유기업이었으리라는 것이다.

2019년부터 CASA는 새로운 브랜드 '비케어링(Be Caring Ltd)'으로 운 영되고 있다. 현재 잉글랜드 북부지역 뉴캐슬, 노스 타인사이드, 맨체스 터, 리버풀, 리즈, 헐(Hull) 등 6개 지역에서 800여 명의 돌봄사들이 돌 봄·가사 지원, 장애인과 자폐인 지원, 말기환자에 대한 고통완화 지원, 장애인 학생 학습지원 서비스 등을 제공하고 있다. 2021년에는 코로나 라는 힘겨운 상황에도 불구하고 2,300여 명 고객에게 연간 약 100만 시 간의 서비스를 제공해 흑자경영을 달성했고, 34만 4,165파운드가 직원 들에게 보너스 또는 인센티브로 지급되었다.[9]

CHAPTER 8

'자폐성 장애인'을
'소프트웨어 전문가'로
바꿔낸 기업

| 스페셜리스테른 |

봄이면 들판이나 정원에서 민들레를 흔히 볼 수 있다. 민들레 홀씨가 여기저기 날려 잔디를 하얗게 덮거나 꽃가루 알레르기가 있는 사람들에게는 기침을 유발하기도 한다. 그래선지 민들레를 잡초로 생각하는 사람도 많지만, 사실 민들레는 샐러드나 쌈으로 먹을 수 있으며《동의보감》에서도 인정하는 약초다. 요컨대 '민들레'는 보는 사람의 시각에 따라, 어떻게 활용하느냐에 따라 잡초도 되고 약초도 된다.

사회부문 조직 가운데 민들레 같은 속성을 기업의 핵심원칙에 접목한 기업이 있다. 사회적기업 스페셜리스테른(Specialisterne)이다. 스페셜리스테른은 한의사들이 민들레에서 '약초'의 습성을 찾아냈듯, '자폐인'에게서 놀라운 능력을 발굴하고 그것을 사업모델에 접목해 자폐인 개개인이 소속 직장에서 좋은 약초로 쓰임받을 수 있도록 지원하고 있다. 그래서 덴마크의 코펜하겐비즈니스스쿨의 로버트 오스틴(Robert Austin) 교수는 스페셜리스테른의 활동과 원칙을 '민들레 원칙(dandelion principle)'이라 명명했다.[1] 스페셜리스테른의 회사 로고도 민들레 홀씨가 바람에 날리는 이미지를 담고 있다.

자폐성 장애는 증상의 속성이나 심각성이 매우 다양하여, 정확하게는 '자폐스펙트럼장애(Autism Spectrum Disorder, ASD)'라고 불러야 한다. 그런데 ASD를 앓는 사람이 전 세계 인구의 1% 정도임에도 그중 6%만이 직장에 고용된 현실이다. 이는 자폐인은 환경변화를 견디지 못하고 의사소통을 어려워하는 등 고용시장이 받아들이기 힘든 특성을 갖고 있다는 사회적 인식이 강했기 때문이다. 그런데 스페셜리스테른은 자폐의 강점(autism advantage)에 주목하여 그 강점이 잘 발현될 수 있는 작업환경과 시스템을 만듦으로써 자폐인을 고용시장에 연결한 선구적인 사회적기업인 것이다.

스페셜리스테른은 ASD나, 자폐와 유사한 장애(ADHD; 주의력결핍증)를 가진 사람들을 소프트웨어 테스터로 훈련하고 고용하는 소프트웨어 테스팅 회사다. '스페셜리스테른'은 덴마크어로 스페셜리스트(specialist)라는 의미이며, 2004년 토르킬 손(Thorkil Sonne)이 덴마크에서 설립했다. 스페셜리스테른은 그동안 '장애'로만 인식되던 ASD를 경쟁력이 될 수 있다는 인식으로 전환시켰다. 스페셜리스테른은 혁신적 고용모델을 통해 자폐인들을 사회에 효과적으로 통합시키고 고품질의 서비스를 제공할 수 있음을 증명함으로써 자폐인에 대한 사고방식을 변화시켰다. 스페셜리스테른은 해외의 정부기관, 기업, 민간기관과 사회적기업가에게 크나큰 영감을 주었다. 글로벌기업 마이크로소프트나 SAP와의 파트너십이 확대되었고 스페셜리스테른의 혁신모델을 복제하고 싶어하는 해외 요청도 증가했다. 이러한 확장 요구에 대응하고자, 2008년 스페셜리스테른의 설립자 토르킬 손은 대표직에서 물러나는 한편, 스페셜리스테른재단(Specialisterne Foundation)을 설립해 스케일임팩트 작업에 매진하게 된다.

자폐인에게서 발견한 남다른 능력

스페셜리스테른의 사회혁신 아이디어는 비교적 단순하다. 자폐인에게서 나타나는 긍정적 특징을 활용할 수 있는 특정 일자리에 그들을 고용하는 것이다. 하지만 스페셜리스테른이 덴마크에 설립될 당시인 2004년만 해도 이는 매우 놀라운 발상이었다. 자폐인에게 뒤집어씌워진 온갖 부정적 이미지 탓에 그들이 직업에서 잠재력을 발휘할 수 있다는 것을 이해하기란 결코 쉽지 않았기 때문이다. 이는 2004년 덴마크에서 자폐인들의 실업률이 85% 이상이고, 경증의 자폐인조차 미숙련 노동시장에서 저임금으로 적은 시간 고용되어 있었다는 점으로도 확인되는 사실이다. 이들이 평생 일자리 없이 정부보조금에 의존해야 한다는 것은 국가적으로 봐도 적지 않은 경제적 손실이었다.[2]

일곱 살 아들의 그림에서 얻은 창업 아이디어

스페셜리스테른의 설립자 토르킬 손은 이전까지 그저 '장애'로만 여겨지던 자폐스펙트럼의 여러 특성에 주목해 어떤 경우 일반인보다 더 큰 강점이 있다는 사실을 알아냈다. 그 계기를 제공한 것은 그의 둘째 아들이다. 토르킬 손의 둘째 아들도 세 살 때 자폐 진단을 받아, 그 또한 여느 부모와 마찬가지로 자폐에 관한 자료들을 읽으면서 평생을 부모에게 의존해 살아야 할 아들의 미래에 대해 두려움이 있었다.

그런데 아이가 성장하는 모습을 지켜보던 토르킬 손은 아이에게서 매우 특별한 능력을 발견하게 된다. 아들이 덴마크의 기차 노선과 일정을 모두 외우는 등 남다른 암기력을 보인 것이다. 그러다 그의 아들이 일곱 살일 때 네모상자를 빽빽하게 그려놓은 것을 보게 되었는데, 바로 이 그림이 스페셜리스테른 설립 아이디어를 촉발하는 계기가 되었다. 토르킬 손은 처음에 이것이 무슨 그림인지 몰랐지만, 자세히 보니 상자의 모양이 도표처럼 그려져 있고 그 안에 숫자가 나열되어 있었다. 유럽 지도책의 인덱스 페이지를 모두 기억해 그려 넣은 것이었다. 상자 안의 숫자는 해당 지역의 상세지도가 있는 쪽수를 가리켰다. 토르킬 손은 아들의 그림에 표시된 이 쪽수에 한 치의 오차도 없음을 확인했고, 너무 놀랐다. 이를 계기로 토르킬 손은 자폐인도 사회에 기여하기에 충분한 특별한 능력을 지녔음을 확신했다.[3] 그 후 그는 자폐인 단체에서 봉사를 하던 중 같은 처지의 부모들로부터 비슷한 경험을 듣게 되었고, 그러면

● 미국의 한 조사자료에 따르면, 미국 정부가 자폐인을 위해 부담해야 하는 비용이 2015년 2,680억 달러로 GDP의 1.5%로 보고되고 있다.

도표 29. 토르킬 손의 아들이 일곱 살 때 그린 그림

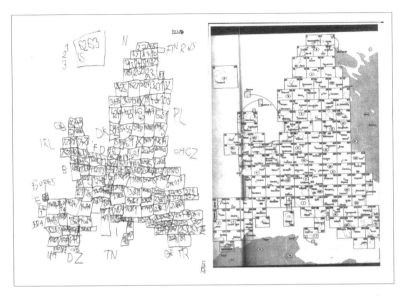

자료: Cantu, D., & Rizzo, F.(2016), Enabling One Million Jobs for People with Autism and Similar Challenges. Simpact Social Innovation Business Case Study.

서 자신의 생각을 확신으로 굳히게 되어 구체적 사업 구상을 하게 된다.

당시 토르킬 손은 15년 경력의 IT 전문가였다. 이런 배경 덕분인지 그는 이들 자폐인의 특성이 강점으로 쓰일 만한 분야가 어디인지 금세 파악할 수 있었다. 다름 아닌 IT 분야였다. 그는 IT회사의 개발 프로세스에 관해 너무나도 잘 알고 있었고, 그중 테스팅(testing) 분야에 주목했다.

'테스팅'은 소프트웨어의 품질을 높이는 과정에서 매우 중요한 개발 프로세스로, 초기에 버그를 잡지 못하면 비용이 몇 배 더 소요될 수도 있었다. 이렇게 중요한 업무이지만 반복적 단순 업무이기도 했다. 그래서 토르킬 손은 높은 지능을 요하는 정밀한 작업이자 집중도가 높고 인내가 필요한 테스팅 업무에 자폐인들을 투입하면 좋겠다는 판단을 하

게 된다. 변칙이나 패턴 변화를 잘 인지하는 능력, 세밀함, 정확함 그리고 한 치도 틀림이 없는 집중력, 반복적인 일을 선호하는 특성을 지닌 자폐인들이 종사할 수 있는 산업적 틈새시장을 발견한 것이다. 이러한 산업적 틈새시장과 자폐인의 특정 능력을 잘 접목하는 형태의 창업기회를 모색한다. 그리고 2004년, 자신의 집을 담보로 대출을 받아 소프트웨어 테스팅 회사 스페셜리스테른을 사회적기업의 형태로 설립하기에 이른다.

숫자로 증명된 스페셜리스테른의 소셜임팩트

스페셜리스테른은 정부기관이나 민간기업에서 수주한 소프트웨어 테스팅, 프로그래밍과 데이터 등록, 품질관리 등의 업무에서 자폐인들이 비즈니스 컨설턴트로 성장할 수 있도록 훈련하고 고용했다. 스페셜리스테른은 초기에만 정부의 지원을 받았고 이후로는 운영에 필요한 비용을 회사의 서비스 판매대금으로 충당했다. 토르킬 손은 스페셜리스테른이 외부 지원에 의존하는 보호작업장 그 이상이 되길 원했으며, 더욱이 자신의 사업이 자선의 형태로 인식되는 것을 경계했다. 따라서 시장에서 경쟁을 뚫고 성공해 자립적 비즈니스로 우뚝 서는 기업이 되도록 만들고자 노력했다.

그의 셀링포인트는 자폐인의 강점(autism advantage)이었다. 첫 번째 고객으로 토르킬 손이 다니던 이전 직장과 계약을 맺은 후로 스페셜리스테른은 다른 기업들과도 착착 파트너십을 맺어, 2008년에는 25곳 정도의 기업고객을 확보하게 되었다. 그중에는 마이크로소프트나 오라클 같은 글로벌기업도 있었다. 직원도 60여 명으로 늘어났고 매출도 330만 달러에 달했다.

2013년 스페셜리스테른은 자사의 자폐인 고용이 덴마크 경제에 미친 사회경제적 가치를 증명하는 비용편익 분석 보고서[4]를 펴냈다. 이 임팩트 분석 보고서에서는 2008년부터 2012년까지 5년 동안 스페셜리스테른 덴마크가 자폐인 고용 및 유지를 통해 4,940만 크로네[•]의 사회경제적 가치를 창출했다고 밝히고 있다. 이는 덴마크의 복지시스템에 주어지는 비용절감분과 자폐인들이 내는 세금과 연금기여금 납부에 따른 소득을 바탕으로 계산한 것이다. 스페셜리스테른에 고용된 자폐인에 대한 정부의 지원금을 제하면 덴마크 정부에 총 1,350만 크로네의 순가치를 가져다준 셈이다. 개인당으로 계산하면 스페셜리스테른 고용인에게 1크로네를 정부에서 투자하면 실업상태에 있는 자폐인에게 투자하는 것에 비해 2.2배 이상을 세금과 연금기여금의 형태로 덴마크에 가져다준다는 내용이다. 또한 스페셜리스테른의 컨설턴트 가운데 89%는 사회적경제적 독립성(자립)이 좋아졌다는 의견을 냈으며, 78%는 전반적 복리가 좋아졌다는 견해를 냈다. 즉 스페셜리스테른의 컨설턴트들은 자폐인이 노동시장에 가치 있는 기여자이자 견고한 납세자라는 점을 분명히 밝히는 한편, 이들 자폐인은 사회복지에 대한 의존도가 낮다는 사실을 보여주고 있다.

● 한화로 약 9,285억 원이다.

'민들레 원칙'에 기초한 혁신적 고용모델과 운영원칙

거듭 말하지만, 스케일임팩트의 전제조건은 '입증된 혁신모델'의 존재 여부다. 혁신모델이 이룬 변화의 동인이 무엇이었는지를 명확히 보여 줄 수 있어야 스케일임팩트가 가능한 것이다. 스페셜리스테른은 고용시 장에서 외면받던 자폐인을 고용시장에 연계하는 핵심 시스템과 고용모 델을 창안하고 개발했다. 자폐인을 평가해 IT 테스터로 훈련한 뒤 이들 을 직접 고용하거나, 테스팅 또는 소프트웨어 프로그래밍, 코딩이나 품 질관리 등의 비즈니스 서비스를 수행할 컨설턴트를 필요로 하는 고객 회사에 매칭해주는 일이다. 스페셜리스테른은 바로 이 분야에서 최고의 노하우를 가지고 있으며, 이는 다시 말해 그 혁신적 고용모델이 회사를 성공으로 이끈 가장 증명된 요소였다는 의미다.

잡초를 약초로 바꾼 '민들레 원칙'

스페셜리스테른이 혁신적 고용모델을 창안할 수 있었던 것은 이미 말했듯 설립자 토르킬 손이 자폐인들이 가진 결핍보다는 강점에 주목했기 때문이다. 세밀함, 정확함, 그리고 한 치의 오차도 없는 집중력, 강한 기억력 등은 자폐인들이 지닌 능력이다. 그러나 현실에서는 자폐인들이 어떤 능력과 강점을 제공할 수 있는지를 보기보다 그들에게 사회성과 커뮤니케이션 능력이 부족하다는 점에 얽매이게 되기에 아무래도 고용을 어렵게 한다. 주지하다시피 스페셜리스테른은 자폐인의 경우 표준적인 일의 범주에는 잘 들어맞지 않을 수 있지만 이들의 능력을 극대화할 수 있는 환경을 조성하기만 한다면 그들의 장애가 강점으로 작용하리라는 확신에 기초한 회사다.

스페셜리스테른의 이러한 믿음과 철학이 바로 '민들레 원칙'에 잘 함축되어 있다. 민들레가 어떤 이에게는 잡초일 수 있지만, 매우 좋은 약성 또한 지니고 있다는 것이다. 실제로 한의학에서는 민들레가 뿌리에는 간 기능을 개선하는 콜린 성분이, 잎에는 항암 작용을 하는 실리마린 성분이, 꽃에는 시력 보호에 효과적인 루테인 성분이 각각 들어 있음을 이야기한다. 영양학자들도 민들레에는 칼슘, 칼륨, 마그네슘, 무기질이 많고 비타민 A, C, E, K, 리보플라빈과 베타카로틴도 많다고 말하고 있다.

자폐인 또한 '민들레 원칙'에 의거하면 다른 시각으로 바라볼 수 있다. 글로벌 사회혁신가들을 지원하는 아쇼카재단은 '민들레 원칙'이야말로 토르킬 손과 스페셜리스테른이 보여준 가장 큰 임팩트라고 말한다. 이 원칙에 따라 스페셜리스테른은 자폐인 한 사람 한 사람이 직장을 찾아 자신의 삶을 마음껏 누리고 사회에 좋은 약초로 쓰일 수 있도록 환경을 조성할 뿐 아니라, 자폐인이 파견되어 일하는 사업장의 고용주나 직원에게도 자폐인과 함께 안정적으로 일할 수 있도록 다양한 지원사업을 펼치고 있다. 스페셜리스테른은 2004년 이후 줄곧 자폐인의 강점을 증명해왔고 경쟁이 치열한 고용시장에서 1만여 명의 자폐인 고용을 창출하는 글로벌운동을 촉진해왔다.

이제 스페셜리스테른이 비유컨대 잡초를 약초로 만들기까지 현장에서 활용한 운영모델들을 하나하나 살펴보자.

레고 마인드스톰을 활용한 평가와 훈련

스페셜리스테른의 주요 활동은 자폐인들을 채용해 훈련을 제공하고 그런 다음 업무환경에 잘 적응하도록 관리하는 것이다. 또한 자폐인들이 배치되는 고객회사가 자폐인들과의 관계를 잘 이어나가도록 관리의 방식을 지원한다. 한마디로 말해, 자폐성 장애인을 ICT(Information and Communication Technologies)컨설턴트로 키워내는 것이다.

이 같은 사업모델로 사회적기업을 창업한 뒤 스페셜리스테른이 맨 처음 겪은 어려움은 ICT 컨설턴트로서 서비스 제공이 가능한, 적합한 능력을 지닌 자폐인을 찾는 일과 이들 예비 직원을 실제적으로 훈련시키는 일이었다. 자폐인이 스페셜리스테른에 채용되면 3~5개월에 걸친 개별 평가 및 훈련 과정에 돌입한다.

스페셜리스테른은 예비 직원에 대한 평가와 훈련에 레고 마인드스톰

(LEGO Mindstorms)을 활용했는데, 이것은 전통적인 레고 블록과 함께 전동모터, 센서, 기어 같은 기계적 요소가 결합된 교육용 로봇 조립 장난감이다. 스페셜리스테른이 레고를 활용한 것은 토르킬 손의 아들도 항상 레고를 즐겼고 자폐인 자녀를 둔 다른 부모들 또한 레고가 자폐스펙트럼을 겪는 아이들의 숨겨진 능력을 끌어내는 데 유용하다는 이야기를 자주 들었기 때문이다. 실제로 레고는 자폐스펙트럼 장애 아동에게 익숙한 장난감이어서 거부감이 없었다.

스페셜리스테른의 평가 담당자들은 레고 마인드스톰 놀이를 통해 이들 자폐인 예비 직원들이 팀활동에 거부감이 없는지, 생각하고 지시를 따르고 세심하게 주의를 기울이는 능력과 문제가 생겼을 때 해결하는 능력 등은 어떤지를 평가했다. 일반적으로 자폐인들은 직접적 의사소통에서는 불안과 어려움을 겪을 수 있기에 훈련 담당 직원(그들 대부분은 자폐치료를 전공한 전문가다)들은 대면 질문을 하기보다는 장난감을 활용해 자폐성 장애인의 능력과 행위의 동기를 관찰하고 해석했다. 그리고 이런 방식을 훈련과정에도 접목해 자폐인들이 로봇을 조립하며 물리적 과정, 기계공학, 로봇공학, 컴퓨터 프로그래밍 등의 요소를 학습할 수 있게 했다.

이렇듯 레고 마인드스톰의 역할이 커지자, 토르킬 손은 레고 사와 장기간의 파트너십을 맺는다. 그리하여 레고 사는 스페셜리스테른이 재단을 설립할 때 75만 크로네와 함께 제품지원을 하는 등 지속적으로 협력관계를 이어나갔다. 이후 스페셜리스테른의 자폐인 근로능력에 대한 '평가와 훈련' 모델은 그 자체가 하나의 상품이 되었으며, 이 서비스를 제공하는 독립부서까지 회사 안에 만들어졌다. 예를 들어 덴마크의 지방정부가 50여 명의 자폐인을 5개월간 스페셜리스테른에 보내 레고 마인드스톰을 활용한 평가를 받도록 하는 식이다. 이 평가 후 스페셜리스테른은 평가 대상자들 중 일부는 자사의 컨설턴트로 고용하고 그 이외의 자폐인들은 시청과의 협력을 통해 사무나 잡초 제거 등 시청 업무에 배치했다.

'잡 프로필'에 따른 세밀한 관리

스페셜리스테른의 평가 후 훈련은 크게 직업적 기술, 사회적 스킬, 인턴십으로 체계적으로 이루어진다. 즉, 레고를 통한 평가 훈련(1주)이 끝나면 직업적 기술(4~5주), 사회적 스킬(1~2주) 인턴십(4~12주) 단계를 밟는다. 이 모든 과정을 마치고 나면 전문적 비즈니스 훈련을 통해 작업배치가 이루어진다. 이때 고객사에 직접 배치되는 경우가 많다. 고객사에 들어가면 자선이나 사회공헌 차원에서 시혜적으로 제공되는 일을 하는 것이 아니라 숙련된 직업인으로서 독자 생존해야 하고 고객을 만족시키는 ICT 컨설턴트가 되어야 한다. 스페셜리스테른은 이들이 당연히 그만한 자격을 갖추어야 한다고 보았다. 물론 이것은 결코 쉽지 않은 일이다.

스페셜리스테른은 자폐인에 대한 평가와 훈련의 어려움을 해결하고자 자폐인 직원들 각각의 장애 증상을 분석하는 세밀한 툴을 개발했다. 토르킬 손과 관리자들은 자폐인 직원들이 일이 너무 쉬울 때는 어떻게 행동하고, 또 일이 지나치게 어려울 때는 어떻게 행동하는지, 관리자의 지시가 이해되지 않을 때는 어떠한 반응이 나타나는지를 사진에 이해할 필요가 있었다. 그래서 자폐인 직원들과의 심도 있는 인터뷰를 거쳐 각각의 자폐인 직원마다 잡 프로필(job profile)을 구축해 가장 적합한 업무를 파악한 뒤 거기에 배치했다. 그리고 모든 직원에게 코치를 배당해 정서적 상태를 모니터링하는 등 직장생활을 잘해나갈 수 있도록 꼼꼼히 지원했다.

'자폐인 맞춤형' 작업환경 구축

자폐인들은 때로 매우 높은 수준의 불안을 경험하기 때문에 스페셜리스테른은 이를 유발하는 요인이 발생하지 않도록 그들이 편안해하는 작업환경을 만들고자 노력했다. 그래야만 자폐인의 행동개선과 기능향상이라는 결과를 가져올 수 있기 때문이다.

우선 자폐인들은 소음에 민감하고 탁 트인 작업공간에서 불안을 느낄 수 있기에 비교적 작은 공간에서 조용히 일할 수 있도록 했으며 작업 집중을 방해하는 요소들을 차단했다. 만약 불안으로 문제행동이 유발되면 근거리에 있던 직업재활 전문가들이 나서서 문제를 해결할 수 있게 돕는다. 또한 자폐인들은 팀으로 일하는 것과 제스처나 얼굴 표정, 음성이나 음색 등에서 나타나는 사회적 신호를 이해하는 것도 어려워하기 때문에 정확하고 직접적인 소통을 하는 한편 비언어적 표현은 피하는 맞춤형 의사소통이 이루어지도록 했다. 스페셜리스테른은 자폐인 직원들에게는 다른 사람과 어울릴 것 등을 결코 요구하지 않는다. 그런 요구가 이들에게 상당한 스트레스 요인이 될 수 있어서다. 또한 직원들이 집이나 회사 사무실 또는 고객사의 사무실 가운데서 자신의 작업공간을 선택할 수 있도록 하고 있으며, 작업시간도 개인적 능력에 알맞게 조정하고, 개별화된 지원 및 훈련과 인력개발 프로그램 등을 통해 자폐인의 장점이 극대화될 수 있는 편안한 작업환경을 구축하고자 했다.

일반회사도 자폐인과 함께 일할 수 있도록 지원

토르킬 손과 스페셜리스테른은 '장애인의 서비스는 품질이 낮을 것'이라는 편견과도 싸웠다. 그는 자폐인 직원들이 테스팅 과제를 수행하는 데 매우 장점이 있고 일의 성격에 따라 수동 데이터 입력이나 데이터 검증의 경우에는 비장애인 컨설턴트에 비해 정확성이 7~8배 높고, 일반 테스팅에서는 정확성이 50%나 높다는 점을 적극 홍보했다.[5] 그렇기에 스페셜리스테른은 자신들이 제공하는 서비스에 대한 가격인하 요구를 단호히 거부한다.

스페셜리스테른의 이 확고한 신념은 고객사들이 자폐인과 함께 일할 수 있도록 하기 위한 지원으로 이어졌다. 일반적으로 테스팅 업체들은 업체 소속 테스터가 개발자가 있는 고객사의 작업장으로 가서 일한다. 당연히 그 편이 효과적이기 때문이다. 스페셜리스테른의 직원들 역시 고객사로 가서 일하는 경우가 많다. 그러므로 이들 자폐인이 일반회사의 작업환경에 잘 적응하도록 하는 것 역시 스페셜리스테른의 중요한 과업이자 매우 큰 도전과제다.

이를 위해 스페셜리스테른은 2~3명으로 구성된 자폐인팀에 팀매니저나 교사를 결합해 파견하는 모델을 개발했다. 이때 팀매니저의 역할은 파견된 자폐인 직원들의 고용유지를 위해 고객사와 고객사 직원들에게 관리 및 훈련 서비스를 제공하는 것이다. 즉, 스페셜리스테른이 어떤 회사에 직원을 파견하면 고객사 직원 중 자폐인의 장점과 한계를 모두 잘 이해하는 사람을 연락 담당자로 선정한 뒤 그가 자폐인들과 함께 일할 수 있도록 훈련시킨다. 또한 그 이외의 고객사 직원들에게도 자폐에 대한 간단한 지식, 자폐인들과 일할 때 명심해야 할 사항 등에 대한 안내를 제공하는 일을 한다. 그리고 고객사들은 스페셜리스테른에 자폐인과 함께 일한 경험을 정기적 피드백으로 전달한다.

스케일임팩트의 시작, 세계 각국의 요청에 응답하다

스페셜리스테른에 2008년은 중요한 분기점이 되는 해였다. 스페셜리스테른은 설립 초기에만 정부지원금이나 자선에 의존했을 뿐 어느 정도 안정화된 이후에는 운영에 필요한 비용을 회사의 비즈니스 수익으로 충당했다. 대표인 토르킬 손은 정당한 시장가격을 지불받는 기업으로서 스페셜리스테른을 굳건히 세우고자 했다. 이러한 비전이 실현되어, 2008년에는 44명의 직원이 이미 고용되어 있고 20명의 직원이 추가로 훈련을 받고 있는 등 사세가 확장되었다. 레고, 마이크로소프트, 오라클 등 다국적기업을 비롯해 25곳의 고객사(공공기관 또는 민간기업)를 확보한 상태였으며, 330만 달러 매출과 17만 달러의 이익을 내는 등 손익분기점을 확실히 넘어섰다. 정부지원금도 없이 자폐인을 고용해 4년 만에 이러한 성과를 내기란 결코 쉬운 일이 아니다.

　또한 토르킬 손은 스페셜리스테른의 평판과 사회적 네트워크를 확장하려는 노력도 게을리하지 않았다. 강연, 컨퍼런스, 사회적기업 회의, 세계 자폐인 인식의 날, 세계경제포럼 등 시간과 장소를 가리지 않고 기회 있을 때마다 스페셜리스테른을 알렸다. 다양한 지지자들과 우호적 관계를 형성하고 학계나 유관기관, 사회적기업가네트워크 등과도 계속 연계해나갔다. 이를 통해 스페셜리스테른은 풍부한 사회적자본을 구축할 수 있었다.

　스페셜리스테른이 사회적으로도 재무적으로도 매우 효과적인 혁신 모델임을 입증해 보이면서 전 세계 50여 개국으로부터 스페셜리스테른 모델을 적용하고 싶다는 문의가 쇄도했다. 이제 그 수많은 요구에 응답해야 할 시점이었다.

스페셜리스테른재단 설립

스페셜리스테른 모델을 국제적으로 확장하기로 결심한 토르킬 손은 스케일임팩트 과업에 매진하고자 2008년 12월에 스페셜리스테른의 대표 자리에서 물러난다. 그와 동시에 보유했던 주식을 모두 기부해 스페셜리스테른재단을 만든다.

　스케일임팩트 과업을 추진할 때 가장 핵심적인 성공요소라 할 수 있는 것이 바로 리더의 헌신성이다. 스케일임팩트는 매우 복잡하고 어려운 절차로 진행되기 때문에 아주 많은 자원이 필요하고 광범위한 이해관계자들과 상호작용을 해야 한다. 당연히 경영의 범위도 확대된다. 만약 설립자나 리더가 스케일임팩트 프로세스를 펼치기로 결정한 다음에도 기존 조직의 일상적 업무와 운영에 일일이 관여한다면 자칫 스케일임팩트 프로세스에 차질을 빚을 수도 있다. 그래서 조직의 설립자로서 맡았던 책무를 내부적으로 원활히 위임한 뒤 스케일임팩트 과업에만 집중하는 경우가 많다. 토르킬 손도 스페셜리스테른의 모델을 완성하자 자신은 이후 펼쳐질 스케일임팩트 과업에 전력을 쏟기 위한 결정을 내렸던 것이다.

새로 설립한 스페셜리스테른재단의 조직형태는 비영리재단이었으며, 스페셜리스테른의 성공한 혁신모델을 다른 나라로 확대하는 일을 지원하는 것이 그 설립목적이었다. 이 재단은 사회적기업으로서 영리활동을 영위하는 스페셜리스테른의 비즈니스 콘셉트, 지식재산, 트레이드마크 등을 소유했다. 한마디로, 스페셜리스테른 브랜드의 소유주가 되었다. 재단의 미션은 노동시장에서 모든 사람이 동등한 기회를 갖는 세상을 만드는 것이다. 좀 더 구체적이고 실천적인 비전으로는 전 세계에서 사회적기업을 통해, 기업의 참여와 전 세계인의 인식변화를 통해 100만 개의 자폐인 일자리를 만드는 것이다. 매우 대담한 목표였으나 이것이 스페셜리스테른의 가열한 개발 노력과 팀 정신에 촉진자 역할을 했다. 토르킬 손은 한 컨퍼런스에서 자신이 은퇴하기 전에 반드시 이 목표를 달성할 것이라는 긍정적 전망을 내놓은 바 있다.

토르킬 손은 이러한 비전을 실현하기 위한 구체적 전략으로 스페셜리스테른의 운영모델을 전 세계에 복제하는 것, 노동시장에서 자폐인들을 평가하고 훈련하는 것, 자폐인들의 능력을 발휘할 시장을 평가하는 것, 회사들이 자폐인들을 고용하고 관리할 수 있도록 관리모델을 개발

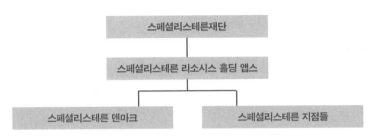

도표 30. 스페셜리스테른의 소유구조

스페셜리스테른재단

스페셜리스테른 리소시스 홀딩 앱스

스페셜리스테른 덴마크

스페셜리스테른 지점들

자료: Elkjær Jensen, N. N.(2011), Specialisterne, changing the standards. A case study of a Danish social entrepreneurial company. M. Sc. thesis in Strategy, Organization and Leadership. Copenhagen Business School.

하고 공유하는 것, 자폐인들에 대한 사회의 긍정적 인식을 높이는 것으로 설정했다.

이로써 스페셜리스테른은 원대한 비전을 실행하기 위한 두 개의 바퀴, 즉 비영리재단과 사회적기업이라는 이중의 조직형태를 장착한 채 미래로 나아갈 수 있게 되었다. 스페셜리스테른재단은 자폐인을 위한 일자리 창출 지원과 각종 서비스와 관리 툴을 통해 스페셜리스테른 모델을 복제하는 목적을 수행하는 비영리조직이고, 스페셜리스테른은 이윤을 창출하는 영리기업 형태의 사회적기업인 것이다. 스페셜리스테른재단이 100% 지분을 갖는 '스페셜리스테른 리소시스 홀딩 앱스'가 스페셜리스테른 덴마크와 각 지점을 소유하는 구조다.[6]

성공적 스케일임팩트를 위한 확실한 준비

스케일임팩트의 매 단계마다 설립자나 경영자는 필요자원을 잘 동원할 수 있어야 한다. 일반적으로 이 자원이란 재정자본, 인적자본, 지적자본, 사회적 네트워크다. 여기에 '사회적 네트워크'가 포함된 것은 다른 자원에 대한 접근성을 높인다는 측면에서 이 역시 자본이라 할 수 있어서다. 그런데 스케일임팩트를 위한 자원은 일상적 기업운영에 필요한 정도를 넘어서는 매우 충분한 양이어야 한다.

스케일임팩트 프로세스에 착수하기 전까지만 해도 스페셜리스테른은 조직 자체의 성장이나 지점 개설 방식으로 확장을 해왔다. 그러나 이제 자사의 운영모델을 더 빨리 더 넓은 지역으로 확산시키기 위한 전략을 찾아야 할 시점이었다. 스페셜리스테른재단은 스케일임팩트 전략으로서 라이선싱, 전략적 파트너십 등 다양한 방식을 고려하며 구체적 준비작업에 들어갔다. 우선 재단은 전문적 인적자원으로서 글로벌 컨설팅 회사 액센추어(Accenture)의 시니어 파트너로 재직하다 은퇴한 라르스 헨릭센(Lars Henriksen)을 고용해 새로운 경영체계를 갖추었다.

이러한 경영체계하에서 2010년부터 다른 지역에 스페셜리스테른의 지점이 설립되었고 외부 회사가 스페셜리스테른 모델을 자신의 지역에 적용하고자 할 때는 승인절차를 거쳐 회사 로고를 사용하도록 허락되었다. 이와 함께 스페셜리스테른과 재단은 민들레 원칙을 바탕으로 경영 툴을 구축해 지점이나 제휴단체가 자폐인 직원들을 평가하고 채용하고 관리할 수 있도록 지원했다. 직원채용 규정에서도 스페셜리스테른은 새로운 실험을 했다. 기존에는 채용 자격조건이 공식적 자폐 진단을 받은 사람으로 제한되었으나 이를 특정 자질의 자폐인을 채용하는 방식으로 수정한 것이다. 즉, 고객들이 스페셜리스테른의 서비스를 구매하기로 결정할 때 장애인에 대한 자선적 판단보다는 시장경쟁력을 중심에 놓고 판단할 수 있도록 했다. 한편 2009년에는 16~20세의 자폐인들을 위한 학교도 열었다. 이 학교는 레고재단과 덴마크 교육부의 자금 지원을 받아 설립된 것으로, 자폐인들을 노동시장에 보다 적극적으로 참여시키기 위한 준비이기도 했다.

재단은 지적재산 정비에 착수하여 스페셜리스테른 모델을 다른 지역에 더 쉽게 이전할 수 있도록 했다. 2010년 재단은 운영모델 라이선스 패키지(Operational Model License Package)를 개발해 해외 운영자들이 스페셜리스테른 모델을 구축하는 데 필요한 단계별 안내를 제공했다. 이는 5단계에 걸친 세밀한 파트너십 기획과정으로서 '준비-타탕성 연구-지역파트너 모색-비즈니스 기획-라이선스 계약'으로 구성되었으며, 스페셜리스테른이 증명해온 사업 콘셉트 및 관련 지식, 사업의 진행과정, 멘토링 방식과 툴, 컨설팅 내용, 법적 지원 등을 포함했다.

스페셜리스테른의 라이선스 계약자(licensees)와 그 이외의 파트너 등이 그동안 스페셜리스테른이 축적해온 지식과 네트워킹에 접근할 수 있는 지식기반은 스페셜리스테른재단이 관리했다. 스페셜리스테른 모델의 핵심 DNA를 기록한 지식DB를 재단이 확보하고 있는 것인데, 이 DB는 인적자원 및 비즈니스 개발에 대한 모든 것의 집합이었다. 이를 바탕으로 만든 패키지가 다른 지역에서 스페셜리스테른 모델이 복제되는 과정에서 안내서 역할을 했던 것이다.

또한 재단은 이 패키지를 복제 대상이 되는 지역의 환경과 문화 그리고 특수한 니즈를 고려해 각 지역에 맞게 적용함으로써 적응성을 높였다. 이 덕분에 스페셜리스테른은 사업의 개념과 내용, 형식에 별다른 변화를 주지 않고도 다른 지역으로 이전이 가능한 포괄적 모델을 구축할 수 있었고, 조직이 창안한 프로그램이나 이니셔티브를 다른 곳에서 재생산할 수 있는 능력인 복제가능성 또한 높일 수 있었다. 이에 따라 이제 자기 지역에서 스페셜리스테른과 같은 콘셉트의 사회적기업을 만들고자 하는 경우 일정 비용을 지불하고 스페셜리스테른재단의 지원을 받을 수 있게 되었다.

스페셜리스테른재단은 스케일임팩트를 지속하는 데 필요한 재정적 자원 동원에도 큰 노력을 쏟았다. 우선 2010년 덴마크의 비쿠벤재단(Bikuben Foundation)으로부터 '자폐인을 위한 100만 일자리 프로젝트' 펀드를 지원받았다. 이 자금은 스페셜리스테른이 축적해온 지식과 노하우를 파트너 기관에 제공할 수 있도록 교육 툴키트(toolkit)를 만드는 데 사용되었다. 같은 해에 덴마크의 렘비-뮐러(Lemvigh-Müller)재단으로부터도 10만 유로를 제공받아 자폐인 인턴십 프로그램 지원에 썼다. 또 벨룩스재단(Velux Foundation)으로부터도 71만 5,000유로의 기금이 들어왔는데, 이는 폴란드에서 자폐인 일자리 창출을 위한 3년 프로젝트를 운영하기 위해 받은 것이었다. 이를 통해 스페셜리스테른은 폴란드의 파트너 기관과 함께 자신의 모델을 폴란드에 복제할 수 있었다. 폴란드에서 프로젝트가 종료한 2013년 벨룩스재단은 다시 덴마크에서 '1,000명 자폐인 일자리 프로젝트'를 위해 72만 5,000유로를 지원했다.

스페셜리스테른재단은 EU로부터도 다수의 지원금을 지원받아 자폐인을 위한 100만 일자리 프로젝트를 이어나갈 수 있었다. 이 외에도 사회적 네트워크 자원 구축을 위해서도 토르킬 손이 공공이나 민간 할 것 없이 다양한 기관 및 기업과 다수의 파트너십을 체결했다.

'직접전략'과 '간접전략'을 혼용한 복합의 전략

스케일임팩트 모델은 크게 두 가지 전략으로 유형화해볼 수 있다. 본래 조직의 덩치를 키우는 직접전략과, 다른 조직과의 제휴를 통해 스케일임팩트를 하는 간접전략이 있을 수 있다. 물론 두 가지 방식 모두 각각의 장단점이 있다(3장 참조).

'직접전략'에는 인수합병이나 다각화 등을 통한 조직적 성장, 전액출자의 지점모델이 있는데, 규모나 서비스 범위 측면에서 조직적 성장을 추구하고 강력한 중앙통제 및 관리가 뒤따른다는 특징을 갖는다. 그리고 '간접전략'은 다른 조직과의 제휴를 통해 스케일임팩트를 하는 제휴모델과, 혁신모델을 가능케 한 지식을 보급하고 공유하는 보급모델로 나눌 수 있다. 그중 제휴모델에는 라이선싱, 전략적 파트너십, 소셜프랜차이징, 조인트벤처 등의 방식이 있고, 보급모델에는 오픈소스나 컨설팅, 훈련 등을 제공하는 방식이 있다. 이 같은 간접전략 방식은 비교적 대규모의 자원을 활용할 수 있고 스케일임팩트가 좀 더 신속하게 이뤄질 수 있다는 것이 장점이지만, 중앙의 통제나 관리 수준과 관련해 파트너들과의 사이에서 긴장이 존재할 수 있다는 점에 유의해야 한다.

더 큰 효과를 가져다준 '복합' 전략

그런데 스케일임팩트를 하는 방식이 꼭 단일하지만은 않다. 다시 말해 정해진 한 가지 모델로만 스케일임팩트를 해야 하는 것은 아니며, 상이한 모델을 혼합하는 방식도 있을 수 있다. 오히려 여러 모델을 결합해서 활용하는 스케일임팩트 방식이 단일 모델로 운영하는 경우보다 더 효과적일 수 있다. 각 모델의 장점을 두루 활용할 수 있기 때문이다. 단, 이 경우 단일 모델을 활용할 때보다 관리가 복잡하고 비용도 많이 들어간다.[7] 따라서 아무래도 이 경우에는 강력한 리더십이 요구될 수밖에 없다.

스페셜리스테른 모델은 단일 전략이 아니라 몇 가지 전략을 복합적으로 활용해 다른 지역으로 복제되었다. 예를 들어 캐나다, 미국, 호주, 싱가포르에서는 스페셜리스테른재단이 전액지분을 가지고 회사를 설립해 단독으로 이사회를 임명할 권리를 가졌다. 오스트리아, 아이슬란드, 아일랜드, 스위스, 스페인, 북아일랜드, 이탈리아, 브라질에는 제휴모델 중 하나인 '라이선싱 전략'으로 복제되었다. 인도와 체코에서는 또 다른 제휴모델인 '전략적 파트너십' 방식으로 스페셜리스테른 콘셉트의 회사가 설립되었는데 이들은 스페셜리스테른이라는 브랜드를 사용하지 않고 단지 운영모델만 복제했다. 또 '스페셜리스테른 스페인'은 스페셜리스테른재단이 약간의 지분을 갖고 설립했다. 각 나라와 지역마다 협력 내용, 문화와 여건에 따라 상이한 운영모델이 복제된 것인데, 어떤 곳은 지역정부와 재단의 보조금으로 운영되고 어떤 곳은 파트너 기업과의 협력으로 운영되며 또 어떤 곳은 자립경영의 구조를 띠기도 한다. 그러나 이들 모두가 영리기업이 아닌 자폐인 고용이라는 사회적 목적을 위해 운영되는 조직이라는 점, 그리고 창출된 수입이 모두 이 사업에 재투자된다는 점은 공통된다.

단계별로 다른 전략을 활용하는 스케일임팩트

스페셜리스테른은 단계별로 다른 스케일임팩트 전략을 활용했다.[8] 초기에는 재단이 더 많은 통제권을 갖는 직접전략, 곧 전액출자의 지점 방식을 취했다. 사실 스페셜리스테른은 자폐인이라는, 어찌 보면 고위험군에 속한다고 볼 수 있는 이들에게 서비스를 제공한다.

장애인 관련 사업에서는 사업의 주체가 되는 장애인에게 회사가 제공하게 되는 서비스의 품질이 매우 중요하다. 만약 거기서 문제가 발생해 스케일임팩트 프로세스가 잘못 실행되거나 실패한다면 그 파급력이 심각한 지경에 이를 수 있어서다. 결국 장애인 관련 사업모델은 애초 설정한 조직의 사명이나 추구하는 가치와 서비스 품질을 훼손하지 않고 지속적으로 복제가 가능한가 하는 이슈가 관건이다. 그렇기 때문에 이런 사업을 스케일임팩트의 대상으로 삼고자 할 경우에는 대개 중앙기관의 통제가 강한 지점모델이 선호되는 경우가 많다. 혹 제휴모델의 방식을 취한다 하더라도 중앙의 통제나 관리가 강한 방식을 선택하는 것이 좋다. 스페셜리스테른도 바로 이런 이유로 초기에는 지점모델 방식으로 스케일임팩트를 진행했다. 한편 이를 통해 지역 복제 방법을 학습하면서 또 다른 지역으로의 이전가능성을 높이는 노하우를 발전시켜나갔다.

두 번째 단계는 제휴모델로서 라이선싱과 전략적 파트너십을 활용했다. 스페셜리스테른재단은 일단 초기에는 지점모델 방식으로 스케일임팩트를 해나갔다. 하지만 이 방식만으로는 더 넓은 지역으로의 모델 복제가 어려웠고, 그래서 다른 조직과의 제휴 전략으로 스케일임팩트 방식을 확장했다. 라이선싱은 스페셜리스테른의 혁신모델이 지적재산권(IP)으로 전환되는 것으로, 허가받은 사람이나 조직이 일정 기간 동안 이 모델을 사용할 수 있도록 제공하고 수수료를 받는 것이다. 중앙본부의 통제가 전략적 파트너십 방식보다는 강하고 소셜프랜차이징 방식보다는 약한 형태라 하겠다. 그리고 프랜차이징 방식보다 자본이 적게 드는 한편, 라이선스 구매 조직에 자율성과 오너십이 보장되는 형태여서 중앙집권적 통제나 관리를 꺼리는 로컬 파트너의 진입이 비교적 용이하다. 스페셜리스테른의 로컬 파트너는 몇 가지 요소로 평가되었다. 자폐인 관련 사업을 운영하고자 하는 의지와 능력, 조직력, 경쟁력(재정능력, 경영기술 등), 열정, 비전과 가치 등을 두루 갖추었는지 보고 이전의 비즈니스 경험, 특히 장애인과 같이한 경험이 있는지를 살핀다. 더불어 조직의 영향력, 특히 로비력이 있는지, 인적자원개발 측면에서 증명된 실적이 있는지 등을 평가한다.

　이런 절차를 거쳐 선정된 로컬 파트너는 재단과 라이선스 계약을 맺는다. 계약이 맺어지면 재단은 로컬 파트너에게 스페셜리스테른의 브랜드, 지식DB. 네트워크 등 자원 접근권을 제공한다. 특히 지식DB는 스페셜리스테른의 그동안 쌓은 경험과 지식이 집약된 자원으로서 평가와 훈련 등의 활동 사항과 인적자원 관리에 대한 가이드라인, 핵심역량 경영 모델(competence management model), 각종 툴키트와 템플릿 등이 포함된 것이다. 재단은 지속적 지원과 훈련 그리고 자원을 제공하여 글로벌 마케팅, 브랜딩, 품질관리가 가능하도록 한다. 로컬 파트너들은 라이선스 계약과 동시에 2만 5,000유로의 계약금을 내야 하고, 매년 지원 및 서비스 수수료로 2만 유로를 재단에 납부해야 하며, 매출과 연계된 로열티를 지불해야 한다. 또한 로컬 파트너들은 직원의 절반 이상은 자폐인을 고용하는 사회적기업으로 운영하도록 노력해야 하고, 스페셜리스테른이 추구하는 가치이자 사업상의 원칙인 '민들레 원칙'을 잘 유지하면서 자폐인을 위한 작업환경을 조성해야 한다. 반면 거버넌스 구조상 로컬 파트너들은 재무적 운영이나 지역 네트워크 구축은 자율적이다.[9]

　전략적 파트너십은 제휴모델 중 가장 유연한 형태로서 서로 합의한 목적 달성을 위해 두 개 이상의 조직이 협약해 이익을 얻는 방식이다. 하지만 관계 맺는 범위나 기능은 제한적이고 조인트벤처나 프랜차이즈 관계와 달리 법적 보호를 받지 않는 경우가 대다수다. 전략적 파트너십 방식의 이점은 맞춰야 할 형식이 거의 없고 법적 관계를 맺는 것도 아니기 때문에 실행이 비교적 쉽다는 점이다. 그리고 쌍방 간 맞춤형이 가능하고 필요한 경우 파트너 사이에 다양한 협약이 가능하다는 점, 책임과 위험을 파트너들이 나눈다는 점도 장점이다. 전략적 파트너십 방식이 성공하려면 부족한 기술 또는 자원을 서로 보충하고 배울 수 있는 파트너를 선택하는 것이 핵심열쇠다. 스페셜리스테른의 경우 자폐인 고용을 획기적으로 늘리길 원했고 글로벌기업들은 그런 측면에서 강력한 잠재력이 있었다. 이들은 전 세계에 지점 사무소가 있어 고용기회가 많았기 때문이다. 그래서 스페셜리스테른재단은 SAP, 휴렛패커드, IBM, 마이크로소프트 등 거대 IT회사들과 전략적 파트너십을 맺었고, 이들의 인프라와 지역자원을 활용해 더 많은 지역에 사회적 임팩트를 복제할 수 있었다. 이 전략적 파트너십은 자폐인 고용에 커다란 분기점을 마련했다.

스페셜리스테른의 스케일임팩트 방식이 2단계인 제휴모델로 확대되면서 스페셜리스테른의 사업모델은 더 협력적인 형태로 전환되었고 파트너십도 다양화되었다. 이 변화과정에서 스페셜리스테른은 스케일임팩트를 이끄는 최전선의 기업으로서 자신의 입지와 전문성을 더 강화할 필요성을 인식하게 되고, 그리하여 자폐인 모집, 평가, 훈련, 작업환경과 HR 활동을 설계하는 역량과 관련 노하우를 키운다. 자신의 지식 허브를 더 발전시켜 스케일임팩트 프로세스의 주도 기관으로서 강점을 키우고 로컬 파트너에 의한 복제를 보다 효과적으로 지원할 수 있는 역량 또한 강화한 것이다.

세 번째 단계로는 네트워크를 활용한 스케일임팩트다. 다양한 유형의 제휴조직이 늘어나면서 파트너들 중에는 점차 스페셜리스테른재단의 통제나 관리 없이 스스로 자신의 프로젝트를 추진하는 경우가 있었다. 이로써 '네트워크'가 스케일임팩트의 수단으로서 더욱 중요해진다. 대표적 예가 글로벌기업 SAP이다. SAP는 스페셜리스테른과 파트너십을 맺고 '오티즘 앳 워크(Autism At Work)'라는 프로젝트를 통해 전 세계에 소재한 자신의 사업장에 자폐인을 고용했다. 이 이니셔티브가 발전을 거듭하면서 마이크로소프트, JP모건체이스, IBM 등 글로벌기업으로 확산되었다. 그리고 SAP는 오티즘 앳 워크 서밋(Autism At Work Summit)을 개최해 기업, 정부관계자, 교육관계자 등 다양한 이해관계자가 여기 참여하도록 함으로써 자폐인 고용 분야를 발전시켰다. 이 과정에서 SAP가 프로젝트를 주도하기 시작함에 따라 스페셜리스테른재단은 파트너에게 전문적 서비스를 제공하는 공급자로서 위치를 재설정하게 된다. 즉 이 관계에서는 복제기관에 대한 통제나 관리는 거의 없고 자신의 전문성과 지식, 노하우를 공유하고 전달(disseminate)하는 역할만 하게 된다. 이것이 바로 스페셜리스테른이 채택한 3단계의 스케일임팩트 방식으로 '네트워크 활용'이다.

한편 토르킬 손은 자폐인 고용을 위해 다양한 글로벌행사에서 강연이나 사례발표를 했는데 이를 통해 스페셜리스테른의 사업 콘셉트 및 모델을 열정적으로 보급한 것이다. 바로 이런 형태의 노력이 스케일임팩트 전략 중 '보급모델'에 해당한다. 보급모델은 지점모델이나 라이선싱과 전략적 파트너십 방식의 스케일임팩트 전략을 보완하고 강화하는 역할을 한다.

스케일임팩트 프로세스의 진화와 새로운 모멘텀 만들기

2012년까지, 스페셜리스테른은 지점을 통한 직접적 확장과 간접적 제휴전략으로서 라이선싱을 통한 스케일임팩트를 동시에 진행했다. 2013년에는 독일의 다국적기업 SAP와 전략적 파트너십을 맺음으로써 스페셜리스테른의 비전인 '자폐인을 위한 100만 일자리' 실현에 큰 진전을 보게 된다. SAP는 재무, 영업, 인사관리, 상거래, 자산관리 등 다양한 업무영역별 비즈니스 솔루션 소프트웨어를 제공하는 글로벌 3위 기업으로서 당시 전 세계 190여 개국에서 약 7만 명을 고용하고 있었다. 스페셜리스테른이 보기에 글로벌기업은 '자폐인 고용'에서 매우 큰 잠재력이 있었다. 전 세계에 사무소가 있어 그 인프라를 활용해 더 많은 지역에 더 빠르게 스케일임팩트를 할 수 있었기 때문이다. 실제로 스페셜리스테른은 SAP와의 전략적 파트너십을 통해 브라질, 캐나다, 독일, 인도 등지에 모델 복제를 할 수 있었다.

'오티즘 앳 워크' 프로그램이 만든 새 물결

2013년 SAP와 스페셜리스테른은 '오티즘 앳 워크' 프로그램을 시작했다. 이 프로그램은 2020년까지 SAP 직원의 1%를 자폐인으로 고용한다는 비전을 내세웠다. SAP는 자폐인들이 자신의 강점을 사용할 최적의 환경만 주어진다면 당당히 IT 전문가로서 혁신적인 아이디어를 생산할 수 있다는 스페셜리스테른의 원칙과 철학을 받아들여, 직장 내 다양성과 포용성을 증진하기 위한 노력의 일환으로 이 프로그램을 시작했다. SAP는 프로그램 성공을 위해 인력개발 최고책임자이자 회사의 글로벌 경영이사의 직접감독 아래 최상위 수준의 지원을 제공했다. 이 프로그램을 운영하는 과정에서 SAP와 스페셜리스테른은 각 나라 지역기관들과 협력해 자폐인을 모집·훈련·고용했다. 그리하여 2016년까지 8개국 12개의 SAP 지부와 랩에 150명 이상의 자폐인에게 고용의 기회를 제공했다.

SAP와의 전략적 파트너십은 스페셜리스테른이 자폐인을 고용할 수 있는 더 큰 시장에 진입할 기회를 제공했다. SAP 같은 글로벌기업과 함께 일함으로써 언론의 관심을 많이 받게 되었고 이는 스페셜리스테른에 대한 신뢰도를 높였다. 이것이 더 많은 나라에서 스페셜리스테른과 파트너십을 맺고자 하는 등 긍정적 성과를 낳았다. 스페셜리스테른은 이 프로그램을 영위함으로써 해외 비영리기관들과 협력할 기회를 얻었으며, 이를 통해 해당 지역에 대한 이해도를 높일 수 있어, 궁극적으로는 각 지역에 알맞는 새로운 서비스 제공 모델을 고민해볼 수 있게 되었다. 또한 스페셜리스테른의 지식허브 등 강점을 강화할 수 있었고, 자신의 모델을 지역사정에 맞게 유연하게 적응하는 능력 또한 발전시킴으로써 파트너십을 맺는 회사마다 다른 기간, 다른 훈련모델을 만들게 되었다. 결과적으로 스페셜리스테른의 복제가능성(transferability)과 지역적응성(adaptability)을 한층 높일 수 있었다. SAP와 스페셜리스테른의 파트너십이 성장을 거듭하면서 이 프로그램은 점차 네트워킹을 통한 스케일임팩트의 단계로 들어서게 된다. 그러자 이제는 SAP가 프로젝트를 주도하게 되고 스페셜리스테른은 SAP에 전문적 서비스 공급자로서 포지셔닝 하게 되었다.

이 프로그램은 6년간 진화를 거듭해 지금은 인턴십, 고등학생 멘토십, 취업 전 훈련 프로그램도 제공한다. 이 프로그램을 마친 사람의 절반은 SAP 사에 고용되고 나머지 절반은 SAP의 고객이나 파트너 기업에서 일하도록 배치된다. 2020년 기준 SAP는 10여 개국 20여 개 지역에서 180명가량의 자폐인을 고용하고 180명 이상에게는 파트타임 고용의 기회를 제공하고 있다.[10] SAP와 스페셜리스테른이 전략적 파트너십을 맺으며 보여준 다각적 노력은 다른 회사에도 영향을 미쳐 휴렛패커드, 마이크로소프트, 윌리스 타워즈 왓슨, 포드, IBM, JP모건, 델, 체이스 등도 유사 프로그램을 모색하거나 추진하는 계기가 되었다. 그뿐 아니라 스페셜리스테른과 유사한 일을 하는 조직이나 사업자가 전 세계 곳곳에서 생겨났다. 독일의 아우티콘(Auticon, 2011), 미국의 애스피리테

크(Aspiritech, 2008), 벨기에의 파스베르크(Passwerk, 2008), 이스라엘의
AQA(2008), 영국의 오티즘 워크스(Autism Works, 2010), 일본의 카이엔
(Kaien, 2009) 등이 바로 그들로, 자폐인 고용이라는 새로운 영역의 발전
이 이렇게 촉진되었다. SAP와 스페셜리스테른의 파트너십으로 이루어
진 '오티즘 앳 워크'는 한 기업의 프로그램에서 더 큰 운동으로, 즉 "고
용 분야에서 자폐인에 대한 인식을 변화시키자"라는 내용의 거대한 사
회운동으로 발전했다.

담대한 비전, '자폐인 100만 일자리 창출'을 위하여

스페셜리스테른의 스케일임팩트 프로세스는 현재 13개국에서 1만여
명의 자폐인 고용을 직간접적으로 돕고 있다. 스페셜리스테른의 스케일
임팩트 프로세스는 처음에는 소기업 수준에서 시작했지만 다수의 주체
가 복제 프로젝트를 솔선해서 주도해나가는 네트워크 전략으로 진화해
나갔다는 점에서 그 의의가 크다. 무엇보다도 스페셜리스테른의 스케일
임팩트 과정은 자폐인을 몇 명 고용했다는 식의 수치로 나타나는 성공
을 넘어 노동시장에서 자폐인의 '약점'을 '능력'으로 전환시켰다는 점
에 그 특징이 있다. 즉 이들의 스케일임팩트는 관점의 변화를 일으킨 여
정이기도 했다. 이 변화가 의미하는 바는 결코 적지 않다. 왜냐하면 취
약계층을 자원으로 보는 생각의 전환이 상당히 많은 것을 바꿔줄 것이
기 때문이다. 이제 자폐인은 사회적으로 비용을 부담시키는 존재가 아
닌, 부가가치를 창출하는 경제적 존재이자 중요한 노동력으로서 혁신적

도표 31. 스페셜리스테른의 발전과정

2003~2008

스페셜리스테른의 설립과 사업모델 구축

- **2003** —— 사회적기업 스페셜리스테른 설립
- **2004** —— 자폐인 고용훈련 프로그램 시작
- **2008** —— – 손익분기를 넘어 미화 330만 달러 매출 달성
  – 고객사(마이크로소프트, 오라클, 레고 등) 25곳

2008~2016

스페셜리스테른 재단 설립과 복합 전략을 통한 스케일임팩트 전개

- **2008** —— – 스페셜리스테른재단 설립
  – 사회적기업 스페셜리스테른에서 퇴사한 토르킬 손이 재단 대표로 취임
  – 스케일임팩트 개시, 리더십 보강 및 새로운 경영체계 마련
- **2009** —— – 스페셜리스테른학교 설립
  – 설립자 토르킬 손이 '아쇼카펠로'로 선정됨
- **2010** —— – 스코틀랜드와 폴란드 지점 설치(후에 폴란드 지점은 폐업)
  – 운영모델 라이선스 패키지 구축
  – 비쿠벤재단 등이 스케일임팩트 자금 지원
- **2011 ~ 2012** —— 아이슬란드, 스위스, 오스트리아 등지에서 라이선스 계약
- **2013** —— – 캐나다, 영국, 독일 등지에 자회사 설치(이후 영국과 독일의 자회사는 폐업)
  – SAP와 파트너십 '오티즘 앳 워크' 프로그램 시작
- **2014** —— 북아일랜드와 호주에서 프로젝트 시작

2015~현재

네트워크를 통한 스케일임팩트로 발전

- **2015** —— – 인도, 체코와의 파트너십
  – 유엔공보국의 협력단체 승인, 유엔 월드 오티즘 어웨어니스 데이 주관
- **2016** —— – 브라질 라이선스 계약, 중국 복제의 타당성 조사
  – SAP 오티즘 앳 워크 서밋 개최
- **2017** —— 이탈리아에 스페셜리스테른 설립
- **2021** —— 13개국에서 1만여 명 자폐인 고용에 기여

위치 변화가 이뤄지게 된 것이다. 실제로 스페셜리스테른의 사례가 노동시장에서 '자폐인 고용'이라는 새 영역을 발전시켰으며, 신경다양성(Neurodiversity)*과 같은 이슈와 사회운동을 촉진하기도 했다.

스페셜리스테른은 지금도 다양한 글로벌 네트워크를 통한 스케일임팩트 여정을 멈추지 않고 있다. 이들의 목표는 이제 '자폐인을 위한 100만 일자리 창출'이다. 2015년 스페셜리스테른재단은 유엔공보국(United Nations Department of Global Communications)의 협력단체로 승인되었다. 이를 계기로 재단은 2015년 '유엔 월드 오티즘 어웨어니스 데이(UN World Autism Awareness Day)'를 조직하는 데 기여했으며, 그 일환으로 개최된 '콜 투 액션(Call to Action)' 프로그램에서도 주도적 역할을 했다. 콜 투 액션은 비즈니스 리더들을 초대해 고용주들이 자폐인 고용 문제에서 구체적 역할(고용 인원수 서약)을 할 것을 촉구한 행사다. 유엔의 협력단체로서 스페셜리스테른재단은 지금까지 다섯 차례의 '오티즘 어드밴티지 런천스(Autism Advantage Luncheons)'를 뉴욕, 중국, 인도네시아, 인도 등지에서 개최하여 지역 또는 글로벌 이해관계자들과 함께 '자폐인의 강점'을 논의했다. '자폐인을 위한 100만 일자리 창출'이라는 담대한 비전을 실현하기 위해 스페셜리스테른재단은 오늘도 스케일임팩트의 여정을 한 걸음 한 걸음 밟아나가고 있다.

● 뇌신경의 차이로 인해 발생하는 다름, 예컨대 자폐특성, 지적스펙트럼, ADHD, LD, SCD, 조현스펙트럼, 성격장애 등을 신경다양성으로 포함시키고자 하는 인식이다. 자폐권리운동을 불러일으키는 근거로 사용되고 있다(위키피디아 사전 참조).

CHAPTER 9
'오픈소스'가 불러온 위대한 성공

| 카붐 |

3

잠시 동네 놀이터를 한번 떠올려보자. 그 놀이터에서 아이들은 친구들을 만나 재잘거리고 흙장난을 치고 여기저기 뛰어다니며 또 다양한 기구를 타며 놀이에 열중한다. 아이들에게 놀이는 신체적·사회적·정서적·지적 발달에서 매우 중요하다. 아이들은 놀이를 통해 창의성과 문제해결 능력, 위험평가 능력, 회복탄력성 등 성장발달에 중요한 요소들을 습득해나가고, 이 과정을 무리없이 거쳐야만 성년기를 잘 맞을 수 있다. 한마디로 말해 '놀이터'란 단순히 '아이들이 노는 곳' 이상의 의미를 지닌 공간, 인간발달에 중요한 장소다.

카붐(KABOOM!)은 '모든 아이에게 놀이는 권리라는 믿음'으로 저소득층 지역에 아이들을 위한 놀이터를 짓는 사업을 펼치며 지역사회를 활성화하고 있는 미국의 비영리조직이자 사회적기업이다. 1996년 대럴 해먼드(Darell Hammond)가 워싱턴D.C.에서 모든 아이가 자기 집에서 걸어갈 수 있는 거리에 '놀 공간'을 만든다는 비전으로 시작했다. 카붐은 인종이나 소득수준과 상관없이 놀이터에 대한 접근성을 높여야 한다는 생각에서 '놀이터의 형평성(playspace equity)'에 주목했다. 놀이터의 형평성은 모든 아이가 안전하고 품질 좋은 놀이터에 접근할 수 있어야 한다는 의미다.

카붐의 이러한 신념과 노력은 1996년 워싱턴D.C.에서 홈디포(Home

Depot)의 지원을 받아 처음 놀이터를 만든 것을 시작으로 지금까지 1만 7,000개 이상의 놀이터를 짓는 것으로 이어졌다. 2020년 카붐의 연간 보고서에 따르면, 카붐의 사업으로 수혜를 받은 아동이 1,100만 명에 이른다.[1] 현재는 미국 전역의 지역사회가 '놀이' 관련 이슈에 관한 한 카붐의 자문과 지원을 받고자 할 만큼 선두적 지위를 차지하고 있다.

카붐은 단순히 아이들의 놀이터를 지어주는 일을 목표로 하지 않았다. 놀이터를 짓는 과정에서 지역사회의 리더, 주민, 아이들을 자원봉사 및 다양한 자원에 결합시켜 지역사회의 자부심을 높이는 한편 문제해결 능력 또한 키우고자 했다. 지역사회의 참여와 임파워먼트를 기반으로 하는 카붐의 '커뮤니티 빌드' 모델은 카붐의 차별화 요소이자 성공 방정식에 매우 핵심적인 요소로 작용했다. 지역사회 참여에 중점을 두는 카붐의 '놀이터 만들기' 사업은 이후 미국에서 놀이터 건설산업 자체에 변화를 가져왔다. 카붐의 프로그램이 미국 전역으로 퍼져나가면서 지역사회가 각종 인적·물적 자원을 동원해 아이들의 놀이터를 짓는 일을 주도하는 방식이 널리 확산되었다.

불과 25년의 활동을 통해 카붐이 이토록 큰 성과를 낼 수 있었던 것은 독특한 스케일임팩트 전략 덕분이다. 카붐이 택한 전략은 '보급모델'로, 복제를 원하는 조직에 오픈소스, 훈련, 자문, 교육, 컨설팅, 네트워킹 등으로 지식을 무료로 공유하는 방식이다. 보급모델은 비교적 단순한 복제 전략으로 최소의 자원이 소요되면서 스케일임팩트는 가장 빨리 가능하다는 장점이 있다. 또한 지역적응성이 높고 지역 내 혁신의 여지도 높은 편이다. 무엇보다도 본래 조직의 규모를 키우지 않고 사회적 임팩트를 확대하는 새로운 패러다임을 제시하는 모델이다.

놀이터를 세우며
지역사회도
일으켜 세운다

카붐은 1995년에 워싱턴D.C.에서 있었던 한 비극적 사건을 계기로 설립되었다.[2] 카붐의 설립자 대럴 해먼드가 어느 날 〈워싱턴 포스트〉에 실린 기사를 보게 된다. 무더운 7월, 네 살짜리 아이 레샤와 그보다 두 살 어린 남동생 클렌던이 놀 곳을 찾다가 동네에 버려진 차 안으로 들어가서 놀았고 부실한 잠금장치로 인해 차 안에 갇혀 결국 열사병으로 사망했다는 내용이었다. 당시만 해도 저소득층 지역에는 아이들이 안전하게 놀 만한 장소, 즉 놀이터가 매우 부족한 실정이었다.

청년 해먼드는 마음 깊은 곳에서 아픔을 느꼈다. 그 자신도 아버지가 가족을 버린 뒤로는 일곱 형제가 모두 그룹홈(grouphome)에서 지내는 등 불우한 어린 시절을 보냈기 때문이다. 그는 대학에 진학했으나 난독

증 때문에 자퇴하게 되면서 지역의 한 봉사단체에서 일을 시작했고, 이후 워싱턴으로 이주해 지역의 자원봉사 프로젝트들을 이끌고 있었다. 해먼드는 〈워싱턴 포스트〉 기사를 읽고는 안타까워하는 데 그치지 않고 취약계층 아이들에게 안전하게 놀 곳을 제공하기 위해 무엇인가 해야겠다고 결심한다. 차 안에서 사망한 두 아이처럼 취약 지구에 사는 많은 아동이 집 안에서 혼자 놀거나, 버려진 건물 또는 공터에서 놀게 되는데 그것이 아이들을 위험에 빠뜨리고 있다고 생각한 것이다.

실제로 인종적·경제적 격차에 따라 아이들의 놀이터 접근성은 불평등이 매우 심했다. 유색인종이거나 저소득층 가구의 아이들은 백인이나 경제적으로 안정된 가구의 아이들에 비해 놀이터에 가거나 신체적 활동을 하는 빈도가 훨씬 낮았다. 또 놀이를 촉진하는 자원이나 안전성이 취약하며 미관도 좋지 않은 지역에 살 확률이 높았다.

대럴 해먼드의 첫 번째 프로젝트와 카붐 설립

해먼드의 첫 번째 프로젝트는 차 안에서 사망한 두 아이가 살던 지역 인근에 놀이터를 짓는 것이었다. 이 사업을 실현시키고자 그는 지역 사람들의 협력을 이끌어내야 했고, 백방으로 노력했다. 어렵사리 시작한 첫 프로젝트를 그는 이렇게 기억한다.

"1995년 10월에 첫 프로젝트가 시작되었다. 나흘이 걸렸는데 그중 사흘은 비가 왔다. 쏟아지는 비에도 거의 100명의 자원봉사자가 모였고 밤 10시, 11시까지 각자 차량의 헤드라이트를 켜서 불을 밝히며 작업을 했다. 기술이 부족해 실수도 많았지만 고쳐나갔다. 조금씩 놀이터가 완성되었고 마지막 날에는 500명에 달하는 자원봉사자가 모였다. 지역주민들이 봉사자들에게 샌드위치와 오렌지를 제공했고, 여러 집에서 봉사자들이 화장실을 이용할 수 있도록 문을 열어두었다. 놀이터가 완성되자 아이들은 어쩔 줄 모르며 좋아했고 뛰고 웃고 재잘거렸다."[3]

그는 이 첫 번째 프로젝트를 통해 놀이터는 아이들이나 지역사회가 꿈꾸고 희망을 품는 공간이 될 수 있다고 확신하게 되었고 자원봉사자들과 지역사회가 공동의 목표를 위해 함께할 때 그 힘이 얼마나 큰지도 체감하게 된다. 강렬했던 첫 번째 프로젝트를 성사시킨 그는 이듬해인 1996년에 친구 돈 허치슨(Dawn Hutchison)과 함께 카붐을 설립한다.

카붐의 비전은 미국의 모든 아이가 도보로 가능한 거리에 안전하게 놀 수 있는 공간을 만들어주는 것이다. 하지만 카붐은 놀이터를 짓는 과정에서 지역사회의 집단적 힘을 끌어내 더 강력한 힘을 지닌 지역사회를 구축하고자 했고 이로써 시민 임파워먼트를 높이고 싶었다. 해먼드는 이렇게 강조한다. "우리는 놀이터를 만드는 단체로 시작한 것이 아니다. 우리는 지역사회가 공동의 목표, 건강한 지역사회, 성취 가능한 승리 등 세 가지를 위해 함께 일할 수 있도록 놀이터 짓는 과정을 활용한 것이다."

즉 카붐은 '지역사회' 자체를 바꾸고자 했던 것이고 그 신념이 '놀이터를 짓는 모델'로 표현되었던 것이다. 그래서 카붐은 단순히 '조립식 놀이터'를 만들어 지역사회에 '전달'하는 것이 아닌, 지역의 주민과 아이들이 직접 참여해 모두가 함께 놀이터를 만들도록 했다. '놀이터'라는 결과가 아니라 '놀이터를 만드는 과정'이 카붐이 펼친 사업모델의 핵심이자 차별화 요소라는 이야기다. 따라서 카붐의 놀이터 사업은 놀이터에 대한 디자인과 건설과 유지관리에 자원봉사자의 활동은 물론 지역사회까지 포함하고 있다. 즉 카붐의 지역사회 프로젝트는 지역의 아동관련 비영리단체, 학교, 공원, 그리고 레크리에이션시설 등과의 파트너십으로 이루어졌다.

카붐의 '커뮤니티 빌드' 모델

1995년 설립 이후 카붐은 '커뮤니티 빌드(Community Build)' 모델이라는 단계별 과정을 발전시켜왔다. 커뮤니티 빌드 모델에서는 자원봉사자들이 모여서 놀이터를 짓는데 그 기획과정은 물론 놀이터 건설 및 유지관리까지 전 과정에 지역사회를 참여시킨다. 프로젝트에 소요되는 비용의 90%는 기업이나 재단과 같은 펀딩 파트너에게서 조달한다. 이들 펀딩 파트너는 특정 지역에 놀이터를 짓는 데 관심을 가진 기업으로서 소속 임직원들이 놀이터 짓기 자원봉사 활동에도 참여한다.

프로젝트 펀딩 파트너가 결정되면 카붐은 펀딩 파트너가 원하는 지역에서 커뮤니티 파트너를 찾게 되는데, 보통은 지역 기반의 아동 유관기관이다. 이들 커뮤니티 파트너는 놀이터를 짓고자 하는 지역 부지를 둘러싼 이런저런 이슈를 처리하고 놀이터에 놓일 기구와 장비 구매를 위한 비용을 책임지게 된다. 한편 놀이터의 수혜자인 아이들은 '디자인 데이(Design Day)'라는 이벤트를 통해 기획·설계 과정에 참여한다.

보통 기획과정은 12주 정도인데 이 기간 동안 커뮤니티 파트너는 기획위원회를 구성하여 카붐의 프로젝트 매니저와 함께 지역사회의 자원을 조사하고 동원한다. 이 짧지 않은 과정을 거치고 나면, 지역사회 자원봉사자가 모두 모이는 '원데이 커뮤니티 자원봉사 이벤트'를 열어 하루 안에 놀이터를 완성함으로써 프로그램의 막을 내린다.

카붐의 커뮤니티 빌드 모델은 6단계 과정으로 구성되며 다음의 핵심요소를 포함한다.⁴ 1단계는 지역사회 참여 및 자원봉사 지원을 조직하는 과정이다. 놀이터 건설을 기획하는 과정부터 지역주민의 참여와 주인의식은 매우 중요한 요소다. 이 단계에서 지역의 리더들은 놀이터를 짓는 데 필요한 물질적·기술적·재정적·인적 자원을 파악하며, 또 자원봉사자로 구성된 기획위원회는 지역의 자산을 파악해 확보한다.

2단계에서 앞서 말한 '디자인데이' 이벤트가 펼쳐지는데, 이것이 놀이터 짓기 프로젝트의 첫 기획과정이다. 지역의 아이, 어른 할 것 없이 모두가 모여 프로젝트에 대해 토론한다. 이때 아이들은 자신들이 꿈꾸는 놀이터를, 그리고 자신들의 생각을 어른들에게 자유로이 이야기한다. 그래서 놀이터의 디자인이 아이들의 바람과 꿈을 담을 수 있도록 한다. 설립자 대럴 해먼드는 이것 자체가 중요한 결과물이자 지역사회 구축의 과정이라고 말한다.

3단계는 기획과정이다. 보통 기획과정은 모든 과정 중 가장 오래 걸리는 과정으로 8~12주가 소요되며, 카붐의 프로젝트 매니저가 주 단위 회의 방식으로 이 과정을 운영한다. 이 단계에서 지역사회는 공동의 목표를 중심으로 응집하게 된다.

4단계는 현장 준비를 하는 과정이다. 이 단계에서는 놀이터 짓기 이벤트가 열리는 날인 '빌드데이(Build Day)'를 위해 현장에서 필요한 모든 것을 준비하는 단계로, 오래된 설치물들을 제거하고 땅을 고르고 놀이터 짓기 자재나 물품을 준비하는 등의 과정을 포함한다.

5단계는 바로 '빌드데이'다. 카붐의 모델에서 '놀이터 짓기'는 보통 하루 안에 끝나는데 오전에 자원봉사자들과 주민들이 놀이터 현장에 모여 일몰까지 놀이터를 완성해 준공식으로 막을 내린다. 모든 사전준비 과정은 이 하루를 위해 응집된다. 지역의 이해관계자와 참여자가 모여 직접 놀이터를 짓고 준공식을 함께 열어 누구 한 사람 빠짐없이 모두가 지역사회의 변화를 만든 한 부분이었다는 것을 이 단계에서 확인하게 된다.

마지막 6단계는 유지와 프로그램 마련이다. 빌드데이 이후 놀이터를 장기적으로 유지시키고 놀이터 프로그램을 마련하는 것은 사업모델의 중요한 부분이다. 카붐의 커뮤니티 파트너들이 이 책임을 맡는데, 이는 놀이터의 전반적 유지관리 책임자 선정을 포함하는 과업이다. 카붐은 자체 조사를 통해 자신들의 단계별 프로젝트가 끝난 뒤에도 85% 이상은 잘 유지된다고 보고 있다.

카붐은 지역사회에서 공동의 목표를 한마음으로 추구하고 비록 작더라도 특정한 성과를 얻음으로써 강력한 주인의식과 시민의식이 생겨난다고 믿는다. '하루 동안 놀이터 짓기' 같은 프로젝트는 성취 가능한 일로서 실제로 구체적인 성과를 도출한다. 이 아이디어는 카붐의 변화이론에서 매우 핵심적이다. 이 작은 성취를 통해 임파워먼트를 경험하고 나면 다른 지역사회의 문제도 풀어갈 능력과 열정을 가질 수 있다고 생각하는 것이다.

이러한 철학과 믿음에 바탕을 두고 있는 카붐 모델은 지역사회에서 연대와 사회적자본을 구축하는 데 분명한 역할을 했다. 노스웨스턴

대학의 자산기반지역개발연구소(Asset-Based Community Development Institute)의 2008년 조사결과가 이를 증명해준다. 카붐 프로젝트에 참여한 사람들 중 94%는 놀이터 짓기 프로젝트가 이웃 주민 간 그리고 지역 파트너 간 관계를 강화하는 데 도움이 되었다고 응답했다.[5] 또한 89%는 자부심과 주인의식을 느꼈다고 답했으며, 50% 이상이 카붐 프로젝트를 통해 지역사회의 다른 이슈들을 해결하는 능력이 확장되었다고 했다.

카붐의 프로젝트 펀딩, 기업과 지역사회가 힘을 합하다

카붐의 변화이론에서 재원조달은 매우 중요한 요소다. 카붐도 초기 몇 년 동안은 여느 비영리단체와 마찬가지로 지속가능한 수입기반을 마련하기 위해 애쓴다. 이를테면 취약계층을 위한 집짓기 사업을 펼치는 해비타트 모델과 같이 '유료서비스(fee for service)'* 방식을 활용해 주로 기업들로부터 재원을 조달했다. 이 방식은 사회서비스를 제공하는 사회적기업이나 비영리조직에서 일반적으로 활용하는 수익모델이다. 기존에 후원금이나 보조금을 받고 수혜자들에게 무료로 서비스를 제공하던 방식에서 조직이 제공하는 사회서비스를 상업화하여 타깃고객이나 타

● 행위별로 요금을 부과하는 유료서비스 방식. 예를 들어 진료를 받을 때마다 요금을 지불하는 것.

깃고객을 위해 비용을 대신 지불할 용의가 있는 제3자(예컨대 정부기관이나 기업사회공헌)로부터 서비스 제공 비용을 지불받음으로써 수익을 창출하게 된다. 여기서 발생하는 수입으로 사회적기업이나 비영리조직은 서비스 제공 비용 및 비즈니스 운용 비용 등을 충당하게 된다.

프로젝트 비용의 90%는 기업, 10%는 지역사회

카붐 또한 기업이 원하는 가치를 제공하고 기업으로부터 놀이터를 짓는 데 필요한 비용을 제공받는 방식으로 수익을 냈다. 그렇다면 기업들이 카붐에 기대하는 가치는 무엇일까? 카붐에 자금을 대는 기업들은 공익연계마케팅 차원에서, 또는 지역에서 브랜드 인지도를 높이고 싶다든지 직원 간 팀워크 제고를 위해 카붐 프로젝트에 참여했다.

카붐은 놀이터를 기획하는 과정과 놀이터를 짓는 이벤트에 기업 임직원을 자원봉사자로 참가시킴으로써 회사의 팀빌딩을 돕고 지역 미디어 노출을 통해 회사의 이미지와 인지도를 제고할 수 있도록 했다. 즉 카붐과 기업이 맺는 관계는 일방적 자선이나 기부와 달리 쌍방의 가치교환과도 같은 형식을 띠었다. 통상 기업들은 놀이터 장비 마련과 운영 관리에 들어가는 비용의 90%를 지원한다. 카붐은 프로젝트 참가 기업을 해당 지역사회 파트너(아동단체나 커뮤니티그룹)와 연결해주고 삼자(三者)가 함께 프로젝트 진행에 대한 전반적 논의를 해나갈 수 있도록 운영한다. 그리고 카붐은 놀이터에 소요되는 비용 중 나머지 10%는 지역사회에서 마련하는 것을 원칙으로 정했는데, 이는 말하자면 지역의 성취감이나 주인의식을 보장하는 초기 자본금 같은 것으로서 프로젝트의 성공을 위해 매우 중요한 투자였다.

많은 기업이 카붐과 파트너십을 맺게 되면서 카붐의 '유료서비스' 방식의 수익모델은 설립 후 10년 동안 두 자릿수 성장을 보여주었으며, 설립한 지 20년도 안 되어 2,000만 달러의 수입을 달성한다. 미국 보스턴의 비영리조직 뉴프로핏(New Profit Inc.)이 밝힌바, 미국의 비영리조직 가운데 90%가 100만 달러 이하의 예산으로 운영되고 1970년 이후 설립된 2,100개 비영리조직 중 24개만이 2,000만 달러 예산으로 운영된다는 점을 감안하면 카붐이 낸 실적은 실로 대단한 성과가 아닐 수 없다.[6]

카붐은 이후 스케일임팩트를 진행하고자 준비하는 과정에서 기존의 사업방식으로는 더 광범위한 성과를 창출하는 데 한계가 있음을 인식

도표 32. 카붐의 수입 · 자산의 변동 추이

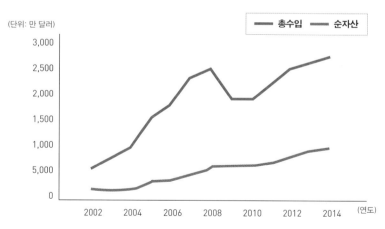

자료: Livingston, Jonathan(2018), "Social Entrepreneurship and Going to Scale: Assessing the importance of strategic action fields. Doctoral Dissertation", University of Pittsburgh.

했다. 기존에는 이 방식으로 프로젝트 펀딩의 90%를 충당할 수 있었으나 한층 광범해진 프로젝트를 운영하기 위해서는 더 큰 규모의 재원이 필요했으며, 따라서 조달방법을 조정할 필요가 있었다. 그래서 펀딩 모델과 수입의 다각화를 기하려는 노력을 새로이 기울이게 되고, 그 결과 기존에는 기업이 펀딩의 주를 이루던 것에서 재단과 공공기관, 시당국, 개인후원 등으로 재원조달처가 다양화되었다. 또한 점차 전국적으로 파트너십이 형성되었다.

오픈소스 방식, '수혜자'를 '공동생산자'로 만들다

커뮤니티 빌드 모델의 성공을 바탕으로 홈디포, 타깃(Target), 스프린트 (Sprint), 제트블루(JetBlue), 벤&제리스(Ben & Jerry's) 등 수많은 기업이 카붐의 파트너가 되었다. 또한 놀이터를 짓고 싶어하는 각 지역으로부터 수천 건에 달하는 요청서가 쇄도했는데, 이는 카붐이 실제로 지을 수 있는 놀이터 숫자의 몇 배나 많은 것이었다. 공급에 비해 수요가 매우 컸다는 의미다. 카붐은 가능하면 이 모든 요청에 부응하고자 온힘을 기울였다. 놀이터 건설과 관련한 각종 툴과 자료를 만들고 핸드북도 출간하고 개인적 훈련 프로그램도 마련하는 등 성공 경험을 공유하고자 노력했다. 하지만 아직은 스케일임팩트를 위한 탄환이 발사되지 않고 있었다.

"우리가 모든 곳에 놀이터를 지을 순 없잖아요?"

2004년은 카붐이 창립 10주년을 맞이한 해로, 카붐에 하나의 변곡점이 된 시기이기도 하다.[7] 대럴 해먼드와 카붐의 임원들은 사업의 급속한 성장에도 불구하고 그 속도가 지역사회 니즈의 규모를 따라가고 있지 못하다는 인식을 공유하게 된다. 카붐의 한 임원은 "지역의 니즈를 해결하려면 놀이터를 수천 개는 지어야 하는데 정작 우리는 몇 백 개밖에는 못 만들고 있었다"라고 회고한다.[8] 지역사회로부터 엄청난 요청이 밀려들자 수요와 공급 사이의 큰 격차를 느꼈던 것이다. 사실 이 고민은 혁신적 서비스 모델을 시작한 수많은 조직이 어느 단계에 이르면 인식하게 되는 문제다. 그러나 급속한 성장이란 매우 복잡한 과제이고 많은 노력과 자원을 요하는 일이다.

그해에 카붐은 해결해야 할 니즈의 규모와 성장속도 사이의 딜레마를 타개하기 위해 프랜차이즈 등의 제휴모델과 지점모델 등 여러 가지 스케일임팩트 옵션을 면밀히 살펴보았다. 하지만 카붐은 조직 자체의 규모를 키우기보다는 사업의 성과나 임팩트를 규모화하는 데 더 관심이 있었다. 결국 이 문제를 토론할 당시의 부대표였던 케이트 베커(Kate Becker)가 대럴 해먼드에게 이런 제안을 했다. "우리 모델을 그냥 모든 사람에게 주면 어떨까요? 우리가 모든 곳에 놀이터를 지을 순 없잖아요! 우리 모델을 다 공개하고 보급하면 사람들이 자기들 지역에서 알아서 복제할 거예요."

그리하여 2005년, 카붐이사회는 이전의 전통적 방식과는 매우 다른 유형의 스케일임팩트 전략을 승인한다. 바로 '온라인 오픈소스'를 통해 카붐의 모델을 어느 지역에나 보급하는 것이었다. 창업자 대럴 해먼드도 마치 온라인 웨딩 사이트처럼, 온라인으로 사전준비 과정을 도와주고 하루 날을 잡아서 모두 모여 놀이터를 짓는 이벤트를 진행하는 형태라면 오픈소스 방식의 스케일임팩트가 충분히 가능하리라고 봤다. 새로운 스케일임팩트 전략을 실행하기 위해 지역사회가 자발적으로 놀이터 짓기 프로젝트를 조직하고 수행할 수 있도록, 카붐 모델의 전 과정을 단계별로 웹사이트에 성문화(codify)했다. 이런 노력이 신속히 이루어질 수 있었던 데는 카붐이 여느 비영리조직보다 한발 앞서 1996년에 이미 웹사이트를 만들고 훈련자료 또한 온라인으로 제공하고 있었던 덕분이다. 말하자면 카붐은 새로운 트렌드의 얼리어댑터였다. 또한 카붐은 거의 강박에 가까울 정도로 모든 과정을 문서화하는 것에 익숙해 각종 툴과 훈련세션, 보고서나 핸드북 등을 이미 보유하고 있었다.

온라인 DIY 방식의 놀이터 짓기

카붐은 여느 사회부문 조직과는 달리 인터넷을 통해 자신의 모델을 확산하고 보급하는 전략, 즉 온라인 DIY(Do-It-Yourself) 방식의 놀이터 짓기를 추진했다. 구체적으로는 무료 온라인 훈련, 기획 툴, 기금모금 툴키트, 각종 가이드라인과 단계별 로드맵, 놀이터 건설 전문가 조언 등을 인터넷에서 제공함으로써 지역사회가 스스로 놀이터 짓기 사업을 계획하고 실행할 수 있도록 도왔다. 오픈소스 방식의 스케일임팩트 전략은 본부가 모든 의견을 공개하면 누구든 거기에 피드백이 가능해 다양성과 혁신이 보다 빨리 일어나고 아이디어의 확산 또한 신속하다는 장점이 있다. 더욱이 카붐은 이 과정에서 지역사회에 그 어떤 통제도 가하지 않음으로써 지역적응성을 부여했다.

이제 DIY 방식의 놀이터 짓기 사업을 통해 카붐의 프로젝트 매니저가 현장지원을 나갈 필요 없이, 그리고 카붐의 자금지원 없이 단지 카붐의 온라인 툴과 자료만 활용해 스케일임팩트가 가능하게 되었다. 물론 필요할 때는 언제든 카붐 직원들의 컨설팅을 받을 수 있으며 경우에 따라 자신들에게 필요한 부분만 취사선택해 사용할 수도 있다. 다만 놀이터를 짓는 데 필요한 기금은 전적으로 지역사회 쪽에서 마련해야 했다. 카붐은 웹사이트를 통해 펀드레이징 또는 기금모금 제안서에 대한 웨비나(webinar) 형태로 조력하거나 기금모금 온라인 툴키트를 제공하는 방식으로 재원조달을 지원할 뿐이다.

온라인 오픈소스 방식은 카붐이 미션을 달성할 수 있는 수단을 획기적으로 확대했다. 즉 카붐은 이전의 '카붐 매니저 주도의 놀이터 짓기(KABOOM!-led builds)'만이 아니라 'DIY 방식의 놀이터 짓기'라는 수단을 하나 더 갖게 된 것이었다. 기존의 방식을 유지하면서 적은 비용으로 빠르게 놀이터를 늘리는 획기적 수단을 추가로 확보했다는 이야기다. 이 두 가지 수단을 통합, 운영하는 전략을 채택함에 따라 카붐의 사업은 하나의 조직에서 운영하던 비즈니스 차원을 넘어 다양한 지역사회나 이해관계자들과 협력하는 네트워크 차원으로 확장될 수 있었다, 이는 곧 카붐 본부가 더 큰 전체를 리드하는 조직으로 성장했다는 의미이기도 했다. 언덕 위에 올라 정상에 깃발을 꽂는 정복자가 되는 대신, 높은 언덕 그 자체가 된 셈이다.

카붐의 오픈소스 방식의 스케일임팩트 전략은 '수혜자'를 '공동생산자'로 변화시켜 스스로 창조할 수 있도록 만들었다는 점에서 그 의미가 매우 크다. 자신의 지적재산을 무료로 공유, 보급하는 전략을 씀으로써 카붐은 자신의 덩치를 키우는 데 그치지 않고 새로운 생태계와 플랫폼을 만드는 데 기여했다. 이 전략 덕분에 카붐은 적은 비용으로도 사회적 임팩트를 극대화할 수 있었다. 보급모델 전략을 사용한 2009년 한 해 동안 카붐은 설립 이후 14년 동안 지은 놀이터(약 1,700개)보다 더 많은 놀이터를 DIY 방식으로 만들었다. 카붐의 직접 주관 아래 한 곳의 놀이터를 지을 때 지역사회에서는 열 곳의 놀이터가 카붐의 도움을 받아 지어졌다. 이는 온라인 툴에 투자된 1달러가 놀이터 장비에 직접 사용된 1달러보다 열 배나 크게 지역사회를 개선했다는 의미가 된다.[9] 카붐의 새로운 스케일임팩트 전략이 더 적은 비용으로 더 획기적 효과를 창출한 것이다.

'보급모델'의 한계
뛰어넘기

보급모델은 여러 스케일임팩트 유형 중 비교적 단순한 방식인 데다 최소의 자원이 소요되고 임팩트를 빠르게 확산한다는 장점이 있다. 그리고 어느 기관이나 조직이든 큰 부담 없이 복제를 수용하고 적용할 수 있어 지역사회 입장에서 보면 혁신과 창의가 개입할 여지가 많다는 면에서 이점이 된다 하겠다. 반면 혁신사례를 보유한 조직의 입장에서는 몇 가지 단점도 파악하게 된다. 우선, 중앙의 통제나 관리수준이 낮아 지역에서 혁신사례 복제가 제대로 실행되리라는 보장이 없다. 또한 규모의 경제를 통한 이점이 없으며, 복제에 따른 교훈이나 데이터를 모으기도 쉽지 않다는 점, 수익이 미미하거나 거의 창출되지 않는다는 점 등이 이 모델의 단점으로 지적될 수 있다.

벤치마킹 대상이 없는 최일선에서 감행한 도전

카붐은 자신들이 보유한 지식과 노하우, 각종 스킬을 오픈소스를 통해 무료로 지역사회와 공유했고, 이 방식 덕분에 적은 비용으로 스케일임 팩트가 가능했다. 하지만 당시에는 이렇듯 혁신적인 스케일임팩트 모델 을 실행한 전례가 없었던 탓에 참고할 모범사례를 갖고 있지 못한 카붐 입장에서 이런 결정은 몇 가지 측면에서 큰 도전이기도 했다.

우선, 운영구조나 인력채용 등에서 시행착오를 겪어야 했다. 예를 들면, 처음에 카붐은 새로운 사업을 펼치기 위한 운영구조로서 온라인, 마케팅, 애드보커시 등 3개 부서를 두는 등 운영규모를 늘려놓았으나 이들을 다시 온라인 툴 사용을 촉진하는 공통 목표를 위해 하나로 통합시 켜야 했다. 웹사이트 운영을 담당할 인력도 처음에는 온라인이나 소셜 미디어 부문의 능력보다는 파트너십 부문에서 역량이 뛰어난 사람을 채용하는 오류를 범하기도 했다. 나중에는 결국 온라인 및 소셜미디어 부문에서 경력을 가진 직원을 다시 채용하게 된다.

더욱이 카붐은 보급모델 자체에 내재한 단점에 따른 어려움도 겪어 야 했다. 앞서 말한 대로 카붐은 주로 기업을 대상으로 한 '유료서비스' 방식으로 프로젝트에 필요한 재원을 조달해왔다. 하지만 2004년 오픈 소스를 통한 스케일임팩트 전략으로 방향을 선회하면서 카붐 모델의 모 든 지식재산을 무상으로 지역사회에 제공하게 된다. 이 대담한 선택으로 인해 카붐이 기존에 영위해오던 비즈니스가 잠식되거나 감소하지 않을 까 하는 우려가 한편에서 일었다. 오픈소스는 더 많은 사용자에게 기회 의 창을 열어주면서 창의성·상호성·동기부여 측면에서 엄청난 성과를 넬 수 있는 반면, 아이디어를 창안한 사람이나 혁신모델을 보유한 사람 혹은 조직은 자신의 기여분을 포기해야 하거나 아무런 보상도 얻지 못할 수 있고, 기존 사업이나 펀딩 기반 또한 침해를 당할 수도 있기 때문이다. 그러한 우려에 대해 카붐 관계자는 다음과 같이 이야기한다.

"2004년 우리는 전략을 바꾸었다. 놀이터를 하나하나 짓는(one-to-one) 기존의 방식에서 여러 지역사회에서 동시에 놀이터를 독립적으로 만드는(one-to-many) 방식으로 전환한 것이다. 이러한 변화를 선택하기까지, 우리에게는 그 전환이 우리의 핵심 비즈니스를 위험에 빠뜨리지 않으리라는 믿음의 도약(leap of faith)*이 필요했다."[10]

정면돌파로 얻어낸 더 큰 성장세

이 우려스러운 문제를 해결할 대안으로 카붐이 내세운 전략은 온라인과 오프라인을 더 견고하게 통합하는 것이었다. 대럴 해먼드는 기존의 오프라인 모델을 유지하는 것도 중요하지만, 기본적으로 많은 비용이 드는 스케일임팩트 프로세스를 적은 비용으로 신속히 해내려면 오픈소스를 통한 보급모델 없이는 불가능하다고 생각했다. 그리하여 오프라인 모델을 유지하는 가운데, 카붐의 증명된 모델을 온라인 툴에 적용했다. 특히 '온라인'을 단순히 후원자나 자원봉사자 모집의 수단 정도로만 활용하던 전통적 비영리조직과 차별화하는 방식을 썼다. 즉 인터넷을 진

● 일반적으로 무형이거나 증명할 수 없거나 경험적 증거가 없는 것을 믿거나 받아들이는 행위를 말한다.

정한 '조직화'의 툴로서, 그리고 지역사회가 스스로 조직화하고 실질적 행동을 취하도록 돕는 툴이 될 수 있도록 했다.

이를 위해 카붐은 이전보다 훨씬 확장된 네트워크를 구축했다. 2007년 '내셔널 캠페인 포 플레이(National Campaign For Play)'를 출범해 놀이터 건설에 참여하는 플레이어들의 네트워크를 구축하고, 아이들에게 더 많은 놀이 기회를 제공한 도시나 마을을 뽑아 상을 수여하는 플레이풀 시티 USA(Playful City USA) 프로그램을 운영하는 등의 다양한 네트워크를 만들어 지역사회를 이끌어나갔다. 이러한 노력이 기업의 펀더들에게 '카붐은 높은 임팩트를 창출하는 조직'이라는 이미지로 재조명되면서 카붐의 위상은 이전보다도 더 높아져, 결과적으로는 많은 펀더를 끌어모을 수 있었다. 실제로 2004년 전략 전환 이후 카붐은 재무적으로도 눈에 띄게 성장했다. 2004년 카붐의 총수입이 1,000만 달러였는데, 2014~2015년에는 2,750만 달러로 늘어난 것이다. 카붐은 또한 기업 펀딩을 온라인사업과 연결해 온라인 콘테스트, 공익연계 마케팅, 매년 '놀이의 날' 행사 개최, 개인 후원 캠페인 등으로 펀딩의 흐름을 다양화했다.

앞서 언급했듯 스케일임팩트 유형 중 '보급모델'은 혁신모델을 가진 조직 입장에선 복제 대상이 되는 지역사회에 대한 통제 정도가 가장 낮다. 카붐도 당연히 혁신사례의 핵심가치를 보호해야 하는 원 기관으로서 통제의 정도를 일정 부분 상실해야만 했다. 실제로 카붐은 스케일임팩트 과정에서 지역사회 그룹에 대한 통제나 모니터링을 그다지 강조하지 않았다. 통제보다는 지역사회의 자기조직화와 임파워먼트, 지역사회에 대한 적응성을 더 중요시했다. 이런 시도는 복제에 대한 지역의 거부감을 줄여 단시간에 사회적 결과를 극적으로 증대했으며, 그 덕분에 카붐은 이 분야에서 확고한 리더로 자리를 잡아 사업모델을 확장할 수 많은 기회가 열리게 되었다.

예상 밖의 암초들

카붐의 다각적 노력에 힘입어 많은 지역에 놀이터가 세워졌다. 하지만 '많은 숫자의 놀이터'가 카붐이 지향한 가장 중요한 가치는 아니다. 카붐은 오픈소스를 통한 보급모델 방식을 선택함으로써 각 지역이 사업을 해나갈 때 자율성을 갖도록 하면서 사업을 진행했다. 그런데 훗날 카붐은 자신들이 제공하는 오픈소스 플랫폼을 활용해 스스로 자금조달을 하고 놀이터를 만들 수 있는 지역이 대개 중산층 이상이 거주하는 백인 동네라는 뜻밖의 결과를 인지하게 된다. 사실 카붐의 원래 목적은 취약 지구 아동들에게 '놀 권리'를 주는 것, 즉 '놀이터의 평등성' 문제를 해결하고자 한 것이었다. 그런데 오픈소스 방식의 변화된 스케일임팩트 전략은 애초 카붐이 설정했던 가치나 지향점 또는 원칙과는 전혀 다른 결과를 낳기도 했던 것이다. 또한 카붐의 보급모델에 도움을 받아 놀이터를 만들었으나 실질적으로 활용되지 않는 경우도 있었다. 그렇다면 카붐은 스케일임팩트 전략을 잘못 선택한 것인가? 그렇다고는 말할 수 없지만 2014년 이후 카붐은 새로운 솔루션을 통해 이 문제를 해결하고자 노력하게 된다. 새로운 솔루션으로의 전환에 대해서는 뒤에서 이야기할 것이다.

사실 카붐이 스케일임팩트 프로세스를 진행하면서 직면한 가장 큰 도전은 '온라인을 통한 스케일임팩트 전략을 어떻게 지속가능하게 할 것인가'였다. 웹사이트 개발과 온라인 프로그램 지원은 대략 1년에 200만 달러가 소요되었는데 이는 카붐 연간 예산의 10%에 해당한다.[11] 비영리조직이 이 정도 자금을 무상의 서비스를 위해 지불하기란 쉽지 않다. 스케일임팩트 초기에는 이베이 창업자 피에르 오미디아(Pierre Omidyar)가 설립한 자선적 투자회사 오미드야르네트워크(Omidyar Network)가 7년간 1,200만 달러를 투자해준 것으로 충당했다. 오미드야르네트워크는 인터넷사업 중심으로 투자하는 데 익숙해 미트업(Meetup), 도너스추즈(DonorsChoose), 위키미디어(Wikimedia)재단 등에 자금을 지원해오던 단체다. 그러나 카붐은 온라인 플랫폼의 지속가능한 운영을 위해서는 재원다각화가 필요하다는 판단을 하게 된다. 하지만 다른 재단들은 이미 규모가 커져버린 카붐에 대한 지원을 꺼렸을 뿐 아니라 오픈소스를 통한 스케일임팩트 전략을 생소하게 여겨 성공을 가늠하기 어려운 위험한 투자라고도 생각했다. 카붐 또한 인터넷이 어떤 효과를 가져다주는지 정확히 알리기 어려웠다. 그러나 2009년 한 해 동안 카붐이 직접 놀이터를 짓는 것보다 온라인 툴을 통해 열 배나 많은 놀이터를 지었다는 사실을 알림으로써 몇몇 재단의 지원을 이끌어낼 수 있었다.

모니터연구소가 분석한 카붐의 성공요소 일곱 가지

2010년 모니터연구소는 카붐의 스케일임팩트 사례를 분석하며 그 성공요소를 일곱 가지로 정리했다.[12] 오픈소스 방식으로 스케일임팩트를 하고자 하는 조직이라면 반드시 알아야 할 교훈을 담고 있어 소개한다.

첫 번째는 카붐의 오픈소스 복제 방식이 매우 단순하고 구체적이었다는 점이다. 앞서 본문에서도 언급했듯 대다수의 연구문헌이 스케일임팩트의 성공요소로서 복제가능성을 중요하게 본다. 복제가능성은 자신의 제품과 서비스, 구조와 과정의 재생산능력이라 할 수 있는데, 기존의 증명된 운영모델이 복잡성을 얼마나 줄일 수 있느냐가 그 핵심이다. 복잡성은 명확한 의사소통을 어렵게 해 스케일임팩트에 장애로 작용한다. 복잡성을 낮추어야만 표준화와 메커니즘화를 통해 혁신모델의 핵심요소를 다른 사람들이 사업이나 프로젝트에 적용할 수 있다. 그러므로 만약 스케일임팩트를 원한다면 복잡성을 제거할 용의가 있어야 한다. 온라인을 통한 오픈소스 복제 방식은 더더욱 이 점이 중요하다. 카붐이 만든 혁신모델은 자원봉사자를 포함한 이해관계자들이 하루 동안 이벤트에 참여함으로써 '놀이터'라는 구체적 결과를 만들어내는 것이었다. 물론 이 하루의 이벤트를 위한 준비과정은 몇 개월이 걸리지만 비교적 그 절차가 단순해 가르치고 배우기 쉬운 과정이었다. 그리고 모델의 성격상 복제 대상을 통제하기보다는 적극 독려하고 참여시킴으로써 사업의 성과가 더 커졌다. 카붐은 DIY 방식으로 지역사회에 모델을 복제했다. 즉, 그 어떤 통제도 하지 않았고 심지어 '카붐'이라는 브랜드를 강요하지도 않았다. 그 대신 카붐은 그들이 구체적이고 실질적인 성과를 낼 수 있도록 독려하고 지원했다.

두 번째 성공요소는 온라인 전략을 미션 수행에 필수적인 것으로 만들어야 한다는 점이었다. 카붐에 있어 '온라인 조직화'는 놀이터라는 실제적 임팩트를 만드는 중요한 방식의 하나다. 카붐의 온라인 툴은 전통적인 여느 사회조직처럼 홍보수단으로 쓰이지도 않았고, 자원봉사자나 후원자를 모집하기 위한 부수적 장치도 아니었다. 카붐은 '온라인 조직화'라는 전략을 조직이 설정한 미션의 중심부에 두었다. 즉 케이크에 올리는 장식이 아니라 케이크 자체였다고 할 수 있다. 실제로 카붐은 자신의 프로젝트 매니저에 의해 운영되는 사업만큼이나 온라인 전략을 중시해 2010년부터는 아예 DIY를 지원하기 위한 전문인력을 고용해 온라인을 오프라인 프로그램과 통합해왔다. 직원들이 이 온라인 툴을 사용하는 데 시간을 쓰도록 독려했고 이를 통해 온라인 전략과 오프라인 전략 사이의 연결성을 높여 자칫 프로그램이 분리될 소지를 줄였다.

세 번째 성공요소는 '테크놀로지 역량의 구축'이었다. 카붐은 온라인 전략을 세운 후 몇 년 동안은 온라인 관련 업무는 모두 아웃소싱했다. 그러나 이 방식은 카붐이 원하는 결과를 내지 못하고 아웃소싱 업체를 여러 번 바꾸고 플랫폼도 바꾸느라 매번 많은 비용이 발생했다. 결국 2009년 카붐의 경영팀은 조직 내부에서 기술개발을 담당하기로 결정하고 소프트웨어 엔지니어를 고용했다. 카붐의 온라인 담당자는 온라인을 통해 전략적 자원을 개발하고자 한다면 절대로 아웃소싱을 하면 안 된다고 강조한다. "아웃소싱을 하면 우리가 원하는 것을 구현하기 힘들고, 신속히 그리고 충분히 반복할 수도 없으며, 협력적 과정을 만들 수도 없는 데다 비용도 더 소요된다." 기술개발을 내부에서 맡음으로써 카붐은 테크놀로지 개발 프로세스에 대한 통제권을 확실히 갖게 되었으며 동시에 내부역량을 구축할 수 있었다. 2009년 이후 카붐은 잘 알려진 오픈소스 소프트웨어 플랫폼 구축으로 프로그램 비용을 줄여 HR에 투자할 수 있게 되었다.

네 번째 성공요소는 온라인 커뮤니티를 촉진한 점이다. 카붐은 온라인 툴 이용자를 늘리기 위해 지역사회 그룹의 리더들에게 집중했다. 설립자 해먼드가 직접 나서 그들과 접촉하며 온라인 참여를 독려하는 메시지를 보냈다. 또한 적극 참여한 리더에게는 카붐 상담에 초대해 모델 사용법도 안내했다. 카붐의 직원들은 사용자들로부터 오는 기술 관련 질문에 성실히 답변했다. 또한 이들 각각 다른 지역의 리더들이 온라인에서 서로 연결될 수 있도록 환경을 조성해주었다. 즉 카붐이 중심이 되는 '거점중심' 방식이 아닌 유저들이 서로 공유하고 배우는 네트워크 방식을 썼다.

다섯 번째 성공요소는 행동에 따른 인센티브를 만드는 것이었다. 온라인 오픈소스를 통한 스케일임팩트에서는 자기조직화가 핵심사항이었다. 카붐은 프로젝트를 이끌고 나가는 지역사회 조직가에게 인센티브를 제공해 그것을 독려했다. 우선 활동적인 자원봉사자들에게 보상을 위한 포인트를 부여하는 인정 프로그램을 개발하고 온라인이나 오프라인에서 우수한 활동을 한 사용자들에게는 각기 다른 등급의 배지를 부여했다. 또한 재정적 인센티브 제도도 마련해 1,000~5,000달러 보조금을 지급해 놀이터 장비를 구매하는 데 쓸 수 있도록 했다. 그러자 많은 프로젝트가 여러 매체에 홍보되었고 이는 다시 새로운 지지자나 자원봉사자를 모으는 데 도움이 되었다.

여섯 번째 성공요소는 모든 것(온라인 툴)에 대한 공(credit)을 포기하는 것이다. 카붐은 자신의 온라인 툴에 대해 그중 몇몇은 심지어 브랜드조차 붙이지 않을 정도로 공이나 통제권을 주장하지 않았다. 왜냐하면 자칫 카붐이나 펀더들의 브랜드가 포함되어 지역사회가 거부감을 가질 수도 있으리라 우려했기 때문이다. 카붐이 진정으로 관심을 갖는 두 가지는 더 많은 지역사회에서 확실한 변화를 만들어내는 것과 그 결과를 보여주는 데이터였다. 즉 지역사회에서 지어진 놀이터의 정보가 중심저장소로 모여 이를 통해 다시 서로가 서로를 배울 수 있도록 하고 싶었던 것이다.

마지막으로 일곱 번째 성공요소는 실질적 임팩트에 대한 관심이다. 카붐은 온라인 플랫폼을 만들면서 매달 사이트 트래픽을 열 배 늘리고 방문자를 30만 명까지 올린다는 목표를 세웠는데, 2009년 카붐의 웹사이트 방문자는 85% 초과 달성이었다. 하지만 카붐이 진정으로 알고 싶어하는 것은 사용자의 수가 아니라 카붐의 온라인 툴을 통해 자기조직화하여 실제로 지어진 놀이터의 수였다. 카붐 사업의 성과에 대한 평가도 바로 여기에 초점을 맞추어 이뤄졌다.

이젠
'놀이터'가 아니라
'플레이어빌리티'를
만든다!

카붐은 놀이터를 직접 짓고 관리하는 방식과 오픈소스를 통한 DIY 방식을 병행해 지역사회에 1만 6,000개 넘는 놀이터를 만들었고 740만여 명에게 놀이공간을 제공했을 뿐 아니라, 이 일에 지역사회와 수많은 자원봉사자를 참여시킴으로써 지역사회 커뮤니티를 활성화했다. 카붐은 자신들의 가치인 소셜임팩트를 늘려나가는 작업을 하는 동시에 그간 진행된 스케일임팩트의 효과가 어떠했는지, 그리고 향후 어떠해야 하는지를 제대로 알고자 노력했다.

카붐의 임원진은 그동안 큰 성과를 이루어냈음에도 불구하고 여전히 자신들에게 주어진 과제를 모두 해결하지는 못하는 것이 현실이라는 인식을 가졌다. 즉 "좋지만 충분히 좋은 것은 아니다(good is not good enough)"[13]라는 결론에 도달한다. 왜냐하면 앞서도 잠깐 언급했듯 놀이 터의 '숫자'를 물리적으로 늘리는 것이 반드시 사회경제적으로 취약한 지역에 놀이공간을 제공하겠다는 카붐의 본래 미션과 조응하는 것은 아닐 수 있기 때문이었다. 오픈소스 방식의 보급모델 덕분에 카붐의 혁 신사례를 여타 지역으로 빠르게 확산했지만 이를 이용하는 지역은 압 도적으로 백인 중산층 이상이 사는 지역이었다는 점과 만들어진 이후 사용되지 않는 놀이터가 많다는 점이 파악되었고, 이에 따라 카붐은 새 로운 솔루션을 찾아나서야 하는 상황을 맞았다고 판단했다.

'시스템 변화'라는 새로운 여정을 향하여

이제 카붐의 임원진은 '전형적 형태의 놀이터 만들기' 사업을 뛰어넘을 길을 모색한다. 그리하여 2013년, 중장기 목표 및 전략을 세우기 위한 기획과정을 거쳐 2014년에는 '놀이'의 개념을 재정의하는 것으로 새로 운 길을 내딛는다. 즉, 국가의 경쟁력을 높이고 지역사회를 활성화하고 아동비만의 문제를 해결하는 데 필요한 21세기의 기술로서 '놀이'를 바 라보아야 한다는 것이었다. 카붐은 놀이를 문제해결력, 협력, 공감, 창의 성을 발휘하게 만드는 하나의 '기술'로서, 사회적 동력을 촉진할 핵심부 분으로서 그 위상을 재정립해야 함을 역설했다. 따라서 이제 카붐의 스 케일임팩트 전략은 시정부 수준의 실행단위와 협력해 궁극적으로는 사 회의 시스템 자체를 바꾸는 방향으로 그 중심축을 이동하게 된다.

구체적으로 말하면, '더 많은 놀이터를 짓는 것'에 중점을 둔 1단계의 스케일임팩트 프로세스에서 '사회시스템 변화'로 방향을 전환하는 2단계로 진입한 것이다. '놀이'와 관련한 인프라투자, 정책, 프로그램 등은 대개 지역 수준에서 일어나기 때문에 사회적 수준의 스케일업이 가능하려면 시정부의 역할이 매우 중요하다. 카붐은 시가 경제력이나 사회적 계층에 상관없이 아이들 모두가 건강한 활동을 통해 균형 잡힌 생활을 할 수 있도록 이끌어야 한다고 믿었다. 이 신념을 바탕으로 카붐은 놀이에 대한 접근성을 의미하는 '플레이어빌리티(playability)' 개념을 도입했고, 이를 촉진해 지역사회 전체를 아이들의 놀이친화적 공간으로 만들고자 했다.

사실 이것은 카붐에는 위험을 감수해야 하는 대담한 도전이기도 했다. 왜냐하면 '시스템 변화'를 위한 노력은 너무도 광범위한 규모로 이뤄져야 하는 일이어서 그 자체로 복잡성을 띠기도 하고 이종의 기술과 지식이 요구되기 때문이다. 게다가 '놀이터 건설'이라는 가시적 성과를 선호하던 기존의 기업펀더들을 잃을 위험성도 상존하는 시도였다. 하지만 카붐은 과감히 이 낯선 여정을 시작했다.

'플레이어빌리티', 어디든 놀이터가 될 수 있다!

새로운 도전에 나선 카붐은 비영리 연구기관 아이디어스42(ideas42)와 협력해 '저소득 지역 아이들이 놀이를 즐기고자 할 때 어떤 장애물이 있는지' 알아보는 연구를 진행한다. 연구 결과, 취약계층의 아이들은 부유한 계층의 아이와 달리 어른 심부름이나 허드렛일을 하는 데 시간을 많이 쓸 소지가 크기 때문에* 이러한 장애물을 극복할 대안이 필요하다는 점을 확인할 수 있었다.

　카붐은 지금까지 일정 크기의 공간에 그네, 미끄럼틀, 정글짐 같은 기구를 갖춘 전통적 형태의 놀이터를 지역에 짓는 일을 해왔다. 그런데 생각해보면 이러한 조건의 놀이터는 주로 학교나 커뮤니티센터 또는 독립적 빌딩가 등과 연관된다. 하지만 저소득층 거주 지역의 바쁜 엄마들은 주중에는 아이들이 야외에서 안전하게 놀도록 돌봐줄 수가 없는 형편이다. 그래서 아이들 등하교 시나 직장 출퇴근 시에 잠깐, 또는 병원을 가거나 쇼핑을 할 때 잠깐 하는 식으로 짬짬이 놀이터에 데려갈 수밖에 없다. 바로 이 지점에서 카붐은 발상을 바꾼다. 특정 학교나 레크리에이션센터 등에 놀이터를 짓는 대신 더 접근하기 쉽고 더 자유롭고 안전한 놀이공간을 만드는 일이 시급하며 중요하다고 생각하게 된 것이다.

　이 생각을 실현시키려면 놀이터를 지을 장소를 기존과 달리 아이들과 가족이 함께 시간을 보내는 곳과 아주 가까운 데로 해야 했다. 이에 따라 카붐은 시정부와 함께 아이들이 존재하는 곳이면 어디든 '놀이터가 될 수 있게' 도시 자체를 다시 기획해보기로 한다. 즉 아이들이 가족과 함께 시간을 보내는 일상적 공간과 '놀이'라는 문화를 통합해보자는 것이었다. 새로 지어질 놀이터는 때로 '세탁방'일 수도 있고 '버스정류장'일 수도 있으며, 사용이 안 되고 있는 '보도 위'일 수도 있는 것이었다. 이것이 바로 카붐이 새로이 창안한 '플레이어빌리티' 개념이다.

● 실제 당시 조사에 의하면 중산층 이상의 아이들에 비해 25% 정도 더 많은 허드렛일과 심부름을 하는 것으로 조사되었다.

꼬리에 꼬리를 무는 도전!

'플레이어빌리티'라는 발상 위에서 카붐은 다양한 사업을 펼친다. 대표적인 것인 2016년부터 시작한 '플레이 에브리웨어 챌린지(Play Everywhere Challenge)'이다. 기업 및 재단의 후원으로 운영되는 이 경연대회 프로그램은 각 지역이 나서서 창의적 아이디어 경연을 펼치도록하고 이에 필요한 자금을 지원한다. 지역사회는 자기 지역의 니즈와 강점을 평가해 놀이가 가능한 공간이면 어디든 찾아내 그곳을 '놀이공간'으로 바꿀 아이디어를 낸다. 예컨대 '보도'를 '경주 트랙'으로 만든다든지, 공터를 '거리의 게임센터'로 만드는 식이다. '플레이 에브리웨어 챌린지'에서는 이렇듯 도시 전체를 아동친화적 공간으로 상상하도록 독려되며, 경연에서 선발된 지역에는 보조금을 지급하고 구체적 실행을 지원해준다.

2015년 이후로 미국 전역에서 여섯 개 챌린지가 개최되었는데, 2015년 10월에는 '카붐! 플레이풀 시티 USA'● '리더즈 서밋'을 열어 도시계획 입안자들이 어떻게 자신의 지역에서 '플레이어빌리티'를 높일 수 있을지 학습할 기회를 제공하기도 했다. 또한 카붐은 놀이의 일상화를 위해 건축가 데이비드 록웰(David Rockwell)과 협업해 '이매지네이션 플레이그라운드(Imagination Playground™)'와 같은 이동식 놀이제품을 출시, 배포하기도 했다. 기존의 놀이터가 학교나 센터 등에 설치되었다면 이매지네이션 플레이그라운드는 블록식으로 설계되어 아이들이 어디서

● 2007년에 카붐이 시작한 시상 프로그램으로 아이들에게 더 많은 놀이기회를 제공하는 도시나 마을을 시상하는 행사다.

도표 33. 카붐이 지나온 세 번의 변곡점

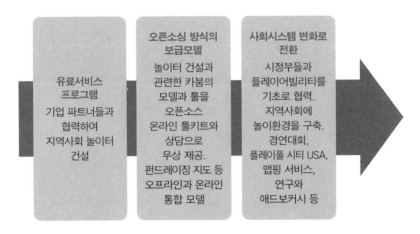

유료서비스 프로그램	오픈소싱 방식의 보급모델	사회시스템 변화로 전환
기업 파트너들과 협력하여 지역사회 놀이터 건설	놀이터 건설과 관련한 카붐의 모델과 툴을 오픈소스 온라인 툴키트와 상담으로 무상 제공. 펀드레이징 지도 등 오프라인과 온라인 통합 모델	시정부들과 플레이어빌리티를 기초로 협력. 지역사회에 놀이환경을 구축. 경연대회, 플레이풀 시티 USA, 맵핑 서비스, 연구와 애드보커시 등

나 스스로 창조하는 놀이공간을 펼칠 수 있게 되는 것이다. 이는 전형적 놀이터 개념을 획기적으로 전환한 아이템으로, 이를 통해 저소득층 아이들의 놀이접근성을 한층 높일 수 있었다.

이와 같이 카붐은 '플레이어빌리티'라는 새로운 개념에 따라 자신들의 활동범위를 점점 더 넓혔다. 시와의 협력에 따라, 정해진 규격의 공간이 없더라도, 그리고 전통적 놀이터 건축에 소요되는 큰 비용을 마련하기 위한 펀딩이나 후원이 없더라도 이 방식으로는 충분히 스케일임팩트가 가능했다. 아이들의 일상에 놀이를 접목하는 '플래이 에브리웨어' 전략을 통해 카붐은 지금 이 순간에도 자신들의 임팩트를 계속해서 확장해나가고 있다.

정리하자면, 카붐은 세 번의 중요한 변곡점을 지나며 발전을 거듭했다. 첫 번째 변곡점은 카붐을 설립해 카붐이 주도하고 기업이 자금을 제공하는 '놀이터 만들기' 사업이 중심이 되던 때다. 두 번째 변곡점은 오

도표 34. 카붐의 발전과정

1995~2003

카붐의 설립과 커뮤니티 빌드 모델의 구축

1995
- 워싱턴D.C.에서 대럴 해먼드가 놀이터 짓기 첫 프로젝트를 시작
- 커뮤니티 빌드 모델(Community Build Molel) 시작

1996
대럴 해먼드가 돈 허치슨과 함께 카붐 설립

1997
- 놀이터 37개 건립
- 공동창업자 돈 허치슨이 카붐을 떠남
- '렛 어스 플레이' 캠페인 시작(2000년까지 1,000개 놀이터 건설을 목표로 함)
- 50개의 펀딩 파트너

2004~2013

오픈소스 방식의 보급모델 채택

2004
스케일임팩트 논의 시작

2005
- 오픈소스를 통한 스케일임팩트 전략 이사회 승인
- 새로운 경영구조 구축, 온라인 외주
- 오미드야르네트워크로부터 스케일임팩트 자금을 지원받기 시작
- 홈디포와 파트너십 계약

2006
영부인 로라 부시가 카붐의 놀이터 이벤트에서 지지 연설

2007
- 노스웨스턴대학 ABCD(Asset Based Community Development) 연구소의 카붐 스케일임팩트 연구 시작
- '카붐! 내셔널 캠페인 포 플레이' 시작(놀이터 유관기관들과의 네트워크 구축, 플레이풀 시티 USA 시상

2009
- 온라인 네트워크 구축을 외주로 맡기던 것에서 조직 내부에서 맡아 구축하기로 결정, 온오프라인 통합
- 영부인 미셸 오바마가 카붐 자원봉사자들과 함께 카붐 이벤트 참여

2011
15주년 놀이터 2,000개 건설 기념 영부인 미셸 오바마 축하연설

2014~현재

시스템 변화를 위한 새로운 비전과 실행

2014
플레이어빌리티 개념을 도입하여 시스템 변화를 위한 새로운 전략 수립

2015
- 플레이풀 시티 USA 리더스 서밋 개최
- 아이디어스42와 함께 저소득 지역의 놀이를 향상시키기 위한 연구 진행

2016
플레이 에브리웨어 캠페인 시작

2020
- 2020년까지 1만 7,000여 개의 놀이터 건설, 150만 명이 자원봉사 참여
- 1,100만 명의 아동이 수혜를 입음

픈소스 방식의 보급모델 전략을 기존에 진행하던 사업과 병행해 지역
사회가 주도하는 DIY 놀이터를 지원함으로써 소셜임팩트를 획기적으
로 확장했을 때다. 세 번째 변곡점은 '플레이어빌리티' 개념을 도입해
사회시스템 변화를 위한 스케일임팩트의 새로운 단계를 열어나간 때다.

1. 왜 지금 '스케일임팩트'인가

1) Edwards, M., & Hulme, D.(1992), "Scaling up NGO impact on development: learning from experience", *Development in practice*, 2(2), 77-91; Uvin, P., & Miller, D.(1996), "Paths to scaling-up: alternative strategies for local nongovernmental organizations", Human Organization, 55(3), 344-354.

2) Hartmann, A., & Linn, J. F.(2008), *Scaling up through aid-The real challenge*, Brookings Institution.

3) Ahlert, D., & Fleischer, H.(2008), *Social franchising: A way of systematic replication to increase social impact*, practical guidelines, case studies, checklists. Berlin, Germany, Bundesverband Deutscher Stiftungen.

4) Bradach, J. L.(2003), "Going to scale: The challenge of replicating social programs", *Stanford Social Innovation Review*, 19-25.

5) Cynthia W. M., & John F, Gillespie(2013), The State of Scaling Social Impact: Result of A National Study of Nonprofits.

6) Weber, C., A. Kröger & C. Demirtas(2015), *Scaling Social Impact in Europe: Quantitative Analysis of National and Transnational Scaling Strategies of 358 Social Enterprises*, Bertelsmann Stiftung, Gutersloh, Germany.

7) Edited by Paul N. Bloom & Edward Skloot(2010), *Scaling Social Impact: New Thinking*, CASE.

8) Leat, Diana(2003), *Replicating successful voluntary sector projects*, Association of Charitable Foundations, United Kingdom.

9) Hidden Revolution, Social Enterprise UK(2018), 영국사회적기업협회에서 출간하고 Co-op Group and Nationwide에서 후원한 최근의 조사연구.

10) Social Scaleups: High growth businesses with impact 2019.

11) Burkett, I.(2010), *Financing Social Enterprise: Understanding Needs and Reality*, Foresters Community Finance Reasearch Paper.

12) Etchart, N., & Comolli, L.(2014), "Setting the Stage for First-Stage Scaling", *Stanford Social Innovation Review.*

13) 라준영(2014), 〈사회적 기업 생태계와 정책 혁신: 진화론적 관점〉, 《한국협동조합연구》, 32(3), 27-57.

14) Westley, F., & Antadze, N.(2013. 11), When scaling out is not enough: Strategies for system change, In Social Frontiers: Social Innovation Research Conference, London.

15) Murry, R., Caulier–Grice, J., & Mulgan, G.(2010), The Open Book of Social Innovation, London: NESTA and the Young Foundation.

16) Dees, J. G., Economy, P., & Emerson, J.(2004), *Strategic tools for social entrepreneurs: Enhancing the performance of your enterprising nonprofit,* John Wiley & Sons.

17) 'The Great Social Enterprise Census 2012' 조사. 미국의 경우, 사회적기업에 대한 통계가 매우 적어 가장 규모 있게 조사되었던 2012년 조사결과를 제시한다.

18) Bull, D.(2014), *Growing pains: Getting past the complexities of scaling social impact,* New Philanthropy Capital(NPC).

2. 스케일임팩트란 무엇인가

1) Clark, C. H. et al.(2012), *Scaling social impact: A literature toolkit for funders,* Growth Philanthropy Network and Duke University.

2) Dees, J. G., Anderson, B. B., & Wei-Skillern, J.(2004), "Scaling social impact", *Stanford social innovation review,* 1(4), 24-32.

3) Jeffrey L. Bradach(Spring 2003), "Going to scale: The challenge of replicating social programs", *Stanford Social Innovation Review,* 1(1), 18–23.

4) Lunenburg, M. van, K. Geuijen, & A. Meijer(2020), "How and Why do Social and Sustainable Initiatives Scale? A Systematic Review of the Literature on Social Entrepreneurship and Grassroot Innovation", *Voluntas,* 31: 1013-1024.

5) Bloom, P. N., & Smith, B. R.(2010), "Identifying the drivers of social entrepreneurial impact: Theoretical development and an exploratory empirical test of SCALERS", *Journal of social entrepreneurship,* 1(1), 126-145.

6) Alvord, S. H., Brown, L. D., & Letts, C. W.(2004), "Social entrepreneurship and societal transformation: An exploratory study", *The Journal of Applied Behavioral Science,* 40(3), 260-282.

7) Dees, J. G., Anderson, B. B., & Wei-Skillern, J.(2004), "Scaling social impact: Strategies for spreading social innovations". *Stanford Social Innovation Review*, 1(4), 24-32.

8) Ahlert, D., Fleisch, H., Dinh, H. V. D., Heußler, T., Kilee, L., & Meuter, J.(2008), *Social Franchising-A Way of Systematic Replication to Increase Social Impact*, Berlin: Bundesverband Deutscher Stiftungen.

9) Kickul, J., Griffiths, M., Bacq, S., & Garud, N.(2018), "Catalyzing social innovation: Is entrepreneurial bricolage always good?", *Entrepreneurship & Regional Development*, 30(3-4), 407-420.

10) Dees, J. G., Anderson, B. B., & Wei-Skillern, J.(2004), "Scaling social impact", *Stanford social innovation review*, 1(4), 24-32.

11) Desa, G., Koch, J. L.(2014), "Scaling social impact: Building sustainable social ventures at the base-of-the-pyramid", *Journal of Social Entrepreneurship*, 5(2), 146-174.

12) Hartmann, A., & Linn, J. F.(2008), "Scaling up: a framework and lessons for development effectiveness from literature and practice", Wolfensohn Center for Development Working Paper, 5.

13) Palomares-Aguirre, I., Barnett, M., Layrisse, F., & Husted, B. W.(2018), "Built to scale? How sustainable business models can better serve the base of the pyramid", *Journal of Cleaner Production*, 172, 4506-4513.

14) Bocken, N. M. P., Fil, A., & Prabhu, J.(2016), "Scaling up social businesses in developing markets", *Journal of Cleaner Production*, 139, 295-308.

15) Kickul, J., Griffiths, M., Bacq, S., & Garud, N.(2018), "Catalyzing social innovation: Is entrepreneurial bricolage always good?", *Entrepreneurship & Regional Development*, 30(3-4), 407-420.

16) Smith, B. R., & Stevens, C. E.(2010), "Different types of social entrepreneurship: The role of geography and embeddedness on the measurement and scaling of social value, *Entrepreneurship and Regional Development*, 22(6), 575-598.

17) Moore, M. L., D. Riddell & Vocisano, D.(2015), "Scaling out, scaling up, scaling deep: Strategies of non-profits in advancing systemic social innovation", *Journal of Corporate Citizenship*, 58: 67–84.

18) Westley, F., Antadze, N., Riddell, D. J., Robinson, K., & Geobey, S.(2014), "Five configurations for scaling up social innovation: Case examples of nonprofit organizations from Canada", *Journal of Applied Behavioral Science*, 50(3), 234-260.

19) Hartmann, A., & Linn, J.(2007), "SCALING UP: A Path to Effective Development", 2020 FOCUS BRIEF on the World's Poor and Hungry People.

20) Islam, S. M.(2020), "Towards an integrative definition of scaling social impact in social enterprises", *Journal of Business Venturing Insights*, 13. doi:10.1016/j.jbvi.2020.e00164

21) Mavra, L.(2011), *Growing social enterprise: research into social replication*, The Social Enterprise Coalition, London. 8인의 소셜프랜차이저/라이선서, 복제를 준비하는 11인의 사회적기업가, 3인의 소셜프랜차이지/라이선시에 대한 질적 연구다.

22) Bradach, J.(2003), "Going to scale: the challenge of repli-cating social programs", *Stanford Social Innovation Review*, 1, pp. 18–25.

3. 스케일임팩트를 위한 전략과 모델

1) Dees, J. G., Anderson, B. B., & Wei-Skillern, J.(2004), "Scaling social impact", *Stanford Social Innovation Review*, 1(4), 24-32.

2) Lyon, F., & Fernandez, H.(2012), *Scaling up social enterprise: strategies taken from early years providers*, Third Sector Research Centre, Working Paper 79.

3) Weber, C., Kröger, A., & Demirtas, C.(2015), Scaling Social Impact in Europe: Quantitative Analysis of National and Transnational Scaling Strategies of 358 Social Enterprises, Berthelsmann Stiftung, Gutersloh, Germany.

4) Ahlert, D., Ahlert, M., Van Duong Dihn, H., Fleisch, H., Heußler, T., Kilee, L., & Meuter, J.(2008), *Social Franchising: A Way of Systematic Replication to Increase Social Impact*, Berlin: Bundesverban Deutscher Stifungen; Berelowitz, D., Richardson, M., & Towner, M.(2013), *Realising the Potential of Social Replication*, London, UK: The International Centre for Social Franchising; McNeill-Ritchie, S., Shine, P. & Hawkins, A.(2011), *Social Franchising: Scaling Up For Success*, London, UK: The Shaftesbury Partnership; Dees, J. G., Anderson, B. B., & Wei-Skillern, J.(2004), "Pathways to Social Impact: Strategies for Scaling Out Successful Social Innovations", *Stanford Social Innovation Review*, 1(4); The Social Franchising Manual-Social Enterprise UK, Unltd Ventures(2008), *Choosing a Social Enterprise Replication Strategy: The Affiliation Model*, Social Enterprise Replication Series; Social Replication Toolkit(2018), Spring Impact.

5) Unltd Venture(2008), *Social Enterprise Replication Series: Choosing a Social Enterprise Replication Strategy: The Affiliation Model*, London, UK: Unltd Ventures;

Social Replication Toolkit(2015), Spring Impact(2015). 이전에는 International Centre for Social Franchising Toolkit이었음; Social Enterrprise UK(2011), *The Social Franchsing Manual*; Kevin Hurley(2016), *From Social Enterprise To Social Franchise: An Introductory Guide To Achieving Scale Through Replication*, Toronto, CA: Center For Social Innovation; Ahlert, D., Fleisch, H., Dinh, H. V. D., Heußler, T., Kilee, L., & Meuter, J.(2008), *Social Franchising: A Way of Systematic Replication to Increase Social Impact*, Berlin: Bundesverband Deutscher Stiftungen; Larson, R. S., Dearing, J. W., & Backer, T. E.(2017. 9), *Strategies to scale up social programs*, The Wallace Foundation.

6) Mavra, L.(2011), *Growing social enterprise: research into social replication*, Social Enterprise Coalition.

7) Dees, J. G., Anderson, B. B., & Wei-Skillern, J.(2004), "Pathways to Social Impact: Strategies for Scaling Out Successful Social Innovations", *Stanford Social Innovation Review*, 1(4).

4. 스케일임팩트, 성공으로 가는 길

1) Weber, C., Kröger, A., & Lambrich, K.(2012), "Scaling Social Enterprises: A theoretically grounded Framework", *Frontiers of Entrepreneurship Research*, vol. 32, no. 19, Article 3.

2) Bloom, P. N., & Chatterji, A. K.(2009), "Scaling social entre-preneurial impact", *California Management Review*, 51, pp. 114–133.

3) NPC(2014), Creating Your Theory Of Change: NPC's practical guide.

4) 아름다운재단 기부문화연구소(2020), 〈변화이론(Theory of Change) 만들기: New Philanthropy Capital에서 제안하는 변화이론 실천 가이드〉.

5) <https://visionspring.org/>.

6) Bloom, P.(2012), *Scaling Your Social Venture: Becoming An Impact Entrepreneur*, New York, NY: Palgrave Macmillan 인용.

7) Bradach, J.(2003), "Going to Scale: The Challenge of Replicating Social Programs", *Stanford Social Innovation Review*, 1, no. 1.

8) Krogh, G. von,, & Cusumano, M. A.(2001), "Three strategies for managing fast growth", *MITSloan Management Review*, 42(2): 53–61.

9) Battilana, J., Lee, M., Walker, J., & Dorsey, C.(2012), "In Search of the Hybrid Ideal", *Stanford Social Innovation Review*, 10, pp. 51–55.

10) Cornforth, Christopher(2014), "Understanding and combating mission drift in social enterprises", *Social Enterprise Journal*, 10(1), pp. 3–20.

11) Page, A., & Katz, R. A.(2012), "The truth about Ben & Jerry's", *Stanford Social Innovation Review*, 10(4), Available at <http://www.ssireview.org/articles/entry/the_truth_about_ben_and_jerrys>.

12) Research by the Charity Commission(2007).

13) Cornforth, Christopher(2014), "Understanding and combating mission drift in social enterprises", *Social Enterprise Journal*, 10(1), pp. 3–20.

14) Pache, A.-C., & Santos, F.(2010), "When worlds collide: The internal dynamics of organizational responses to conflicting institutional demands", *Academy of Management Review*, 35: 455–476.

15) Santos, F., Pache, A., & Birkholza, C.(2015), "Making hybrids work: Alining Business Models and Organizational Design for Social Enterprises", *California Management Review*, 57(3), 36-58.

5. 그들은 어떻게 선한 골리앗이 되었나? | 그룹SOS |

1) Big Society Capital(2014), Growing social enterprise through the holding company model Groupe SOS: An international case study.

2) <https://www.ashoka.org/en-gb/fellow/jean-marc-borello>.

3) <https://sos-group.org/our-history/>.

4) Big Society Capital(2014), Growing social enterprise through the holding company model Groupe SOS: An international case study.

5) "Could Holding Companies Help Social Enterprise Scale Up?"(2014), *Stanford Social Innovation Review*.

6) Interview(2015. 12), "Jean-Marc Borello: Des outils pour fidéliser salariés, clients, actionnaires et marchés". *LesEchos*.

7) "Les entreprises sociales: l'exemple du Groupe SOS"(2011. 1), *Le journal de l'école de Paris du management*, n. 87, pages 23 to 29.

8) "[복지해법, 소셜투자로 찾는다] 사회적기업 '그룹SOS' 아이디어 덕에 노숙인 의료비 예산 75% 아낀 프랑스"(2013. 12. 2), 〈한국경제〉.

9) "환자 45%가 '먹튀', 그래도 병원 문 안 닫는다. [사회적기업 해외탐방기②] 소외 없는 사회를 위한 '그룹SOS'"(2015. 8. 10), 〈오마이뉴스〉.

10) "Les entreprises sociales: l'exemple du Groupe SOS"(2011. 1), *Le journal de l'école*

de Paris du management, n. 87, pages 23 to 29.

6. 협력네트워크로 완성해낸 제휴모델의 모범 | 유스빌드 |

1) Dorothy Stoneman(2015), "YouthBuild: Creating Opportunities, Reducing Poverty, Through Scaling What Works", <www.newprofit.org/go>.
2) 유스빌드의 시작과 관련한 내용은 다음 세 가지 자료를 주로 참고했다. "The Growth of YouthBuild: A Case Study", The Center for the Advancement of Social Entrepreneurship, February 2004; "The YouthBuild Story of Thanks" by Dorothy Stoneman, "YouthBuild USA Achieving Significant Scale While Guiding A National Movement"(2014), The Bridgespan Group.
3) Ferguson, R. F., Clay, P. L., Snipes, J. C., & Roaf, P.(1996), YouthBuild in Developmental Perspective: A Formative Evaluation of the YouthBuild Demonstration Project.
4) Bloom, P. N. & Chatterji, A. K.(2009), "Scaling social entre-preneurial impact", *California Management Review*, 51, pp. 114–133.
5) "The Growth of YouthBuild: A Case Study"(2004. 2), The Center for the Advancement of Social Entrepreneurship.

7. '협동조합'에서 '소셜프랜차이즈', 그리고 '합병회사'로의 변신 | CASA |

1) Dave Wheatcroft(2007), *Caring and sharing: The co-owned route to better care*, Employee Ownership Association.
2) Sunderland Home Care Associates 20/20 Ltd(2015), Case Study From Employee Ownership Association.
3) "Is Employee Ownership The Future For Social Care?"(2013. 5. 31), *Guardian*.
4) Peter Fletcher Associates Ltd(2011), *The Invisible Workforce: Developing PAs in the Adult Social Care Workforce*.
5) Putting People Before Profit(2011), <http://www.egenda.stockton.gov.uk/aksstockton/images/att24889.pdf>.
6) Marta Ziółkowska(2019), Usage of franchising in social business model, Proceedings of 2017 China Marketing International Conference; Sven Bartilsson(2012), Social franchising–Obtaining higher returns from investments for jobs in social enterprises, European Social Franchising Network.

7) "Is Employee Ownership The Future For Social Care?"(2013. 5. 31), *Guardian.*

8) Conaty, P.(2014), Social co-operatives: a demographic co-production agenda for care services in the UK. England, Wales, Italy, Canada, France, Spain, Japan: Co-operatives UK.

9) 비케어링 홈페이지, <https://2021.becaring.org.uk/key-achievements>.

8. '자폐성 장애인'을 '소프트웨어 전문가'로 바꿔낸 기업 | 스페셜리스테른 |

1) Robert D. Austin & and Thorkil Sonne(2014), "The Dandelion Principle: Redesigning Work for the Innovation Economy", *MITSlogan Management Review.*

2) Leigh, J. P., & Du, J.(2015), Brief report: Forecasting the economic burden of autism in 2015 and 2025 in the United States, *Journal of autism and developmental disorders,* 45(12), 4135-4139.

3) Cantu, D., & Rizzo, F.(2016), Enabling One Million Jobs for People with Autism and Similar Challenges, Simpact Social Innovation Business Case Study; Wareham, J., & Sonne, T.(2008), "Harnessing the Power of Autism Spectrum Disorder(Innovations Case Narrative: Specialisterne", *Innovations Technology Governance Globalization,* 3(1): 11-27.

4) Specialisterne Denmark: Impact Analysis Summary(2013), Special People Foundation.

5) 스페셜리스테른의 자체 조사결과.

6) Cantu, D., & Rizzo, F.(2016), Enabling One Million Jobs for People with Autism and Similar Challenges, Simpact Social Innovation Business Case Study.

7) Bradach, J. L.(1997), "Using the plural form in management of restaurant chains", *Administrative Science Quarterly,* 42: 276–303.

8) Spear, R., & Chan, C. K. M.(2019), Social Innovation-Scaling Social Impact: a Danish Case Study, CIRIEC International, Université de Liège; Elkjær Jensen, N. N.(2011), Specialisterne, changing the standards. A case study of a Danish social entrepreneurial company, M. Sc. thesis in Strategy, Organization and Leadership, Copenhagen Business School.

9) Special People Foundation Partnership Planning Process(2011), Special People Foundation.

10) "Autism At Work Programmes That Help Tech Companies Integrate Inclusion With Business Development Goal"(2021. 4. 19), Newz Hook/Disability News.

9. '오픈소스'가 불러온 위대한 성공 │ 카붐 │

1) <https://kaboom.org>.

2) "No Place to Play"(1995. 8. 4), Washington Post; Heather McLeod Grant and Katherine Fulton(2010), Breaking New Ground: Using the Internet to Scale. Monitor Institute; Technology for Change: Darell Hammond, KaBOOM!(2013. 8. 29), Singlebrook; A Race Equity Journey: The Path to our Playspace Equity Committment(2020), KABOOM.

3) Darell Hammond(2011), KABOOM!: How One Man Built a Movement to Save Play.

4) KABOOM Community Builds Template, <https://www.cdc.gov/nccdphp/dnpao/state-local-programs/pdf/kaboom_community_builds_template.pdf>.

5) Deborah Puntenney(2008), KaBOOM!: Building Communities One Playground at a Time, Asset-Based Community Development Institute, Northwestern University.

6) Marc Gunther(2015. 3. 29), "KABOOM!: When Doing Good Isn't Good Enough". Nonprofit Chronicles.

7) McLeod, G. H., & Fulton, K.(2010), *Breaking New Ground: Using the Internet to Scale*, Monitor Institute.

8) "Technology for Change: Darell Hammond, KaBOOM!"(2013. 8. 29), *Singlebrook*.

9) McLeod, G. H.(2010. 6. 15), "Using the Internet to Scale", *Stanford Social Innovation Review*.

10) Livingston, Jonathan(2018), "Social Entrepreneurship and Going to Scale: Assessing the importance of strategic action fields", Doctoral Dissertation, University of Pittsburgh.

11) McLeod, G. H., & Fulton, K.(2010), *Breaking New Ground: Using the Internet to Scale*, Monitor Institute.

12) McLeod, G. H., & Fulton, K.(2010), *Breaking New Ground: Using the Internet to Scale*, Monitor Institute.

13) Shore, B., Hammond, D., & Celep, A.(2013), "When Good Is Not Good Enough", *Stanford Social Innovation Review*.

사회적 경영의 새로운 화두
스케일임팩트

초판 1쇄 발행	2022년 12월 12일
지은이	정선희
펴낸이	신민식
펴낸곳	가디언 · 랩써드
출판등록	제2010-000113호
주소	서울시 마포구 토정로 222 한국출판콘텐츠센터 306호
전화	02-332-4103
팩스	02-332-4111
이메일	gadian@gadianbooks.com
홈페이지	www.sirubooks.com

출판기획실 실장	최은정	**디자인**	이세영
경영기획실 팀장	이수정	**온라인 마케팅**	권예주

종이	월드페이퍼(주)
인쇄 제본	(주)상지사

ISBN　　　979-11-6778-056-0(03330)